1:9.24

Sie sind Kult: Die »Herzblatt-Geschichten« von Peter Lückemeier in der ›Frankfurter Allgemeinen Sonntagszeitung‹. Woche für Woche durchsucht er dafür die Knallpresse von ›Bunte‹ bis zum ›Goldenen Blatt‹ nach den heftigsten Vorgängen zwischen rotem Teppich und Bettkante. Mal böse, mal verwundert kommentiert er Meldungen, die das Herz bewegen. Und manchmal helfen ihm dabei seine bildhübschen Redaktionsassistentinnen, vorwiegend aus Osteuropa.

Zum Stammpersonal der Herzblatt-Geschichten zählen Camilla und Charles, Prinz William, Roberto Blanco, Udo Jürgens, Kronprinzessin Victoria von Schweden, aber auch Lichtgestalten wie Dieter Bohlen, Boris Becker oder der Lodda.

*Peter Lückemeier*, geb. 1950, ist Ressortleiter der Rhein-Main-Zeitung der F.A.Z. Die erste Staffel der »Herzblatt-Geschichten« erschien 2001; 2007 veröffentlichte er im Fischer Taschenbuch Verlag »Männer verstehen« (Bd. 16952). Peter Lückemeier lebt in Hofheim am Taunus.

 *Unsere Adresse im Internet: www.fischerverlage.de*

PETER LÜCKEMEIER

*NEUE
HERZBLATT–
GESCHICHTEN*

FISCHER TASCHENBUCH VERLAG

Herzblatt-Illustrationen: © Christoph Niemann Inc.
Initiale-Illustrationen: © Uli Knörzer

Originalausgabe
Veröffentlicht im Fischer Taschenbuch Verlag,
einem Unternehmen der S. Fischer Verlag GmbH,
Frankfurt am Main, März 2008

Dieses Werk wurde vermittelt durch die Literarische
Agentur Thomas Schlück GmbH, 30827 Garbsen
© S. Fischer Verlag GmbH, Frankfurt am Main 2008
Satz: Pinkuin Satz und Datentechnik, Berlin
Druck und Bindung: Druckerei C. H. Beck, Nördlingen
Printed in Germany
ISBN 978-3-596-17638-0

# Inhalt

Vorwort   7

Neue Herzblatt-Geschichten   11

Namenregister   293

# Vorwort

Liebe Leserinnen und Leser,

eigentlich mag ich keine Vorworte, aber dieses hier ist dazu da, eine Warnung loszuwerden: Bitte lesen Sie dieses Taschenbuch nicht wie gewohnt von vorn bis hinten! Genauso gut könnten Sie einen Sahneeisbecher nach dem anderen auslöffeln, bis Ihnen übel würde. Eis mit Sahne und Herzblatt-Geschichten sind nur in kleinen Portionen verdaulich. Danke. Das war's schon.

Wer jetzt erst richtig neugierig geworden ist, dem beantworte ich gern einige Fragen, die immer wieder gestellt werden:

*Seit wann gibt es die »Herzblatt-Geschichten«?*
Seit dem 14. März 1993. Sie erschienen zuerst in der damals nur im Rhein-Main-Gebiet vertriebenen *Frankfurter Allgemeinen Sonntagszeitung* auf der letzten Seite, seit dem 30. September 2001 in der überregionalen Ausgabe auf der letzten Seite des Teils »Gesellschaft«.

*Welche Zeitschriften beziehen Sie?*
*Bunte, 7 Tage, Revue, Neue Welt, Das Neue Blatt, Das Goldene Blatt, Frau im Spiegel, Echo der Frau,* außerdem den *stern* und täglich *Bild.*

*Lesen Sie Zeitschriften wirklich selbst?*
Klar. Sie kommen per Abo am Mittwoch und Donnerstag auf meinen Schreibtisch. Immer, wenn ich neben

meinem Brotberuf bei der *F.A.Z.* Zeit habe, blicke ich hinein und klebe diese gelben Haftzettel an die Geschichten, die ich ulkig oder grausam finde. Das Schreiben erledige ich dann meist am Freitag, manchmal auch samstags.

*Wer kam auf die Idee für die »Herzblatt-Geschichten«?*
Auslöser war die Rubrik »Blick durch Zeitschriften«, in der im Feuilleton der *F.A.Z.* seit Jahrzehnten seriöse Magazine wie der *Merkur* oder die *Vierteljahresschriften für Politik* in einem Überblick behandelt werden. Die Idee, dies mal mit der Knallpresse zu tun, trug ich bei einem Redaktionstreffen vor: riesen Begeisterung.

*Klatsch in der F.A.Z. – wie reagieren die Leser?*
Überwiegend sehr, sehr nett. Die Leser der Sonntagszeitung sind zu 99 Prozent heiter und schreiben auch entsprechend freundliche E-Mails oder schicken Herzen aus bunten Glassteinen. Einige Opa-Studienräte fordern mich aber auch auf, besser zu recherchieren, etwa, wenn ich das Alter von Sabine Christiansen mit 71 angebe.

*Ob das Schreiben der »Herzblatt-Geschichten« Spaß macht?*
O ja. Das Studium der Herzblätter ist dagegen oft mühsam. Aber man muss wirklich alles lesen, manchmal findet sich gleichsam unter einem Misthaufen ein Juwel.

*Haben Sie in den Blättern Lieblingsrubriken?*
Ja. Die von Ratgeber-Tante Anna Berg in *Das Neue Blatt* mit nimmer versiegender Plattitüden-Eloquenz und in *Neue Welt* »Dr. Wolfs Tiersprechstunde« (»Was soll ich nur tun, mein Meerschweinchen hustet so trocken?«).

*Gibt es die Redaktionsassistentinnen wirklich?*
Na, hören Sie mal.

*Warum wechseln die Redaktionsassistentinnen so häufig?*
Weil es auf dieser Welt – zumal in Osteuropa – so unglaublich viele schöne Frauen gibt.

*Wie lange werden Sie die »Herzblatt-Geschichten« noch schreiben?*
Nicht mehr ewig. Man soll ja bekanntlich aufhören, wenn es am schöns...

*Peter Lückemeier*

# Neue Herzblatt-Geschichten

# So lächelt nur Kaloderma

eser, wir müssen mal ein ernstes Wörtchen mit Ihnen reden. Wir haben nämlich den entschiedenen Eindruck, dass Sie sich gar nicht richtig freuen über die sich abzeichnende außergerichtliche Einigung zwischen Boris und Barbara Becker. Wir hegen den Verdacht, dass Sie gar nicht mit der angemessenen heiteren Güte auf zwei Menschen blicken, die in bösem Streit und Herzenspanik in die Irre gingen, jetzt aber auf den Pfad der Gefühlsvernunft zurückkehren. Wir vermuten, dass Sie, Leser, vielmehr brennend interessiert wären an der Veröffentlichung weiterer pikanter Einzelheiten wie Herrn Beckers uneheliches, rothaariges Baby von einer farbigen Russin, wie mit Frau Beckers Dementi, sie liebe eine Frau.

Genau nach solchen schockierenden Details lechzen Sie insgeheim, und wir merken Ihnen förmlich an, dass Sie über die neue *Bunte*-Ausgabe unendlich enttäuscht sind, weil in ihr von so langweiligen Details die Rede ist, dass Frau Becker statt mit einem Trinkgeld von fünf Millionen »mit mindestens 20 Mio. Mark rechnen« könne, laut *Bild* fordert sie sogar 45, dass Herr Becker bereits an einem neuen Image bastele, das eines einsamen Wolfes, der »öffentlichkeitsscheu und ein wenig geheimnisvoll« fürderhin durch die Medienwelt und vorbei an farbigen Russinnen oder weißen Nigerianerinnen lustwandele. Leser, wir finden Ihre Einstellung nicht gut.

Und außerdem haben wir die Empfindung, dass mindestens 60 Prozent unserer männlichen Leser, auch der verheirateten übrigens, insgeheim total davon überzeugt sind, der ideale Partner für Claudia Schiffer zu sein. Aber Sie irren! Denn dazu müssten Sie nach der Diagnose von *Bunte* »eher zart gebaut« sein, »leuchtende Augen« haben, jede Menge Knete, dunkle, möglichst lockige Haare und »jenes Kerle-Lächeln, das Skilehrer aus Tirol besitzen«. Und selbst wenn Sie dies alles vorweisen könnten, eine weitere Forderung können Sie bestimmt nicht erfüllen: »Kaloderma-Zähne.« So steht es in *Bunte*. Wir aber halten Kaloderma nicht für Zahnpasta, sondern für eine Handcreme und fragen uns, ob es bei *Bunte* üblich ist, sich die Zähne mit Handcreme zu säubern, und wenn ja, warum. Aber zurück zu Claudia, denn die schwierigste Aufgabe würde noch auf Sie warten: Konversation treiben mit einer Frau, deren Beruf es seit vielen Jahren ist, mit schönen Klamotten über einen Laufsteg zu wandeln, hin und her, drehen, Wende, thank you very much. Dergleichen schult ja nicht eben den Intellekt. Und *Bunte*, da müssen wir das Blatt einmal loben, hätte ja auch taktlos schreiben können, Claudia sei im Oberstübchen nicht so tadellos entwickelt wie ihre Oberweite, aber *Bunte* ist viel taktvoller: »Sie ist intellektuell eher zurückhaltend. Selbst ein versierter Smalltalker kommt in Claudias Gesellschaft nach rund zehn Minuten beim Bodensatz der Themen an.«

Ja, es ist kein Zuckerschlecken mit diesen prominenten Frauen, die aber auch ihrerseits oft ein hartes Los drückt. Sophia Loren (66) braucht täglich für ihr Make-up geschlagene 35 Minuten und für die Haare noch länger, und ihr Gatte Carlo Ponti (88) hat ihr noch nie eine Liebeserklärung gemacht, »auch den Kindern hat er nie gesagt, dass er sie liebt«. Ist das nicht schrecklich? Ja, es ist nicht alles Gold, was glänzt, auch nicht das Gold

der Kronen. So muss *Das Neue Blatt* leider berichten, es stehe nicht gut um die Ehe von Schwedenkönig Carl Gustaf (54) und Königin Silvia (57). Liegt es am Altersunterschied? Wahrscheinlich, denn für den Mann ist es immer besser, eine Jüngere an seiner Seite zu haben. Jedenfalls muss es frostig zugehen im Schlosse: »Das einstmals so glückliche Paar hat bereits seit längerem getrennte Schlafzimmer. Beruflich halten die beiden die Fassade aufrecht, doch privat gehen sie strikt getrennte Wege.«

Und sonst? Zwei Minister haben ihrem Kanzler die Rindfleischbrocken hingeworfen. Der zum vierten Mal verheiratete Schröder holte sich darauf zwei Frauen ins Kabinett, was Harald Schmidt mit den Worten kommentierte, der Niedersachse bevorzuge eben weibliche Minister, »denn wenn was schiefgeht: Von Frauen trennt er sich halt leichter.«

Ja, und dann hat noch Christoph Daum gestanden, dass er Koks genommen hat. Wussten wir ja schon, aber nun ist es offiziell. Wollen wir ihm verzeihen? Doch. Und wir wünschen ihm bald einen interessanten Trainerposten. Vielleicht bei Kiffers Offenbach. (14. 1. 2001)

## *Ob arm, ob Babs:*
## *Tränen lügen nicht*

Wenn man wie wir seit acht Jahren Woche um Woche die Herzblätter studiert, stumpft man schon ein wenig ab. Und dennoch gibt es immer wieder Augenblicke, in denen auch uns das Herze schwer wird und das Auge tränenblind. Nicht, dass uns Barbara Becker übermäßig sympathisch wäre, aber was sie *Bunte* anvertraute, kann nur Zyniker unbeeindruckt lassen. Ob sie nach der Scheidung eine reiche Frau sei, will *Bunte* gewohnt indiskret wissen. Frau Becker sagt: »Ich glaube schon, dass man das sagen kann, aber wenn du Kummer hast, dann zählt es nicht, ob du arm oder reich bist. Wenn du weinst, dann weinst du. Und wenn du traurig bist, weil dein Mann weggegangen ist, spielt es keine Rolle, ob du einen Kaschmir-Pulli trägst oder ein T-Shirt. Dann bist du einfach nur traurig.«

Der Verursacher dieser Traurigkeit schaffte es diese Woche sogar auf die Titelseite des *Spiegel*. In einem langen, langen Interview führte Herr Becker unter anderem aus, seine Ex-Gattin stehe unter dem beängstigenden Einfluss eines Mannes, der von *Bild* bald darauf als dicker Guru bezeichnet wurde und den Harald Schmidt sogleich zu einem Seitenhieb gegen den Ex-Kanzler nutzte: »Wie schwierig es ist, sich von einem dicken Guru zu lösen – wer wüsste das besser als Sie in der CDU.« Aber wir schweifen ab.

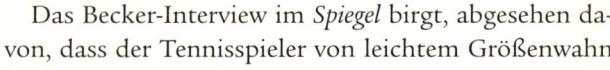

Das Becker-Interview im *Spiegel* birgt, abgesehen davon, dass der Tennisspieler von leichtem Größenwahn befallen ist, nur eine einzige interessante Passage, die allerdings ein erschütterndes Licht wirft auf das Leben junger Prominenter mit viel Geld, unbegrenzter Freiheit und vakuumorientierten Interessen. Es geht um »Barbaras Rolle«, nachdem Herr Becker seine Tenniskarriere beendet hatte. »Jetzt hatte sie plötzlich«, sagt Becker, »viele Möglichkeiten: Singen, Schauspielern, Buch schreiben, gar nichts tun, die Nacht durchmachen, die Nacht schlafen, Wohltätigkeitsveranstaltungen, alles war möglich.« Sehen Sie, liebe Leser, die Sie manchmal unter dem Joch Ihrer Arbeit ächzen, solche Sorgen haben Sie nicht!

Vielleicht werden Sie dagegen gelegentlich von Gelüsten gedrängt, die sich außerhalb des ehelichen Lebens entladen wollen. Aber auch das ist kein Problem mehr, denn *Bild* verwöhnt Sie mit den »10 Spielregeln

---

*Seitensprünge bringen nichts. Das wissen wir von Schauspieler Uwe Ochsenknecht (45), der »seine Ehe gerettet« hat und in die zwei über nicht genehmigte Nebentätigkeiten berichtet: »Erst rennste jedem Rock hinterher, dann siehste die Frau wieder abgeschminkt oder ohne Push-up-BH, und dann willste eigentlich nur noch weg.« (22. 4. 2001)*

---

fürs Fremdgehen«, von denen wir Nummer 1 und 5 am bemerkenswertesten finden: »Niemals beichten, nichts zugeben. Nie, nie, nie.« Und außerdem: »Einmal in der Woche reicht! Das vertreibt die Langeweile, macht gute Laune und fällt kaum auf.«

Was wir dagegen zunehmend registrieren, sind die schlimmen Berichte aus Schweden. Über Königin Silvia schlagzeilt *neue woche*: »Ihr trauriges Leben an der Seite eines lieblosen Mannes«, und ihre hübsche Tochter

Madeleine (18) hat sich nach den Recherchen von *Das Neue Blatt* von ihrem Freund mit der Begründung getrennt, sie glaube nicht mehr an die Liebe, »wo doch selbst die ihrer Eltern zu Ende gegangen« sei.

Übrigens hat Prinz William (18) seine Unschuld verloren. Es war, erfuhr *7 Tage*, eine Hofdame (36) mit blonden, kurzen Haaren. »Sie ist keine Schönheit, aber ihre leuchtend blauen Augen und ihr strahlendes Lächeln versprühen einen besonderen Charme.« Hinterher soll Willie einem Freund anvertraut haben: »Plötzlich begann sie mein Bein zu streicheln und küsste mich. Und dann ... ich hätte nie gedacht, dass mein Körper zu solchen Gefühlen fähig ist.« Tja, lieber Junge, das wirst du im Laufe der Jahre noch feststellen, wozu dein Körper so alles fähig ist, und solltest du Fragen haben, dann wende dich getrost an Onkel Boris, der gibt dir vielleicht noch ein paar gute Tipps über Körperentäußerungen mit farbigen Russinnen in den Wäschekammern englischer Hotels. Dass Herr Becker tatsächlich der Vater der kleinen Anna ist, haben inzwischen die Tests ja ergeben, und hochherzig hat der junge Vater mitgeteilt: »Was immer ich dazu beitragen kann, damit Anna die Zukunft eines glücklichen Mädchens hat, ich werde es tun.«

Das ist wacker gesprochen und sittlich gehandelt, und deshalb schlagen wir Herrn Becker hiermit als Werbeperson für das den Menschen noch immer recht unbekannte neue Kommunalwahlsystem in Hessen vor. Denn mit Panaschieren (die Liebesliste wechseln) und Kumulieren (Babs, die Barfrau aus Halle, sechs, sieben Mädels bestimmt, plus farbiges Russenmodel plus Sabrina Setlur) kennt er sich ja aus.

Zum Schluss wollen wir wieder nicht geizen mit lebenspraktischen Ratschlägen. Der erste richtet sich an die Einsamen. Schaffen Sie sich einen Hund an! Denn

*Frau im Spiegel* berichtet: »In vierbeiniger Begleitung wird man 22-mal häufiger angesprochen als allein.« Der zweite Rat, um ihnen die Augen zu öffnen, geht an jene 98 Prozent der Männer, die annehmen, Frauen seien Wesen von etwas höherer Empfindungsart.

Stimmt natürlich gar nicht. *Bild* fragt in der Serie »Sex 2001«, wo Männer und Frauen es gerne treiben würden. 21 Prozent der Frauen sagen »in freier Natur«. Aber was bevorzugen 54 Prozent der Frauen? Halten Sie sich fest: »Im Schmutz liegend.« Wir wussten es doch immer. Die Frauen sind nicht mehr normal. (11. 2. 2001)

19

## Haben Sie das gut überlegt?

Dürfen wir, liebe Leser, weil Fastnacht ist, heute mal ein paar Witzchen erzählen? Nur ausnahmsweise. Danke. Aber erst müssen wir etwas nachholen. Vor lauter Boris-Becker-Verrücktheit haben wir vergangene Woche die Sache mit dem sogenannten TV-Pfarrer Jürgen Fliege (53), der uns seit jeher suspekt ist, ganz vergessen. Die Tagesschau-Sprecherin Eva Herman berichtete in *Bunte* über ein absonderliches Erlebnis mit diesem Herrn, allerdings ohne seinen Namen zu nennen. Offensichtlich hatten die beiden vor Jahren eine Doppelmoderation übernehmen sollen, und beim Vorbereitungsessen soll Fliege, ganz Charmeur, gesagt haben: »Mal eines vorweg. Ich kann nur mit Frauen zusammenarbeiten, mit denen ich im Bett war.« Und Frau Herman soll fein geantwortet haben: »Mann Gottes, machen Sie die Fliege.«

Irgendwie erinnert uns das an den alten Witz von den beiden jungen Schauspielerinnen, die sich über den bekannten Regisseur unterhalten. »Mir hat er«, sagte die eine, »einen Oscar versprochen, wenn ich mit ihm ins Bett gehe.« Ob es geklappt habe, will die andere wissen. »Doch, im Sommer wird er eingeschult.« Echter Brüller, wie? Ein dreifach donnerndes Helau un e kreftisch Rakeetsche fer unserne *Des Goldisch Blatt*, da stand der Witz nämlich drin.

Auf einer anderen Seite steht natürlich geschrieben, ob das ein wenig rüde Verhalten des TV-Pfarrers nicht auch etwas sehr Ökonomisches hat: Die Fronten sind klar, und wenn ein Mann das ihn eigentlich interessierende Thema sofort zur Sprache bringt und sich eine Abfuhr einhandelt, hat er sich viele Einladungen zum Essen, viele Blumen, diesen ewigen Kerzenschein und vieles romantische Gucken erspart.

Andererseits ist diese langsame Annäherung natürlich auch sehr schön, dieses Tasten und Forschen. Wie das bei der Königin von England so war, wissen wir nicht. Wir müssen nur leider gemeinsam mit *Das Neue Blatt* feststellen: »Selbst die Queen hatte ein Verhältnis.« Das soll allerdings schon ein paar Jährchen zurückliegen, Lord Patrick Plunket starb 1975, aber die fünf Jahre davor ging sie mit ihm essen, spazieren und »sogar ins Kino. Er war nahezu jeden Abend bei ihr zu Gast, nach dem Essen zog man sich für ein trautes Gespräch zu zweit ins Kaminzimmer zurück.« Na, wir gönnen es der Queen und hoffen, Lord Plunket war ein guter Liebhaber.

Womit wir jetzt eine ziemlich geniale Überleitung zum nächsten Witz gefunden hätten. Stammt aus der *Bild-Zeitung* und geht so: Junger Mann und junge Frau im Zugabteil. Er liest das Buch »Die besten Liebhaber der Welt«. Die beiden kommen ins Gespräch. »Wussten Sie eigentlich«, fragt die junge Frau, »dass Indianer und Polen die besten Liebhaber sind?« Sagt der Mann: »Wusste ich nicht. Aber ich darf mich zunächst einmal vorstellen: Winnetou Kowalski.« Dabuff, dabuff, dabuff.

Übrigens soll auch Thomas Gottschalk (50) eine »heimliche Geliebte« gehabt haben. Liegt aber, wie *Das Neue Blatt* weiß, schon mehr als zehn Jahre zurück. Was aber nichts daran ändert, dass der beliebte Moderator sie »Bambi« oder »mein Rehlein« nannte. Apropos: Wie heißt das Reh mit Vornamen? Kartoffelpü.

Irgendwie weidwund schaut uns auch Frau Donatella

Flick entgegen, die vom sagenhaft reichen Muck Flick
geschieden ist, ihr ganzes, auf zehn Millionen Mark
geschätztes Londoner Haus (ungelogen) in Schwarz-
weiß eingerichtet hat und sich jetzt sehr einschränken
und hart arbeiten muss: »Ich lebe bescheiden, habe
einen Butler, einen Chauffeur, zwei Putzfrauen, eine

***

*Und Peter Alexander! Mein Gott, wie wir ihn lieben! Auf Video
gucken wir uns immer seine schönsten Filme an wie* Liebe, Tanz
und 1000 Schlager, *und wir haben zwölf Langspielplatten und
neun CDs, auf denen der alte Lausbub Weihnachtslieder singt*
(Weihnachten mit Peter Alexander *und* Mit Peter Alexander unterm Christbaum *sind unsere Favoriten), also wir sind
ein Totalfan von diesem Unterhaltungsgenie, das am nächsten
Samstag 75 wird. Auch privat ist er total nett, nennt seine Frau
»Schnurrdiburr« oder auch »Schnurrliwurrli«, und ebenjene
Schnurrdiburr kann auf die ein wenig unbeholfene* Bunte-Frage
»Welche Erotik findet zwischen euch beiden statt?« botanisch-
verklärt antworten: »Glaub mir, es ist wunderbar. Morgens legt
er mir frische Maiglöckchen aufs Bett.« Und stellen Sie sich
mal vor, der Mann hat sich mit seinen bald 75 Lenzen noch
ein geradezu kindlich-heiteres Gemüt bewahrt, denn er schreibt
seiner Schnurrliwurrli reizende kleine Gedichte, die regressiv-
infantil oder einfach behämmert zu nennen nur rohen Naturen
einfallen könnte. Wir zitieren die letzten vier besonders bewe-
genden Zeilen: »Doch wir bleiben brav zu Hausi/Osterhasi,
Nikolausi./Alle Küken schrein biebieb,/Schnurrliwurrli, ich hab
dich lieb.« (24. 6. 2001)*

***

Köchin, ein Kindermädchen und eine Sekretärin. Den
Rest erledige ich.« Ist ja entwürdigend. Wir sagen es ja
immer: Geld allein macht nicht unglücklich. Und da
sieht man auch mal wieder, dass selbst die reichen Leute

ihre Probleme haben. Wie der Autorennfahrer Michael Schumacher im *stern* bekennt, muss er sich um jedes Körperdetail selbst kümmern: »Vor Brasilien weiß ich genau, ich muss die linke Nackenmuskulatur ein bisschen mehr trainieren.« Du liebe Güte, wir wüssten gar nicht, wie man das macht.

Eines ist aber gewiss: Immer mehr Paare gehen auseinander. Nicht nur die Beckers, jetzt auch Tom Cruise und Nicole Kidman, wo die doch immer so harmonisch wirkten. Und folgerichtig behauptet Peter Maffay: »Jede Liebeserklärung zielt zwar auf die Ewigkeit – aber es stimmt halt nicht.«

Ein Glück, dass wenigstens bei Kanzlers alles in Ordnung ist. Gerhard Schröder, erfahren wir im *stern*, muss ein hinreißender Gatte sein und seine Doris unendlich verwöhnen: »Mit Blumen und aufschnappenden Schmuckschatullen muss jederzeit gerechnet werden.« Und Weihnachtsgeschenke gibt es schon vor dem Fest, »weil der Bundeskanzler mit dem Schenken einfach nicht warten kann«. Und Doris Schröder-Köpf sagt schlicht, aber rührend: »Er braucht mich. Ich brauche ihn.«

Ehe Sie sich jetzt schneuzen müssen, schnell ein Fastnachtsabschlussbrüllwitz. Wie wollen Sie denn Ihr Mädchen nennen? Claire. Haben Sie sich das auch gut überlegt, Frau Grube? (18. 2. 2001)

23

# Was Männer wirklich wollen

eht es Ihnen auch so? Zwar ist er noch nicht richtig da, der Frühling, aber irgendwie spürt man ihn schon in den Nerven, und man würde am liebsten Gladiolenzwiebeln setzen oder sich wenigstens eine elektrische Heckenschere mit Motorschnellstopp und riesiger Schwertlänge kaufen. Von Frühlingsgefühlen schon längst übermannt ist auch ohne Blumenzwiebeln und Heckenmotorschere der Schlagerkomponist Ralph Siegel (55), der sich von Ehefrau Dagmar (33) getrennt hat und sich mit der etwas älteren (34) »Ex-Bardame« Claudia zusammengetan hat, worüber die Ehefrau in *Bild* »tief verletzt« Beschwerde führt: »Er nennt sie ›Engel‹ – mich hat er auch immer so genannt.« Ja, liebe Frau Siegel, das wundert Sie? Uns überhaupt nicht. Wir kennen die Männer und wissen um ihre in Liebesdingen extrem schwach ausgebildete Variationskraft. Deswegen fahren Männer auch besonders gern an Urlaubsorte, die sie zuvor mit einer Verflossenen aufsuchten, oder sie gehen am Sonntag mit ihrer Frau ins »Gut Neuhof« und am Freitagabend mit ihrer Geliebten – und setzen sich an denselben Tisch, an dem sie mit ihrer Frau gesessen haben. So sind die Männer – wir schätzen sie gering.

Was wir an den Frauen dagegen so hinreißend finden, ist der Umstand, dass sie oft wunderbar poetische Dinge sagen. So wie Barbara Becker. Wir waren nie ein Fan von ihr, aber im Interview mit dem *stern* sagt sie schöne Sachen: »Ich finde Leute erotisch, die in ihrem

Körper sind, die ihren Platz in der Welt haben, ohne zu sagen, mir gehört das alles. Mit einer Selbstverständlichkeit, aber trotzdem mit einem Gespür für andere.« Und auch über den Unterschied zwischen Mann und Frau weiß sie Interessantes: »Als Frau hast du doch viel mehr Freiheiten, wir dürfen doch manchmal einfach nur weinen. Als Mann musst du ständig da rausrennen und unter diesen anderen Wölfen so tun, als wärst du auch einer.«

Ja, da ist viel Wahres dran. Aber die Geschichte in *Bild*, dass Hillary sich scheiden lassen will, die glauben wir nicht. Denn Auslöser soll Bills jüngste Affäre mit Denise Rich gewesen sein. Aber das halten wir für absolut ausgeschlossen, weil die Dame schon 57 ist. Glaubwürdiger scheint uns dagegen die Aussage der frisch in einen Zirkusdirektor verliebten Prinzessin Stéphanie über ihre Schwester Caroline in *das neue*: »Viele Kontakte zwischen uns gibt es nicht. Sie lebt ihr Leben, ich meines. Schade, denn oft bräuchte ich sie.« Und noch mehr Wahrheitsgehalt messen wir der *Bild*-Meldung über das Essverhalten des amerikanischen Schauspielers Bruce Willis zu: »Erst lutscht er ihr den Beluga-Kaviar aus dem Nacken, und anschließend schlürft er Champagner aus ihrem Bauchnabel.« Leider verrät das Blatt nicht, was es zum Nachtisch gibt.

Was aber die ewige Frage »Was wollen die Frauen eigentlich?« betrifft, die jetzt ja sogar abendfüllend im Kino behandelt wird, so muss man mal ganz klar feststellen, dass kaum jemand fragt: »Was wollen die Männer?« Nur einer tut es, Michael Ammer (39), der »Partykönig von Deutschland«. Im *stern* gibt er auf diese Frage eine rüde, aber doch hochinteressante, erfahrungsgestählte Antwort. Allerdings müssen wir jetzt zartbesaitete Naturen unter unseren Lesern bitten,  sofort die Lektüre zu beenden. Wir nehmen hinterher keine Beschwerden an. Okay? Wer jetzt noch weiterliest, soll die Antwort erfahren: »Männer wollen geilen Weibern auf den Arsch gucken.«

Michael Ammer scheint zu wissen, wovon er spricht. Er veranstaltet Partys, und die ganz Prominenten dürfen in seine VIP-Lounge. Was Sie davon haben? »Sie

---

*Was reizt Männer an Frauen? Diese alte Frage ist jetzt durch eine amerikanische Umfrage beantwortet worden, die* Bild *für uns aufbereitet hat: »Er findet sie unwiderstehlich, wenn sie sexy und smart zugleich ist.« Und wie äußert sich das? »Wenn sie in heißen Dessous Kreuzworträtsel löst.« Überzeugt Sie das? Uns auch nicht. Ist doch irgendwie lebensfremd. Wir haben, wenn wir uns recht erinnern, in unserem ganzen Leben noch keine Frau erlebt, die sich fürs Kreuzworträtsellösen sexy angezogen hätte, und wahrscheinlich wäre die Situation, auf eine kreuzworträtsellösende Dame in Tanga und Seiden-BH zu treffen, wahrscheinlich doch eher lusthemmend, wenn man beispielsweise sagen würde: »Ey, Sie sehen aber super aus«, und sie würde sagen: »Danke, aber wissen Sie einen Nebenfluss des Orinoko mit fünf Buchstaben?« (3. 6. 2001)*

---

müssen dann nicht erst groß rumeiern, wenn Ihnen ein Mädel gefällt. Ich habe einen, der losrennt und dem Mädel ein Armband gibt, mit dem sie in meine Lounge darf. Da können Sie dann flirten.«

Kennt Herr Ammer denn viele Models? »Ich habe 3000 echte Pistenhühner der Klasse XXX in meiner Kartei.« Was XXX ist? Menschenskind, Sie kennen sich in der Pistenhuhn-Szene aber wirklich null aus! XXX bedeutet natürlich »Traumfrau mit positiver Ausstrahlung«. Jetzt aber will der *stern* recht sozialpädagogisch  wissen, welche Motive diese Mädchen treiben, und auch da verweigert der Party-König die Antwort nicht: »60 Prozent wollen entweder einen reichen Typen kennenlernen oder was mit einem Promi anfangen.«

Ist Herr Ammer ein netter Mensch? Einerseits nein. Wenn ihm ein Mädel seine Lebensgeschichte erzählen will, sagt er schon mal: »Du, nett, dass du die Geschichte erzählen willst, aber geh jetzt doch lieber mal ein bisschen tanzen.« Andererseits geizt er nicht mit Ratschlägen: »Im Moment trinke ich nur noch Veuve-Clicquot-Champagner. Immer auf Eis. Sonst hat man am nächsten Morgen Sodbrennen. Nur so als Tipp für Ihre Leser.«

Und wenn Sie jetzt, Leserinnen, Ihren Gatten fragen, wie er das Verhalten der Männer in VIP-Lounges findet, die einfach auf irgendein blutjunges Model deuten, das ihnen dann frisch geliefert wird, und er sagt: »Also, ich finde das bizarr und so unpersönlich, und das hat irgendwie so 'nen Warencharakter« – dann lügt er. Denn das zählt zu seinen fiebrigsten Phantasien, in VIP-Lounges auf die Tanzfläche zu zeigen und zu sagen: »Ich hätte bitte gern die Schwarze da vorne mit dem bauchfreien Top und den aufreizenden Bewegungen.« Glauben Sie uns eins: Den Männern kann man gar nicht genug misstrauen. Nur so als Tipp für unsere Leserinnen. (11. 3. 2001)

27

## Carl Gustaf ist roh

Natürlich passen Männer und Frauen nicht zusammen. Als hätte es für diese Binsenweisheit eines weiteren Beweises bedurft, braucht man nur in die *Neue Welt* zu schauen. Dort bezieht aus Anlass seiner silbernen Hochzeit Schwedens Königspaar »lächelnd Stellung zu den Scheidungsgerüchten«. Unsere deutsche Silvia (57) säuselt auf das Liebreizendste: »Wir haben uns in Not und Lust vermählt und versprochen, einander zu helfen. Das haben wir gemacht.« Und was ergänzt jetzt – platt, tumb und geradezu verroht – ihr Gatte Carl Gustaf? »Eine Scheidung ist unpraktisch und trifft die ganze Familie.« Unpraktisch! Ein Liebesband zerreißen und es in den Faulschlamm der Verwerfung flattern zu lassen, das nennt der feine Herr »unpraktisch«! Nicht zu fassen.

Wir können nur hoffen, dass der junge Albert Erbprinz von Thurn und Taxis eine bessere Entwicklung nehmen wird. Er ist heuer 18 geworden, und statt eines Führerscheins wie andere Knaben seines Alters bekommt er das Vermögen seines Vaters, nach *Bunte*-Berechnungen zwei Milliarden. Macht so viel Geld glücklich, fragt *Bild* und antwortet: »Geld ist ein Gaspedal. Die Kreditkarte ohne Limit ist ein Paradies ohne Sperrstunde. Er kann sich jedes Auto kaufen, jeden Wunsch und schöne Frauen.«

Wie meinst du das, *Bild*? Man kann Frauen kaufen? Doch, irgendwie hast du schon recht. Nicht im wörtlichen Sinne, die Sklaverei ist ja abgeschafft. Aber wenn

wir manchmal so in der angeblich besseren Gesellschaft schöne junge Frauen neben ihren alten Männern sehen und ihre im Kerzenschein blitzenden Diamanten die Leere in ihren Augen nicht überfunkeln können, dann werden wir ganz traurig und denken bei uns: »Siehst du, Geld macht doch wirklich nicht glücklich.« Dann sind wir wieder ganz zufrieden mit unserer Wohnung mit der extrem kleinen Küche. Als wir uns damals beim Vermieter darüber beschwerten, hat er gesagt: »Was wollen Sie denn? Bei der hohen Miete werden Sie ohnehin nicht viel kochen können.« Und dann grämen wir uns auch nicht mehr darüber, dass wir unseren Urlaub seit Jahren auf einem Campingplatz im Kreis Offenbach verbringen müssen, wo dicke Männer beim Grillen Bier trinken und rülpsen. Aber mangelhaftes Benehmen ist ja keineswegs auf die schlechter Verdienenden beschränkt: The Hooligan formerly known as Prinz hat jetzt ja laut *Bild* einen Strafbefehl über eine Million Mark bekommen. Diese auch für Ernst August beträchtliche Summe soll er für die »Pipi-Affäre« abdrücken, in deren Folge er wüst eine *Bild*-Redakteurin beschimpfte.

Wobei das Schimpfen und das Streiten ja doch nichts hilft, wie jetzt allmählich auch der Tennisspieler Boris Becker einsieht, der sich vor noch kurzer Zeit mit seiner Barbara den schrecklichsten Scheidungskrieg leistete, jetzt aber in der *Münchner Abendzeitung* über seine Ex sagt: »Ich habe viele Fehler gemacht, von denen ich einige bis zum Ende meines Lebens bereuen werde. Diese Frau hatte mein Herz, sie hat Sonnenschein in mein Leben gebracht.« Ja, warum hast du dein Glück dann nicht festgehalten, lieber Boris, so wie Peter Alexander, die alte Schmalzbacke, der in *Frau im Spiegel* sülzt: »Auch dass ich die richtige Frau bekommen habe, mit der ich fast 50 Jahre verheiratet bin, ist ein Geschenk von Gott.«

Womit wir bei der bevorstehenden Hochzeit von Alt-bundespräsident Herzog mit Alexandra Baronin von Berlichingen wären. Haben Sie schon mal darüber nach-gedacht, wie Herzog sich dann nennen wird? Wir auch nicht, aber *Frau im Spiegel*. Also, Baron von Berlichingen darf er sich nicht nennen, weil »seine Zukünftige, eine geborene von Vultejus, den Namen ihres verstorbenen Mannes nicht auf ihren zweiten Mann übertragen« kann. Aber ein Doppelname wäre möglich: Herzog von Berlichingen. Das klänge ja sogar noch hochwertiger. Oder heißt es höherwertig?

Solche Fragen sind uns bei diesem Wetter zu knifflig. Wir müssen jetzt erst mal mit Ute Lemper schimpfen. Sag mal, Frau Lemper, eigentlich haben wir relativ we-nig von dir gehört und gesehen in den letzten Jahren, wir wissen gar nicht, was du jetzt so treibst und ob du Erfolg hast. Aber irgendwie scheinst du ein bisschen hochmütig geworden zu sein und herzlich wenig Re-spekt zu haben vor der Sprache Goethes, Schillers und Dieter Bohlens. Denn *Frau im Spiegel* zitiert dich jetzt mit dem Satz: »Ich mag keine Deutschen um mich herum. Die Sprache nervt mich.« Also, so was Aufgeblasenes. Da können wir dir, Ute Lemper, nur mit den Worten Verona Feldbuschs antworten, die soeben im Fernseh-duell mit Alice Schwarzer den goldenen Satz prägte: »Es kann nicht einfach eine Frau daherkommen und sich immer über den Dingen stellen.« (1. 7. 2001)

## 1000 Mädels nur für Sie!

rominente haben es einerseits nicht leicht, weil sie sich dauernd Kritik anhören müssen. Fortwährend werden zum Beispiel über Herrn Bundestagspräsidenten Thierse Witze gerissen, nur weil seine Barttracht ein wenig ins Exzentrische geht. Im *Spiegel* musste Thierse jetzt sogar lesen, dass der spottlustige CSU-Landesgruppenchef Michael Glos ihn nur noch »Struppi« nennt. Oder nehmen Sie Sabine Christiansen (44). Hat sie nicht schon Kummer genug? *Bild* stellt sie auch noch auf die Waage: »Sie wiegt nur noch 50 Kilo bei 1,68 m.«

*Was aber unsere Busenfreundin Verona Feldbusch betrifft, so hat Alice Schwarzer behauptet, Veronas Holz vor der Hütte sei »mit Silikon prall gespritzt«. Ob das wahr ist?* Bild *hat Experten um eine Einschätzung gebeten, und der Chirurg Dr. Axel Neuroth (51) hat eine wunderbar diplomatische Antwort gegeben: »Veronas Busen hat eine außergewöhnliche Fülle und Kontur, was sehr selten vorkommt.« (8. 7. 2001)*

Wir finden, das gehört sich nicht, denn das Gewicht zählt irgendwie zur Intimsphäre, da sind wir uns mit Helmut Kohl einig.

Oder Cher, die amerikanische Schauspielerin und Sängerin. 55 ist sie mittlerweile und jahrelang sah sie viel, viel jünger aus, weil sie sich »gut und gerne 30-mal«, wie *Bild* nachzählte, hat operieren lassen. Sogar

31

das Nervengift Botox habe sie sich gegen die Falten spritzen und sich für eine schmalere Taille die zwölfte Rippe entfernen lassen. Doch jetzt nimmt die Natur Rache, und Cher muss über sich in *Bild* lesen: »Die gestraffte Haut legt sich in fiese Falten, der Mund ähnelt mehr aufgepumpten Autoreifen als Lippen.«

Andererseits ist es natürlich auch toll, prominent zu sein. Und Sie, liebe Herren Leser, haben es in den vergangenen Wochen enorm bedauert, nicht die schöne Kunst des Skispringens erlernt zu haben. Dann wären Sie nämlich auch so umjubelt wie Sven Hannawald, und die *Münchener Abendzeitung* würde schreiben, 1000 Mädchen wollen Sie! So aber kriegt nur der Mann aus Hinterzarten die ganzen Superangebote blutjunger Frauen. Sie schicken ihm Fotos und lassen sich einiges einfallen: »Sie posieren unterm Weihnachtsbaum und im Bikini, schwarz-weiß und in Farbe, sie schreiben Gedichte und schicken Kuchen-Rezepte.« Wie? Auf Gereimtes, Weihnachtsbaumgetue und Backvorlagen können Sie verzichten? Aber die freie Auswahl unter 1000 willigen Bikinischönheiten, die hätten Sie gern? Verstehen wir. Wir bekamen neulich auch ein aufreizendes Bikinifoto von einer Leserin zugesandt. Sah echt nicht schlecht aus; gertenschlank, astreine Beine. Aber sie schrieb, sie habe auch ein Foto an Guido Westerwelle geschickt, da waren wir beleidigt.

Aber noch einmal zurück zu den Prominenten. Die haben Sorgen, von denen wir Normalos uns keine Vorstellungen machen. Hätten Sie etwa gedacht, dass die beliebten Volksmusiklerchen Maria und Margot Hellwig (81 und 60) sich jedes Jahr eine neue Kollektion von Dirndln zulegen? »Man kann ja in den verschiedenen TV-Sendungen nicht immer dasselbe anziehen«, stöhnt Maria ins *Echo der Frau*. »Die Fans registrieren doch alles ganz genau.« Echt wahr? Und dann schreiben dir die

Fans, liebe Maria: »Das rote Dirndl mit Steifmieder und gepaspelter Quetschfalte, das Sie im *Musikantenstadl* getragen haben, gefiel mir aber besser als das rotseidene mit Fransenknödel und Strickwurstrand«? Hätten wir nicht gedacht.

Wir hätten uns allerdings auch nicht vorgestellt, dass der Schmusegeiger André Rieu sich in masochistischer Selbstanklage so beschreibt: »Ich bin nichts als ein alter, scheußlicher, dicker Fettmann von 52 Jahren, der immer jung bleiben möchte.« Die Antwort aber auf die knallharte Frage von *Neue Revue*, die hatten wir vorausgeahnt: »Wenn Ihre Frau lesen muss, Sie hatten nachts in Ihrem Hotel Damenbesuch oder jetteten mit einem hübschen Mädchen in Ihrem Privatflugzeug nach Südfrankreich – wie reagiert sie?« Da schnulzt der Geiger: »Marjorie würde mich auf so etwas niemals ansprechen. Sie vertraut mir einfach.« Für diesen Satz, André Rieu, verdienst du den Deutschen Schleimpreis mit Brechmittel. Da ist uns Joan Collins (68), das sogenannte Denver-Biest, tausendmal lieber. Sie steht zu ihren Vorlieben und heiratet einen 32 Jahre Jüngeren. Ihre drei Kinder finden das geschmacklos, aber Joan sagt: »Ich genieße das Hier und Jetzt.«

Wir finden das richtig, wollen hier und jetzt aber auch den Schlagersänger mit dem affigen Namen G. G. Anderson belobigen, der *Neue Welt* verrät, wie weit ein Flirt gehen darf: »Abends an der Bar sitzen, ein bisschen reden, in den Arm nehmen und auch mal ein Küsschen geben. Aber das ist schon alles.« Sehen Sie, wir finden diese Einstellung edelmütig und jedenfalls viel besser, als wenn er einem anderen die Frau wegnähme. So wie es einst der Springreiter Ludger Beerbaum tat, der seinem Freund Paul Schockemöhle die Gattin ausspannte. Dafür hat er aber gezahlt, wie er heute in *Bunte* zugeben muss: »Ich habe mich in meiner Haut nicht mehr

wohl gefühlt. In den kritischen Tagen konnte ich kaum schlafen und litt unter Appetitlosigkeit.« Ob es der Dame von der *Das Goldene Blatt*-Scherzkeksseite auch so geht, wissen wir nicht, aber der Witz geht so: Bei der Operation ruft sie mehrfach verzückt: »Ach, Wilhelm.« Arzt beim Abschied: »Und grüßen Sie Wilhelm.« Dame: »Woher kennen Sie meinen Chauffeur?« Schönen Sonntag. (13. 1. 2002)

## Stoiber kann gut rülpsen

Und wie stehen Sie zu Edmund Stoiber? Er ist Ihnen zu steif, zu hart, zu preußisch, zu calvinistisch? Sie glauben, dass sein Spezi Günther Beckstein recht hat, wenn er dem Kanzlerkandidaten das Motto unterstellt »Lieber eine dicke Akte als eine schlanke Nackte«? Dann haben Sie aber nicht am Montag das Porträt in der *Süddeutschen Zeitung* gelesen, das auch Stoibers entschieden übermütige Seiten beschreibt. Dort berichtet sein Mitschüler Michael Skasa, dass der heutige Ministerpräsident früher recht munter gewesen sein muss und auf Kommando die erstaunlichsten Geräusche von sich geben konnte: »Der Edi beherrschte die Kunst des künstlichen Rülpsens wie kein anderer, da war er unschlagbar.« Kann man sich heute irgendwie schwer vorstellen. Und natürlich wird ja auch keiner seiner Referenten oder Minister ihn auffordern: »Herr Stoiber, rülpsen Sie doch mal.«

So mag es also sein, dass der Politiker im Laufe der Jahre sein Aufstoß-Talent hat verkümmern lassen, oder dass er nur noch im privatesten Kreise rülpst, was ja eine erheiternde Note in jede Gesellschaft tragen kann. Dagegen muss sich der Ehrgeiz des Kommando-Rülpsers früh gezeigt haben, denn beim Tischfußball soll er erfolgreiche Aktionen mit dem Ausruf »Ruhm, Ruhm!« begleitet haben. Ja, der Ruhm kann eine Droge sein, sollte aber durch Leistung erworben werden. Wir finden es deshalb richtig, dass Philippe, der muffelige Kronprinz von Belgien, nicht mit der Ehrendoktor-

würde ausgezeichnet wird: Die Professoren der Universität Leuwen legten ihr Veto ein, weiß der Lehrkörper von *Echo der Frau*, weil »Philippe immer ein schlechter Schüler war«.

Wie wir jetzt von Philippe auf Klaus Wowereit kommen, wissen wir auch nicht, aber *Bild* zeigt ein Foto von Sabine Christiansen, wie sie sich beim Tanzen mit geradezu innigem Gesichtsausdruck und geschlossenen Augen zärtlich an ihn schmiegt, die Hände um seine Schultern. *Bild* fragt aber nicht nur: »Warum machen schwule Männer Frauen so glücklich?«, sondern zögert auch nicht mit klugen Antworten: »Ein schwuler Mann guckt dir nicht ins Dekolleté, er drückt beim Tanzen nicht sein Becken gegen deines. Was er dir sagt, streichelt deine Seele, weil es wirklich dich meint, nicht deinen Körper.«

Wir merken schon, wie unsere männlichen Leser schuldbewusst zusammenzucken, weil sie im Geiste alle diese schleimigen Komplimente zählen, mit denen sie unschuldige Frauen ins Bett gelockt haben, und prompt haben diese Worte den irgendwie doch genialen *Bild*-Briefschreiber Franz Josef Wagner, der sich nebenbei, vielen Dank, als *F.A.Z.*-Leser« outet, auf den Plan gerufen, der leicht beleidigt an Sabine Christiansen schreibt: »Sie sollten mich einmal ausprobieren, schon um festzustellen, dass auch ein Heterosexueller zuhören kann bzw. mitseufzen.«

Ach, auch wir mussten seufzen, als wir in *7 Tage* die Geschichte des Schauspielers Klaus Peter Garp lasen. Seine große Liebe lernte er in der Grundschule kennen, hielt immer Kontakt zu ihr, traute sich 25 Jahre lang nicht, ihr sein Herz zu offenbaren, wagte die freundliche Übernahme »an einem See in Holland« und sagt jetzt: »Mir zittern noch heute die Knie, wenn ich an unseren ersten Kuss denke.« Sehen Sie, liebe Sabine Christian-

sen, auch solche Männer gibt es, die nicht im Traume daran dächten, beim Tanz in unerlaubter Weise ihre Becken gegen Ihres zu pressen. Wir behaupten nämlich: Männer sind im Grunde schüchtern. Wie sonst kämen Anzeigen wie diese aus dem *Journal Frankfurt* in der Rubrik »Wiedersehen« zustande: »Sah Dich mit Deiner Freundin zeitweilig in der Nähe der linken Bar. Roter Blazer, Brille, groß, schlank, einfach reizend. Ich stand, ebenfalls in Begleitung, an der Bar. Hast Du mehr Mut als ich, den ersten Schritt zu tun?«

Da geht es Sven Hannawald (27) doch besser. Der Skispringer braucht keine schmachtenden Suchanzeigen aufzugeben, die Mädels halten ihm Transparente mit tiefenpsychologisch sehr bedenklichen Aufschriften hin, die wir uns wiederzugeben fast schämen: »Hanni, du geile Schlange, keiner fliegt so weit und lange.« Und der von *Bild* aufgetriebene »bekannte Psychologe« sagt in schöner Diplompsychologenprosa über die lodernde Gefühlsflamme der blutjungen Groupies: »Der Wunsch nach körperlicher Vereinigung kann natürlich sehr drängend werden.«

Wir merken schon, liebe männliche Leser, wir müssen Sie jetzt wieder aufrichten. Nie, wenn Sie sich in ihrem eierschalenfarbenen Herrenblouson auf der Straße blicken lassen, fangen junge Mädchen an zu kreischen, nie halten sie Ihnen Plakate mit unanständigen Anspielungen entgegen. Aber Sie müssen eben auch flexibler werden. Deshalb reichen wir gern den Rat von Georg Preusse aus *Bild* an Sie weiter, der Ihre Möglichkeiten enorm erweitern wird: »Werden Sie bisexuell – dann lernen Sie 100 Prozent der Bevölkerung kennen.« (20. 1. 2002)

# Was Frauen gerne riechen

ragen Sie als Mann sich manchmal auch, warum Sie wochen-, ja monatelang bei den Frauen keine Chancen haben und sich dann urplötzlich diese tolle Blondine an Sie ranschmeißt, Sie gar nicht mehr von der Tanzfläche lassen will und Sie im Hausflur abknutscht, bis die Sparbirne flackert? Dank *Bild* wissen wir jetzt endlich die Antwort auf das rätselhafte Verhalten der Frauen. Verraten wir aber noch nicht, denn es gibt erst eine Menge anderer Dinge zu bereden.

Zum Beispiel Monica Lewinsky. Wie mag es ihr gehen? Einst füllte sie die Blätter, heute nur noch ihre Kleidung: »Eine Frau wie eine Tonne, die Cordhose kurz vor dem Platzen, aus der Bluse schwabbelt der Bauch«, beschreibt *Neue Revue* recht schonungslos das Äußere der Ex-Praktikantin. Und zitiert sie mit den wahrhaft mitleiderregenden Worten: »Es ist ein furchtbares Gefühl, wenn man ein Restaurant betritt und plötzlich alle aufhören zu reden.«

Aber das geht ja nicht nur den Dicken so, sondern auch den Prominenten. Betritt beispielsweise Joe Ackermann, der künftige Chef der Deutschen Bank, ein Lokal, so könnte es sehr, sehr still werden, denn der Mann verfügt laut *Bild* über ungewöhnliche Fähigkeiten: »Wenn er lächelt, werden Knie weich. Blickt er ernst, gefriert beim Gegenüber das Blut literweise.« Und kommt Königin Beatrix in eine Kneipe, werden die Menschen sicherlich auch tuscheln. Grund gibt es dafür ja auch genug, denn »die reichste Frau Europas«, rund 3,2

Milliarden Euro schwer, wie *Neue Revue* nachgezählt hat, soll »stockgeizig« sein. Eine ehemalige Angestellte petzt: »Beatrix klaubt Geschenkpapier aus dem Abfall. Sie bügelt es glatt und verwendet es wieder.«

Und Sie haben gestern also auch Stunden vorm Fernseher verbracht, als Beatrixens unernster Sohn Willem-Alexander seine Máxima für immer an seine Seite zog, und waren schon ein bisschen traurig, dass Deutschland keinen Kaiser hat? Wir wurden unserer Tränen kaum Herr, vor allem mussten wir immer an die arme Braut denken, deren Eltern an der Zeremonie nicht teilnehmen durften, sondern sie nur im Fernsehen verfolgen konnten. Um nicht gar zu rührselig zu werden, lenkten wir uns mit einem Willem-Porträt aus der *Bild-Zeitung* ab, in dem der Thronfolger ziemlich krude beschrieben wurde: »Optisch ist Willem-Alexander eher wabbelig.«

Was man von Til Schweiger nicht sagen kann. Deutschlands bestaussehender schlechter Schauspieler wirkt noch immer straff und hübsch, aber glaubwürdig? Lesen Sie selbst: »Im Film«, sagt *Bunte*, »begegnen Sie auf der Straße einer Frau, die Sie zum Telefonieren in ihre Wohnung mitnimmt. Augenblicke später landen Sie in ihrem Bett. Kennen Sie so was aus dem wirklichen Leben?« »Ja«, gesteht der glückliche Schweiger, »es gab eine Zeit, wo ich das öfter erlebt habe.« Und wie würde er heute, verheiratet und Vater, darauf reagieren? »Heute würde ich weglaufen, damit ich nicht in Versuchung geführt werde.« Glauben Sie das? Wir glauben es nicht. Wir wissen: einmal Filou, immer Filou.

Aber wir wollen Herrn Schweiger natürlich nicht unrecht tun, denn wir machen uns ganz andere Sorgen, nämlich um die Beziehung der Beckers. Irgendwie hofft man ja doch immer noch, schon wegen der Kinder, sie mögen sich noch einmal wiedervereinigen, aber jetzt lesen wir in *das neue*, Barbara Becker habe einen anderen

Partner, einen flippigen afroamerikanischen Musiker aus Miami: »Sie liegen sich in den Armen, lassen einander gar nicht mehr los. Sie küssen sich, streicheln sich zärtlich.« Hoffentlich ist das eine Fehlmeldung, wofür einiges spricht. Was soll man schließlich von einem Blatt erwarten, das in der Rubrik »Schlaue Fragen für kluge Köpfe« folgenden Satz zur Ergänzung anbietet: »Wer durchtrieben ist, hat es faustdick ... a) in der Tasche, b) im Fäustchen, c) hinter den Ohren, d) im Nacken.«

Wir wissen nicht, ob auch Großherzog Henri von Luxemburg (46) es faustdick in der Tasche hat, man erfährt über dieses Haus ja leider wenig. Aber wir haben doch mit Bedrückung den Bericht in *Das Neue Blatt* zur Kenntnis genommen: »Die Ehe des Herrscherpaares gilt als hoffnungslos zerrüttet. Die Großherzogin, so pfeifen es im Land die Spatzen von den Dächern, muss seit Jahren mit dem Wissen leben, dass ihr Mann eine Geliebte hat.«

Oje, ist das traurig, da erzählen wir jetzt lieber von der Sache mit den Frauen, da lernen unsere männlichen Leser etwas fürs Leben. Also, das ist im Grunde ganz einfach, zitiert *Bild* eine amerikanische Studie: Frauen verlieben sich in Männer, die wie ihr Vater riechen. Interessant, wie? Wir selbst lernten beim Neujahrsempfang des Gewerbevereins Frankfurt-Fechenheim diese hinreißende schmale Brünette kennen. Im Taxi gefragt, was ihr Vater macht. Sie lächelte sanft: »Papa hat in Wattenscheid eine Frittenbude.« (3. 2. 2002)

## Ein Lob für die Queen

s steht nicht gut um Deutschland. Erst diese furchtbare Demütigung beim Schlager-Grand-Prix. Und für die Fußballweltmeisterschaft schwant uns auch nichts Besseres. Was soll man schon von einer Mannschaft erwarten, deren Chef auf den Spitznamen »Tante Käthe« hört? Was uns jetzt wieder auf Corinna May bringt. Ihre peinvolle Niederlage begründete die Sängerin in *Bild* mit dem Verweis auf höhere Mächte: »Ich glaube, Gott wollte nicht, dass ich gewinne. Da bin ich ganz sicher.« Hmpf. Wir haben unseren Redaktionstheologen gefragt, der hat gesagt: »Corinna May hat recht. Gott hat nämlich Geschmack.«

Nachdem dies geklärt ist, wenden wir uns der diesseitigen aktuellen Lage zu, auch sie ist eher dunkel eingetrübt. Unsere deutsche Claudia Schiffer hat endlich geheiratet, auch wenn ihr Gatte nur 1,67 Meter, sie aber 1,80 misst, doch sehen wir Farbfotos von Brautrobe und Hochzeitstorte, von Rausch und Tanz und sagenhaftem Glück? Nichts da, die geldversessene Claudia soll die Bildrechte verkauft haben, weswegen *Bunte* sehr ärgerlich reagiert und sich mit 26 Fotos von Märtha-Louises Hochzeit tröstet. Wird Claudia glücklich in dieser Verbindung? *Neue Revue* ist optimistisch, denn ihr Gatte Matthew »ist häuslich wie sie, bodenständig. Er füllt das Öl im Auto selbst nach, wäscht seine Haare eigenhändig – Londons feine Gesellschaft staunt.« Und wir mit ihr, denn ein Mann, der seine Haare selber wäscht, mit dem muss das Glück grenzenlos werden. Außerdem soll der

41

kleine Mann recht vermögend sein, und da vertrauen wir doch wie stets auf die Lebenserfahrung der Zsa Zsa Gabor (98): »Ein Mann mit einem hohen Bankkonto kann gar nicht hässlich sein.« Allerdings geben wir auch zu bedenken, dass wohlhabendere Männer nicht so treu sind wie ärmere. Aus dem *stern* lernen wir: Schon »bei einem Jahreseinkommen von mehr als 50 000 Euro liegt die statistische Wahrscheinlichkeit der Untreue bei 70 Prozent«.

Interessant, aber was sollen letztlich Zahlen und Figuren? Vor einem geheimen Wort fällt aller falscher Zauber in Asche, und das Wort heißt Liebe. Liebe ist für immer, und für seine Märtha-Louise fand Ehemann Ari Behn Worte, die Sie, Leser, Ihrer Gattin schon lange vorenthalten: »Du bist unwiderstehlich, sprudelnd, kraftvoll, spielerisch und ernst zugleich. Du bist das Licht, das die Dunkelheit überwindet.«

Von der Liebe zum Sex ist es ja nicht weit, und vergangene Woche hatten wir die Autosex-Experten unter unseren Lesern um Aufklärung gebeten, warum Ex-Botschafter Borer beim Sex auf vier Rädern möglicherweise seine Socken ausgezogen hat. Leser Paul-Albert Wagemann aus Berlin schickte uns sein Buch »Kamasutra für Autofahrer«. Darin wird das Sockengeheimnis zwar auch nicht gelüftet, aber doch auf eine interessante Variante hingewiesen: das Nacktfahren. »Die Vorteile des Nacktfahrens liegen weniger auf der Hand als am Fuß: Es ist dieser unmittelbare Hautkontakt der Fußsohle mit den Pedalen. Die feinen Vibrationen des Motors, der Bremsen, der Achsen können sich ungehindert durch Stofffasern über die Beine, den Hintern, den Rücken fortsetzen, um zart am Hinterkopf zu enden.«

*Zunächst müssen wir dich loben, Nacktmodel und ehemalige Kosmetikverkäuferin Djamile Rowe (34). »Ich hatte nie was mit dem Schweizer Botschafter«, widerrufst du jetzt eidesstattlich in Bild. Doch nicht allein für diese Wahrheitsliebe, liebes Nacktmodel, wollen wir dich preisen, sondern für deine Phantasie. Rein aus überbordendem Vorstellungsvermögen hast du das Schlafzimmer des Ehepaares Borer damals so genau beschrieben? Nur aus Imaginationsfreude hast du wunderbare Details ersonnen, etwa, dass der Herr Botschafter so weiße Haut habe und beim Autosex die Scheiben des Fiesta beschlagen gewesen seien – das alles hast du dir nur ausgedacht? Gut, die Aussage, »er wollte, dass ich ihm irgendwelche schweinischen Geschichten erzähle«, ist nicht sonderlich phantasiestark, dergleichen fordern 94,8 Prozent der Männer. Aber bei einer anderen Angabe hatten wir wirklich schwer vermutet, das könne man nicht erfinden: »Aber der Sex war gut. Lohnt sich.« Dieser Zusatz »lohnt sich« schien uns damals dermaßen perfekt kosmetikverkäuferinnenhaft lebensnah – doch so kann man sich irren. (14. 7. 2002)*

Wir wissen nicht, wie die Queen über Nackte am Steuer denkt, wir wissen nur, dass sie jetzt im Juni ihr goldenes Thronjubiläum feiert und wir ihr von Herzen gratulieren. Denn in mancher Hinsicht, liebe Queen, gehört Ihnen unsere Bewunderung. Allein, was Sie auf Ihren Auslandsreisen auf sich nehmen, hätte zarter besaitete Naturen längst zum Würgreiz gebracht: »Mit Schaudern erzählt sie von einem Braten«, berichtete einst *Frau im Spiegel*, »den man ihr bei einem Staatsbankett in Belize (Mittelamerika) servierte. Was sie erst für den Schenkel eines Huhns hielt, war das Hinterbein einer Ratte. Sie kostete tapfer. Doch als man ihr gedünstete Schafsaugen servierte, streikte die Queen.«

43

Was uns an Ihnen auch gefällt, liebe Frau Königin, ist die Diskretion, die Lautlosigkeit, mit der sie Ihre Absichten bekunden. Wir meinen vor allem die Zeichensprache Ihrer 2800 Handtaschen. Wenn Sie mit der Tasche wedeln, müssen Sie dorthin, wohin auch eine Königin sich zu Fuß begeben muss. Unterhalten Sie sich und tragen die Tasche links, heißt das, Sie möchten nicht gestört werden. Tasche rechts aber bedeutet: »Hofdame, befreien Sie mich von diesem grässlichen Menschen.«

Übrigens hat unsere kleine Bemerkung vergangene Woche an dieser Stelle, Dessous würden in ihrer Wirkung oft überschätzt, für erstaunlich wütende Zuschriften von korpulenten Leserinnen geführt. Wir nehmen dazu wie folgt Stellung. Erstens: Dessous sind grundsätzlich klasse. Zweitens: Von Konfektionsgröße 42 an, tut uns jetzt echt leid, wirken sie kontraproduktiv. Davon lassen wir uns nicht abbringen, wissen aus dem *stern* aber auch Tröstliches: »Übergewichtige Frauen haben deutlich mehr Spaß am Sex als Frauen mit Idealgewicht.« Guten Appetit. (2.6.2002)

# 11 000 schöne Frauen

Mit gewisser Rührung haben wir uns im Internet unter *www.annabarmina.com* jene Seite angeschaut, auf der man nicht weniger als 11 000 schöne russische Frauen betrachten kann. Die jungen Damen, durchweg seriös und sympathisch wirkend, stellen sich per Foto und Kurzbeschreibung vor. Alle suchen einen Mann aus dem Westen, auch Elena, 19 Jahre alt, 1,60 Meter groß, 49 Kilo, hübsches Gesicht. Beruf: Ökonomin – was immer das sein mag. Sie beschreibt sich so: »Ich bin gut, heiter, positiv.« Und wie soll ihr Partner sein? »Er sei gut, habe keine ungesunden Gewohnheiten.«

Ist das nicht reizend? Vermittelt uns westlichen Männern diese junge Ökonomin nicht eine so einfache wie wunderbare Botschaft? Wir sollen gut sein, einfach gut. Sind wir es?

Nein, wir westlichen Männer sind nicht gut. Das sieht man schon an Marlon Brando (»drei Ehen, unzählige Affären, mindestens elf Kinder«), der rüde behauptet: »Sämtliche Komplikationen entstehen dadurch, dass man der Frau fürs Leben leider nicht nur ein einziges Mal begegnet.« Auch Tony Curtis (77), der eine 45 Jahre Jüngere geheiratet hat, ist kein Vorbild: »Was soll ich mit einer alten Frau? Alt bin ich selbst.« Selbst dich, Rudi Völler, müssen wir leise tadeln wegen deiner Unhöflichkeit. Okay, du hast es geschafft, dass deine Mannschaft im Holzhackerstil von Runde zu Runde stolpert, aber ist das ein Grund, dem armen koreanischen Ex-Bundesligamann Bum Kun Cha, nur weil er dein Team

kritisiert, vorzuwerfen, der habe in seiner Zeit bei Leverkusen »offensichtlich zu viel Aspirin gegessen«?

Sehen Sie, das ist nicht gut. Und auch dich, Engelbert
Lainer, künftiger Gatte des schreibenden Lachsacks
Hera Lind (64), können wir nicht loben, wenn du in
*Bunte* weinerlich über die Scheidung von deiner Frau
berichtest: »Es war entsetzlich. Einem Menschen im Ge-
richtssaal gegenüberzusitzen, den man mal geliebt hat
und der einen nur noch kalt und gefühllos anschaut.«
Kann das vielleicht daran liegen, Lainer, dass du deine
Gattin in aller Öffentlichkeit mit Frau Lind (64) betrogen hast? Ja, das hörst du nicht gern, aber wir bleiben
eiskalt bei der Wahrheit.

Und wir stehen genauso beinhart zu unserer Meinung,
dass eine der schönsten Schlagzeilen aus 50 Jahren *Bild*
noch immer lautet: »Wachmann aß Hund Chappi weg
– entlassen«, während »Pfleger erstickte Oma mit Kohl-
roulade« unsere Billigung nicht findet, die ist zu brutal.
Auch die Überschrift in *Neue Welt* behagt uns nicht:
»Fergie achtet streng auf ihre Figur«, aber »ihre Töchter
werden immer dicker«. Du liebe Güte, mit Heranwach-
senden hat man liebevoller umzugehen.

Das bringt uns jetzt wieder auf das Gutsein. Gibt es
nicht auch ein paar Männer, die gut, edel und sensibel
sein können? Doch. Zum Beispiel der junge Prinz William. Erbittert kämpft er nach den Recherchen von *7
Tage* mit Kronprinz Felipe von Spanien um das Herz
der feschen Schwedenprinzessin Madeleine (20). Aber
während Felipe nach Großmannsart bei einem Ma-
drider Juwelier ein gülden Armband fertigen ließ und
dem hübschen Schwedenhappen einen Flug in seinem
Learjet nach Mallorca ankündigte, war Willies Annähe-
rungsversuch totaaal süß: Er berührte ihre Seele »mit
einem Stapel fein säuberlich gebündelter Briefe. Zeug-
nisse einer romantischen Seele, geschrieben in schlaflo-

46

sen Nächten und aus Schüchternheit nie abgeschickt«. Glauben Sie uns, Männer, das ist es, was den Mädels gefällt: Zeigen Sie Gefühle! Goldschmuck und Learjets reichen nicht daran heran.

Aber sind denn die Frauen immer gut? Zeugt Frau Hilde K.s Einlassung in *Das Goldene Blatt* von charakterlicher Reife? Nach 24 Jahren Ehe hatte sie keine Lust

---

*Ist Patrice Farameh (28) jetzt die Richtige, will* Bild *wissen. »Boris holt tief Luft, nimmt einen Schluck Bier. Und antwortet schließlich, während sie ihn aufmerksam von der Seite anschaut: »Ich hoffe, dass sie die Richtige ist.« Schlechte Antwort, lieber Boris, sehr schlechte Antwort. Schau mal, äh, das ist doch gar nicht so schwierig, äh, das können auch, äh, Tennisspieler verstehen, die keinen, äh, geraden Satz herausbekommen: Wenn einen der Blitzschlag der Liebe trifft, dann spürt man das in allen Fasern und fühlt vom kleinen Zeh bis südlich vom Bauchnabel: Das ist die Richtige, die oder keine, wenn ich die nicht kriege, werde ich verrückt, mein Leben ohne sie ist sinnlos wie eine Zeitung ohne Buchstaben, wie Peter Maffay ohne Warze, wie Dolly Buster ohne Doppel-D-Körbchen, wie Barbara Becker ohne Edelmut, denn in* Bild *sagt sie: »Ich habe Boris mal sehr geliebt. Darum würde ich mich sehr freuen, wenn er jetzt mit einer neuen Frau glücklich wird.« (17. 3. 2002)*

---

mehr auf ihren Mann. Als aber »unlängst eine Frau aus unserem Kegelclub ganz verrückt nach ihm war, machte es mir wieder riesige Lust, mit ihm zu schlafen«. Und du, Kati Witt, röhrst in *Frau im Spiegel* über den One-Night-Stand: »Kann mal passieren. Aber ich muss dabei immer ein bisschen verliebt sein. Das ist okay, solange man sich am Morgen danach noch anlachen und in die Augen gucken kann und nicht denkt: Oje.« Nennst du

diese Einstellung, Kati Witt, vorbildlich, nennst du sie gut? Wir zögern.

Wir nennen einen Menschen gut, der Versuchungen widersteht. Wir möchten Sie mal sehen, männliche Leser, wenn Sie beim Wasserballtraining mit blanker Brust erschienen und jedes Mal »mehr als 50 Mädchen am Beckenrand« stünden und kreischend um Ihre Gunst buhlten. Schon beim ersten Mal könnten Sie nicht widerstehen und würden zwei bis drei der schönsten Mädels zu einer Unterwassermassage ins Bassin ziehen, richtig? Nicht so abermals der junge Prinz Willie. Charmant und höflich widersteht er den eindeutigen Avancen. Und das nennen wir: gut. Aber auch: ganz schön doof. (23.6.2002)

# Reizwäsche? Nein danke

An den Knallblättern ist zu bemängeln, dass sie die asiatischen Königshäuser in ihrer Berichterstattung viel zu wenig würdigen. Das ist falsch, denn hätten Sie gewusst, dass im Chitralada-Palast die Angestellten des thailändischen Königs Bhumibol »ihm niemals in die Augen sehen und ihm niemals den Rücken zudrehen« dürfen? Und hätten Sie je für möglich gehalten, wie dankenswerterweise jetzt doch *Das Neue Blatt* enthüllt, welche revolutionären Dinge am japanischen Kaiserhof vor sich gehen? Dort sagt die alte Kaiserin Michiko unfassbar Gewagtes: »Ich halte es nicht für unwahrscheinlich, dass meine Enkelin Fahrrad fahren lernt.«

Ja, die Zeiten ändern sich, die Männer nicht. So muss die Berliner Entertainerin Désirée Nick, die ja schon mit Welfenprinz Heinrich von Hannover Männerstress hatte (seinen Sohn hat er erst nach der Vaterschaftsklage anerkannt), in *Bunte* über ihren Freund, den Schauspieler Jörg (37), berichten: »Wir waren vier Wochen zusammen, als ich durch Ilja Richter erfuhr, dass Jörg seit zehn Jahren verheiratet ist und ein sechs Monate altes Kind hat.« Und später stellte sich auch noch heraus, »dass Jörg nebenbei in der ganzen Zeit auch noch ein Verhältnis mit der 50-jährigen Intendanzsekretärin des Theaters hatte«. Furchtbar, diese Männer! Aber natürlich muss man zugeben, dass Jörg recht vielseitig ist.

Doch gibt es auch noch grundgute Männer wie Prinz Charles. Jeder von uns hätte sich nach einem geglückten

Polospiel doch liebend gern von Claudia Schiffer die Siegerschale ins Händchen drücken lassen. Nicht so der britische Thronfolger: »Obwohl Papa Charles eigentlich der Mannschaftskapitän war, schubste er seinen Sohn nach vorn und gönnte ihm das, was Millionen von Männern auch gern mal tun würden: die schöne Claudia küssen.« Da sieht man aber auch mal, dass es sich lohnt, Sport zu treiben – kein Polo, keine Claudia. Allerdings ist insbesondere mit dem Fußballspiel auch mancherlei Gefahr verbunden, wie wir einer Geschichte in *Bunte* über Oliver Kahn und dessen Gattin Simone entnehmen: »Dieser Torwart ist ihr Mann, an dem sie manches Mal verzweifelte, wenn sein Kopf zum Fußball wurde und sein Herz ein Muskel, dem er nichts als Leistung abforderte.« Leserinnen! Fänden Sie das schön, mit einem Mann verheiratet zu sein, dessen Kopf zum Fußball wird? Nein, das ist nicht schön, dann schon lieber eine Kahnpartie durchs Leben mit Elton John. Der behandelt das Leder zwar nicht so akrobatisch wie Herr Kahn, feiert aber in seinem Schloss in England wunderschöne Benefizpartys: »Pavillons quellen über von Blumen. Livrierte Kellner reichen Wachteleier. Zofen mit Spitzenhäubchen und weißen Schürzen schenken Champagner aus.«

Ja, Schampus tränken wir jetzt auch gern, am liebsten würden wir ihn aus dem Bauchnabel von Kylie Minogue schlürfen, aber als sittlich durch und durch gefestigter Mensch heben wir lieber mahnend den Finger und weisen auf die Schönheitsoperationen von Königin Silvia hin. »Ihre Gesichtszüge scheinen starr«, stellt *Das Goldene Blatt* eiskalt fest, »die Nase der Regentin erscheint deutlich kleiner.« Und auch laut *7 Tage* beklagen Hofkenner aus Stockholm: »Sie kann nicht mehr richtig lächeln.«

 Wir dagegen mussten unsere ungeliftete Stirn in

ernste Falten legen, als wir die Zuschrift von Auguste B. (56) aus Emden an Frau Klara aus *Neue Welt* zur Kenntnis nahmen: »Mein Mann kommt in letzter Zeit oft sehr spät von der Arbeit nach Hause. Letztens hatte er Lippenstift am Hemd. Ich wage nicht, ihn zu fragen, ob eine andere Frau dahintersteckt.« Nein, liebe Frau B. (56) aus Emden, Lippenstift am Hemd weist keineswegs sicher auf eine Frau hin, es kann auch ein Mädchen gewesen sein, wahrscheinlich ein blutjunges, denn reifere Männer lieben junges Gemüse, das wissen wir zuverlässig. Denken Sie doch an Bill Clinton. Der alte Johannistriebtäter ist inzwischen ja auch schon 55, aber liebt er eine Gleichaltrige? Von wegen. Er hat sich jetzt mittels eines Strohmanns schon zum dritten Mal mit Supermodel Naomi Campbell (32) verabredet. Und deshalb antworten wir auch dir, Helma F. (55) aus Münster, die du fragst: »Soll ich wirklich Reizwäsche tragen?«, ganz unverblümt: Nein, bitte nicht.

Jetzt aber noch schnell ein Wort zum Thema Gleichberechtigung: Wenn in *Bunte* und anderen farbenfrohen Blättern schöne Frauen in ihren Roben glänzen, steht immer in Klammern dahinter, von welchem Modeschöpfer sie sich haben einkleiden lassen, zum Beispiel: Barbara Becker (in Armani) oder Liz Hurley (in Versace). Das ist okay, aber wir finden es ungerecht, dass diese Information bei den Männern immer unterschlagen wird. Wir würden gern auch einmal lesen: Bundeskanzler Gerhard Schröder (in Brioni), Finanzminister Hans Eichel (in Adler Bekleidungsmarkt) oder Ministerpräsident Roland Koch (in Aldi). (7. 7. 2002)

# Liebe, Alter, Toleranz

Es gibt Menschen, die tun sich schwer mit ihrem Glück. Prinzessin Stéphanie von Monaco beispielsweise fliegt wie ein Schmetterling von Mann zu Mann. Sie scheint es nicht aus Leichtfertigkeit zu tun, nicht aus Übermut und Flattersinn. Ihr Herz sucht eine Ruhe, die es nicht finden kann. Oder wie *Bunte* die Probleme der Prinzessin zoologisch-metaphorisch mal wieder bärenstark auf den Nenner bringt: »Weil ihr wildes Herz ein Raubvogel ist, ihre zarte Seele aber ein Täubchen.« Dabei zeigt die Monegassin keinen Adelsstolz, sondern hat einen ausgeprägten Hang zum Küchenpersonal. Ihr Neuer ist »Diener bei ihrem Vater, 45 Jahre alt, grauhaarig, aber sehr muskulös«.

Auch um dich, Boris Becker, machen wir uns allmählich Sorgen. Da schienst du doch endlich mit deiner Patrice (29) eine Frau gefunden zu haben, die mit gutem Aussehen, freundlichem Lächeln und einer wundervollen Oberweite ausgestattet war. Doch was machst du? Schluss. Und was sagt sie? »Leider ist unsere Synergie verlorengegangen.« Verstehen Sie das? Wir auch nicht. Zum Trost hat Patrice immerhin schon eine Pressesprecherin und »rund 30 Angebote«. Was aber die Liebe betrifft, so hat vielleicht jener »ehemalige Boris-Intimus« recht, der anonym in *Bunte* Herrn Beckers solipsistisches Lebensmotto so beschreibt: »Zuerst ich, dann die Kinder, dann der Job, dann Golf, dann nochmal ich und dann die Liebe.«

Sollte die Liebe aber nicht immerdar an erster Stelle

stehen? Wir finden: ja. Und deshalb gehört unsere ganze Achtung Frau Shawne Borer-Fielding. Hat die Sexaffäre sie und ihren Mann noch stärker zusammengeschweißt? »Nein«, antwortet die Ex-Botschafter-Gattin in *Frau im Spiegel* mit einer Gegenfrage, »wie kann man jemanden, den man über alles liebt, noch mehr lieben?«

Als wir das lasen, haben wir gleich eine Kerze angezündet. Auch von Gunter Sachs (67) hören wir ähnlich schöne Töne. Der Mann hat Geld bis zum Abwinken, er könnte Mädels haben, bis der Arzt kommt, aber was sagt er in *7 Tage*? Er preist die Frau, die seit 33 Jahren mit ihm von Gstaad und Kitzbühel bis nach St. Tropez und London durchs Leben zieht: »Mirja ist der strahlende Mittelpunkt meines Lebens.«

Wenn Sie jetzt, jüngere Leser, selbstkritisch zugeben, so liebesbegabt wie Herr Sachs und Frau Borer-Fielding nicht zu sein, haben Sie bitte ein wenig Geduld. Manchmal kommt das wahre Herzensglück erst im Alter, wenn sich die Hormone ausgetobt haben. Königin Paola und König Albert von Belgien waren ja früher kein Traumpaar, das dritte Kind der beiden, Prinz Laurent, entstammt »einem Seitensprung der lebenslustigen Königin«, und auch der Herr Gemahl trat öfter mal folgenreich zur Seite. Aber jetzt, da sie 65 und er 68 Jahre zählt, cremt sie ihm zärtlich den Rücken ein, und Minuten später »steckt sie ihm einen Schokoladenkeks in den Mund«.

Und auch Sie, Rudolf Scharping, haben ja jetzt im vorgerückten Mittelalter die Chance auf eine Große Koalition der Liebe an der Seite Ihrer Gräfin und können mit ihr planschen, so viel Sie wollen. Nach dem 22. September könnte vielleicht auch Gerhard Schröder (58) endlich einmal mehr Zeit für seine Doris (38) aufbringen. Die beiden scheinen sich glänzend zu verstehen, denn aus dem *stern* lernen wir, er nennt sie »Dörchen« und sie

ihn »Spatzl«. Ist das nicht reizend? Dass aber Alter vor Übermut nicht schützt, erfahren wir aus *7 Tage*: Prinz Bernhard der Niederlande (92) hat sich einen Ferrari mit 490 PS gekauft.

Aber um nochmal schnell auf die Ehe und das Alter zurückzukommen – wahrscheinlich ist die Toleranz doch das beste Glücksrezept. Nadja Tiller (73) und Walter Giller (noch älter) sind ihr Leben lang verheiratet geblieben, und wenn *Neue Welt* jetzt sehr direkt fragt: »Gab es für Ihren Mann andere Frauen?«, dann offenbart Nadja eine so herzerfrischend freundliche Toleranz, dass jede jüngere Frau von ihr lernen kann: »Es wäre schlimm, finde ich, wenn es für Walter in diesen vielen Jahren keine andere Frau gegeben hätte.«

Leider ist solche vorbildliche Haltung noch immer selten zu finden. Stark zugenommen haben dagegen die Schönheitsoperationen. Vor allem das Aufspritzen der Lippen ist eine schreckliche Unsitte. Erstens sieht es unnatürlich aus, zweitens: Haben Sie mal eine Frau mit aufgespritzten Lippen geküsst? Genauso gut könnten Sie Klitschko abknutschen nach einem Zwölf-Runden-Kampf. Lustig dagegen sind diese Zungenpiercings. Nimmt beim Küssen zwar etwas an Volumen, kitzelt aber gut.

Aber jetzt doch noch einmal ein Wort zur Toleranz. Sie hätten uns missverstanden, wenn Sie dächten, wir plädierten für bedingungsloses Nachgeben der Frauen. Das Verhalten des Gatten von Barbara W. (43) aus Aachen, die an *das neue* schreibt: »In der Kur traf mein Mann die Frau seiner Träume«, wollen wir nicht billigen, »denn er kauft ihr teure Geschenke, die er mir noch stolz zeigt«. Geschenke für die Geliebte kaufen – ist in Ordnung. Sie der Frau zeigen, das geht entschieden zu weit. (21.7.2002)

## Vom Trieb besessen

Jeder Mensch muss sich ja grundsätzlich für ein solides oder ein ausschweifendes Leben entscheiden. Wer sich zu wilderen Lebens- und Liebesformen entschließt, sollte allerdings eines wissen: Bei Frauen leidet darunter die Gedächtniskraft, wir kommen darauf zurück.

Was wir zunächst kritisieren sollten, sind Leute, die immer jammern. Müssten Sie, Leser, beispielsweise ein Glasauge tragen, würden Sie wahrscheinlich mit Ihrem Geschick hadern und klagen: »Ich mit meinem Glasauge habe ja fürchterliches Lebenspech.« Peter Falk dagegen, der Darsteller des Inspektor Columbo, der seit seinem dritten Lebensjahr mit einem Glasauge auf das Leben blickt, sagt heiter: »Man kann auf Partys gut damit Aufmerksamkeit erregen, wenn man mit einem Löffel dagegenschlägt.« Sehen Sie, eine solche glasklar positive Einstellung bezeichnen wir als vorbildlich.

Auch Naddel kriegt von uns ein silikondickes Kompliment. Sie könnte sich ja auch schmollend in eine Putzecke zurückziehen, weil ihr Ex-Manager vor Millionen von *Bild*-Lesern von ihr behauptet hatte, sie habe ihn nachts in Hotels rüde aufgefordert, ihr »einen Kerl« zu besorgen. Aber sie gibt statt dessen *Bunte* ein Interview und kündigt tatendurstig an, ein Buch zu schreiben: »Ich will einfach die Chance nutzen, so manche Erlebnisse auch mal aus meiner Sicht zu schildern.« Das wird sicherlich ein sehr wichtiges Werk.

Wo wir gerade beim Loben sind, wollen wir auch den

Schauspieler Rolf Zacher nicht ausnehmen. Normale Menschen denken ja immer, Untreue schade einer Beziehung. Zacher aber sieht im *stern* im Fremdgehen eine positive Dialektik: »Ich habe gelernt, zu einer Freundin noch lieber und offener zu sein, wenn ich gerade mit einer anderen Frau wunderschönen Sex hatte.« Gar nicht gut dagegen finden wir, dass Zacher (»ich bin vom Trieb besessen«) auch Einzelheiten über seine Affären mit Hannelore Elsner und Iris Berben ausplaudert: »Hannelore ist eine extrem sinnliche Vollfrau, die nichts von sich versteckt und sich ihre Liebhaber nimmt wie ich mir meine Frauen. Dagegen ist die Berben wie das Gefrierfach eines Kühlschranks.« Das mag ja sein, aber so etwas erzählt man nicht über eine Frau, das ist indiskret. Obwohl – die Frauen selbst halten mit Bekenntnissen auch immer seltener hinterm Berg. So schreibt Inga T. (40) aus Erlangen unverblümt an *das neue*: »Der Freund meines Mannes möchte mit mir schlafen«, und fügt hinzu: »Sein Wunsch ist nicht ohne Reiz für mich.« Und *Bild* beglückt uns derzeit mit der Serie »Männer, Liebe, Leidenschaft. Moderne Frauen plaudern aus dem Bettkästchen«. Und darin sagt Azubi Andrea (19) auf die Frage »Wie oft sprichst du mit deinen Freundinnen über Sex?« etwas, das der Freund von Inga T. und jeder Mann stets bei allen ihren Handlungen berücksichtigen sollten: »Immer. Wenn wir uns sehen, werden alle Details offen diskutiert.«

Auch wir müssen jetzt offen etwas ausdiskutieren, nämlich die Liebeszukunft der schwedischen Prinzessin Victoria. Wie jeder weiß, macht sie derzeit in Berlin ein Praktikum beim schwedischen Außenwirtschaftsrat. Aber warum? Darüber sind die Blätter unterschiedlicher Ansicht. »Es ist eine Verbannung aus Liebe«, weiß *Neue Revue* und hat auch schlimme Gesichtsentgleisungen bei der Prinzessin entdeckt: »Wenn die Fotografen

56

weg sind, guckt sie oft traurig, fast verzweifelt. So sehen Mädchen aus, die Liebeskummer quält.« Grund der Qualen soll ihr unstandesgemäßer Fitnesstrainer sein, von dem ihre Mutter Silvia sie natürlich fernhalten will. Laut *7 Tage* allerdings hängt Victorias Herz längst an dem jungen Stockholmer Augenarzt Olaf Sörensen, der ihr jeden Tag 100 Rosen schickt: »Strahlender sah man Silvias Tochter nie. Berlin ist für sie die Stadt der Liebe.« Nun wissen wir nicht, ob wir *7 Tage* oder *Neue Revue* Glauben schenken sollen. Da halten wir uns lieber

---

*Ein einziger Blick auf die Lebensberatungsseite von Frau Klara in* Neue Welt *reicht zur erschütternden Diagnose eines kranken Landes: »Mein Sohn ist ein Skinhead«, »Meine Freundin trinkt« und »Mein Freund will Gruppensex«. Ist das noch normal? Schwer zu sagen. Aber um Dänemark steht es ja auch nicht besser. Dort hat sich Prinz Henrik, weil er bei strömendem Regen um seine handgearbeiteten Schuhe und seine Brioni-Hose fürchtete, von zwei Untertaninnen über die nasse Wiese tragen lassen. Menschen in öffentlichen Ämtern scheinen also leicht vom Größenwahn befallen zu werden, wie übrigens auch unser deutscher Außenminister Fischer:* Frau im Spiegel *jedenfalls verrät: Seine Mitarbeiter nennen ihn GV – Gottvater. (6.10.2002)*

---

an eine Schlagzeile aus *Bild*, die ganz sicherlich stimmt: »Margot Honecker putzsüchtig!« Zumal das Blatt hintergründig fragt: »Ist es das schlechte Gewissen?« Eine interessante Vorstellung, dass Margot Honecker sich ihr schlechtes Gewissen wegputzt, aber bei Lenor war es früher ja ähnlich.

Wir erinnern uns daran sehr genau, wie wir ja auch zu der Generation gehören, die Twix noch als Raider kennenlernte. Unser gutes Gedächtnis hängt natürlich damit zusammen, dass wir sittlich extrem gefestigt sind. Womit wir auf den Anfang und die sonderbare Beziehung zwischen Ausschweifung und Gedächtnisverlust bei Frauen zurückkommen: Das einstige Rosenresli Christine Kaufmann (57) verrät in *Neue Revue* schonungslos offen: »Ich hatte zwölf Beziehungen und ungezählte Affären mit hoch interessanten Männern. Noch heute denke ich manchmal, wenn ich Filme gucke: Hattest du mit dem nicht auch mal was?« (22.9.2002)

# Dicke Dinger machen happy

ie würden gern wissen, was das neue Jahr bringt? Aber kein Problem. »Exklusiv von Deutschlands bestem Astrologen« hat *Neue Revue* die Zukunft längst deuten lassen: »Die Schröder-Ehe zerbricht, Königin Beatrix dankt ab, Uschi Glas heiratet.« Und auf Deutschlands besten Astrologen ist Verlass, denn vor einem Jahr hatte er Prinzessin Mette-Marit prophezeit: »Uranus erhöht die Unfallgefahr«, und prompt wurde die Arme von Sandra Maischbergers Scheinwerfern gegrillt. Bei so viel Treffsicherheit muss man sich also auch Sorgen um die Schröder-Ehe machen.

Uns täte das leid, wir finden es immer schade, wenn Paare, die sich einst liebten, einander Lebewohl sagen. Manchmal schwant uns allerdings sogar zu Beginn solcher Lieben nichts Gutes, etwa wenn wir in *Bunte* von den Übertreibungen lesen, die sich Jennifer Lopez und Ben Affleck leisten. Die beiden scheinen sich zu überbieten mit gigantischen Geschenken. Mit einem rosa Diamanten für 1,1 Millionen Dollar verwöhnte er sie. Jennifer revanchierte sich mit einem Aston Martin für immerhin 220 000 Dollar. Kinder, das ist aber übertrieben. Man kann doch auch mit Kleinigkeiten jemandem seine Wertschätzung ausdrücken. Wie jener Vater, der seiner Tochter Nadine (25) für nur 6000 Euro ein neues Glück bescherte. Jedenfalls sagt Nadine jetzt in *Bild*: »Danke, Papi, für diesen wunderschönen Busen.« Er wuchs postoperativ von 75 A auf 75 C, und Nadine zieht jetzt »extra enge Oberteile an, genießt die bewun-

dernden Blicke«. Außerdem sagt sie stolz: »Plötzlich drehen sich die Männer auf der Straße nach mir um, schauen mich an! Diese Bestätigung hat mir immer gefehlt.«

Eigentlich traurig. Ist doch schlimm, dass Männer auf solche Oberflächlichkeiten achten. Uns persönlich ist so etwas fremd. Gut, es gibt schon mal Oberweiten von seltenem Umfang und herrlicher Konsistenz, da kann man einfach nicht den Blick abwenden. Aber dann schämt man sich ein bisschen und sagt etwas Unverfängliches wie: »Das Holz vor der Hütte habe ich schon entsorgt, jetzt muss ich mich um die Möpse kümmern, diese dicken Dinger liegen immer eng aneinandergeschmiegt auf dem Balkon.«

Über welche Körbchengröße Athina Onassis verfügt, wissen wir nicht. Wir haben dank *Neue Revue* nur in Erfahrung gebracht, dass sie am 29. Januar 18 wird und dann das Vermögen ihres Opas Aristoteles erbt, also elf Tanker, Beteiligungen an 90 Firmen, einen Wolkenkratzer und eine ganze Insel in Griechenland, alles im Gesamtwert von 2,7 Milliarden Euro. Sie können sich eine solche Summe gar nicht vorstellen? Aber die Mathematiker von *Neue Revue* haben das für Sie ausgerechnet: Athina könnte »22 258 Porsche Turbo auf einmal kaufen«. Oder bis zu ihrem 100. Geburtstag jeden Tag 102 740 Euro ausgeben.

Natürlich, liebe Leser, sind Sie jetzt grün vor Neid. Aber bedenken Sie bitte, dass sogar auf die Welt der Reichen und Prominenten manch Schatten fällt. Athina beispielsweise muss von zehn Bodyguards bewacht werden und wird niemals wissen, ob ein Mann wirklich sie liebt oder nur ihren Kontostand. Und glauben Sie, Camilla Parker Bowles dürfte sich in aller Gemütlichkeit neben ihrem Charles ein Zigarettchen anzünden? Von wegen. Der britische Thronfolger ist nach den Re-

cherchen von *Frau im Spiegel* militanter Nichtraucher: »Wenn Camilla sich in seinen Räumen im St.-James's-Palast oder auf Highgrove aufhält, muss sie, egal wie kalt es ist, zum Rauchen auf den Balkon.« Und auch Hugh Grant, der Herzensbrecher mit dem Charme der Schüchternen, weiß, dass ihm die Mädels nicht nur wegen seiner Persönlichkeit zu Füßen liegen: »Häufig interessieren sich die Frauen mehr für den Schauspieler Hugh Grant als für den Menschen. Aber ich will mich nicht beklagen: Durch den Ruhm schwärmen Frauen für mich, die mich sonst links liegen lassen würden.« Im selben Interview mit *Frau im Spiegel* lässt er uns übrigens

*Vieles im Leben ist überhaupt überflüssig: Bausparverträge, Mikrowellengeräte, Völlegefühl und zuvörderst Angeberei. Dieses dauernde Herumgeprahle der Bohlens und Möllemanns ist doch doof. Bescheidenheit ziert den Mann. Deshalb gefällt uns auch, was Horst Buchholz in* Neue Welt *auf die Frage, was dereinst auf seinem Grabstein stehen solle, antwortet: »Hier schläft ewig Horst Buchholz, der schon im Leben immer gern pennte.« Übrigens behauptet er auch, glücklich verheiratet zu sein, und kennt für funktionierende Partnerschaften ein gutes Rezept: »Ich höre nicht zu, was sie sagt. Vor allem, wenn sie etwas an mir kritisiert.« (3.11.2002)*

einen erhellenden Blick werfen auf die Antriebsfeder der meisten Prominenten: Sie geiern nach Aufmerksamkeit. »Ich habe mir als Kind immer Apfelschalen in die Nasenlöcher gesteckt und Waschmittel getrunken. Damit war ich Dauergast beim Arzt. Und hatte die ungeteilte Aufmerksamkeit meiner Eltern.«

 Wir erwähnen dies, liebe Leserinnen und Leser, nicht grundlos. Die Aufmerksamkeit, die wir erhalten, ist

unsere Grundnahrung, unsere emotionale neue Währungseinheit. Warum denn wohl, liebe Dagmar K. (54), die Sie ans *Echo der Frau* schreiben: »Nach fast 30 Ehejahren habe ich entdeckt, dass mein Mann mich seit 14 Jahren betrügt« – warum wohl tut er das? Weil Sie, Dagmar K. (54), Ihrem Mann (58) zuwenig Aufmerksamkeit entgegenbringen! Ihre Methode, zur Geliebten zu gehen (»ich habe geheult und gebettelt«), bringt gar nichts. Stecken Sie Ihrem Mann nachts Apfelschalen in die Nase, flößen Sie ihm Waschmittel ein. Dann wird er krank und bekommt Ihre Aufmerksamkeit. Und dann wird alles gut. (29. 12. 2002)

## Das Glück der Frau Doris

igentlich wollten wir dich loben, Fiat-Chef Giovanni Agnelli. Denn im *stern* sagst du etwas Wunderbares, das uns aus dem Herzen spricht: »Mein ganzes Leben hat mir alles gefallen, was schön ist. Und eine schöne Frau ist die schönste Form der Schönheit.« Sehr wahr, wundervoll wahr. Aber dann lasen wir weiter, dass du, Giovanni Agnelli, die Liebe gering schätzest und gesagt haben sollst, Liebe sei nur etwas »für Oberkellner«. Schau mal, das ist ausgesprochen hässlich gedacht, mechanistisch und kalt. Nein, das gefällt uns gar nicht, und auch Heidi Klum, Boris Becker, Barbara Becker und Stefan Kretzschmar werden nicht zustimmen. Heidi Klum, unser schönster deutscher Export, liebt ihren neuen Freund so sehr, dass sie ihn sogar ihren Eltern vorgestellt hat. Und in *Bunte* wird sie mit einem echten Gänsehautsatz über die Titanenkraft der Liebe zitiert: »Er stand einfach vor mir, es ist einfach passiert.«

Auch der Ex-Tennisspieler Boris Becker (35, benimmt sich meist wie 17) ist wieder an der Seite einer Neuen fotografiert worden, natürlich dunkelhaarig-exotisch. Sie sieht süß aus. Ob es Liebe ist, weiß keiner, aber die Analytiker von *Bunte* ahnen: »Er steckt mittendrin in einem Kampf um die innere Balance«, denn seine Ex-Frau Barbara sei dabei, ihn »aus ihrem Leben auszuquartieren«, weil sie einen Neuen hat: »Die Offenheit, mit der sie unmittelbar nach dem Silvesterurlaub ihre Liebe zu Stan demonstrierte, muss auf Boris wie eine kalte Dusche gewirkt haben.« Was aber Stefan Kretzschmars Gefühle für Franziska van Almsick betrifft, so sind sie schwerlich steigerbar: »Sie ist meine Muse und Motivation. Das Geheimnis unserer Liebe ist doch, dass wir versuchen, jeden Tag und jeden Moment zu genießen.« Wunderbar. In solchen Beziehungen wird sicherlich auch niemals ein Dialog gesprochen werden, wie er in dem Witz aus *Neue Revue* vorkommt, der mit den Worten »Nach dem Sex« überschrieben ist. Er: »Wärst du gern einmal ein Mann?« Sie: »Nein, und du?«

Im Übrigen sorgen sich die bunten Blätter um den Promi-Nachwuchs. *Neue Welt* muss sehr um Beatrice (14) und Eugenie (12) bangen, Fergies Töchter: »Die beiden werden zu oft allein gelassen, wachsen quasi auf der Straße auf. Bea hat schon einen Freund, knutscht in Hauseingängen herum, Eugenie raucht und ernährt sich von Pommes.« Auch die junge Athina Onassis, die am 29. Januar das Milliarden-Erbe ihrer Mutter Christina antritt, muss sich harte Fragen von *Frau im Spiegel* stellen lassen, zum Beispiel: »Kann so viel Geld glücklich machen?« Wir persönlich würden zwar sagen: Geld allein macht nicht glücklich. Ein paar Aktien und Immobilien gehören noch dazu. Aber das Blatt hält Athinas Chancen für recht gut: »Sie ist ja im Reichtum aufgewachsen. Schlimmer wäre es, wenn sie als armes Mädchen plötzlich Milliarden erben würde.«

Ansonsten ist die Lage im britischen Königshaus mal wieder sehr unübersichtlich. Prinz Charles leidet (*Das Goldene Blatt*) einerseits an Depressionen – »wer hilft ihm jetzt in seinem Leid?« – andererseits (*Echo der Frau*) treibt Camilla ihn »in den Wahnsinn«, denn sie »verlangt immer mehr: mehr Dienstboten, mehr Schmuck, mehr Kleider«. Deswegen muss es nur als folgerichtig betrachtet werden, dass *7 Tage* fragt: »Ist Prinz Charles am Ende?« Das wollen wir nicht hoffen, können dieser

Frage aber jetzt nicht weiter nachgehen, weil wir dringend mahnend den Finger heben müssen gegen den Generationenvertrag der Liederlichkeit.

Der Sittenverfall wird nämlich immer schlimmer und betrifft jetzt auch schon die Omas. Für unseren Geschmack muss eine Oma lieb sein und gut kochen können. Nachmittags setzt sie sich mit ihren Enkelinnen aufs Sofa und liest ihnen etwas aus Pferdebüchern vor. Die Wirklichkeit aber sieht anders aus, garstig und primitiv. Nachts treiben immer mehr Omas ihr Unwesen im Privatfernsehen. Sie werben für 0190er Nummern. Sie tun dies auf die schamloseste und abstoßendste Weise. Eine besonders unangenehme Oma in einem Lederbikini befiehlt mit hartem Gesichtsausdruck: »Ruf! An!« Solche Altersfrivolität macht leider auch vor der Prominenz nicht halt: Als John Travolta jetzt Liz Taylor bei einer Feier lobte und sagte: »Ich habe als Junge oft von dir geträumt, und du warst immer nackt«, rief die doch immerhin Siebzigjährige in den Raum: »Ich habe auch heute kein Höschen an.« Es ist furchtbar.

Da sehnt man sich richtig nach der heilen Welt. Gibt es die noch? Ja. In Hannover. Dort macht Doris Schröder-Köpf im *stern* Schluss mit den Gerüchten über die Kanzler-Ehe: »Er übernachtet bei mir, und wir sind glücklich dabei.« Na, Gott sei Dank. Die Frau Bundeskanzler ist uns so sympathisch in ihrer stählernen Zerbrechlichkeit, dass wir sie ihr von Herzen gönnen, diese scheue Seligkeit des Übernachtungsglücks. (19. 1. 2003)

Heute wollen wir über das Glück nachdenken. Unsere schöne deutsche Sprache macht ja keinen Unterschied zwischen »Glück haben« und »Glück empfinden«. Viele Menschen hätten gern Glück und spielen Lotto. In Zeitschriften gibt es bei Horoskopen dafür sogar »persönliche« Glückszahlen. Zu diesem Thema wollen wir Ihnen ganz am Schluss eine geldwerte, sehr wichtige Information zukommen lassen. Allerdings, psst, nur unter uns Männern.

Zunächst aber müssen wir der Frage nachgehen, warum die Frauen so scharf sind auf Prominente. Würde Ihnen, liebe Damen, in der Straßenbahn ein freundlicher 63 Jahre alter tschechischer Elektromonteur begegnen – Sie würden ihn wohl nur eines Blickes würdigen. In Wahrheit aber hat Karel Gott (63) nach der Elektromonteur-Lehre Musik studiert und kann heute in *7 Tage* befriedigt feststellen: »Erst als ich Sänger war und von der Liebe sang, da stieg plötzlich die Zahl meiner Erfolge in Sachen Frauen schlagartig.« Der Vater zweier unehelicher Töchter betätigt sich sogar als Trendforscher: »Wissen Sie, ich mache oft die Erfahrung, dass bei jungen Frauen der Trend zu älteren Männern geht.«

Überhaupt ärgern Sie sich als Anwalt, Banker oder Wirtschaftsprüfer ja dauernd, dass Sie nicht in die Schlagerbranche gegangen sind. Bernd Clüver, heute 54, erinnert sich in *Das Goldene Blatt* gern an die goldenen Zeiten seines Erfolgs-Songs »Der Junge mit der  Mundharmonika«: »Ich hätte damals nur mit dem

Finger schnipsen müssen, schon hätte ein Groupie in meinem Bett gelegen.«

Allerdings soll man es mit der Seitenspringerei auch nicht so übertreiben wie Rainhard Fendrich. Der österreichische Sänger und seine Frau haben sich nach 22 Jahren getrennt, was ein sogenannter Freund in *Bunte*

---

*Frauen sind doch die besseren Menschen. Welcher attraktive Mann würde sich beispielsweise in eine fast drei Zentner schwere Frau verlieben? Sylvia Häussler (32) aber sieht echt nicht schlecht aus, und »aus ihren Augen leuchtet Energie«, haben die Starkstromelektriker von* Bild *ermittelt. Aber an wem liebt sie jedes Gramm? Am dicken Leverkusen-Präsidenten Reiner Calmund (54), der gut 70 Kilo schwerer ist als sie. Wir dagegen würden nur ungern einer Dame jenseits der Konfektionsgröße 46 näherkommen, sondern doch eher Heidi Klum (90-60-90), bei der nach* Bunte-*Einschätzung »56 Kilo perfekt auf 1,76 Meter verteilt« sind. Allerdings scheint Heidi nicht die Allerhellste zu sein, denn über einen notorischen Johannistriebtäter plappert sie: »Ich bin eine große Bewunderin von Bill Clinton. Wenn er mit dir spricht, ist es ganz egal, wie viele Leute herumstehen, er unterhält sich wirklich nur mit dir.« Schau mal, Heidi, das ist im Grunde ganz einfach, er wäre ja auch nicht Bill Clinton, wenn er bei 56 perfekt auf 1,76 verteilten Kilo noch irgendwo anders hinschauen würde. (1.6.2003)*

---

mit den Worten kommentiert: »Es ist ein offenes Geheimnis in Wien, dass Herr Fendrich immer wieder Affären mit jungen hübschen Frauen hatte.« Nun, vielleicht hat Fendrich damit aber auch auf das Verhalten der Gattin reagiert, das er in einem Liedtext verallgemeinernd mal so beschrieb: »Bis einer Frau an einem Mann alles g'fallt, ist er alt.«

Solch eine resignative Haltung ist Tony Marshall (knapp 65) ganz fremd. In *Neue Welt* gibt er fröhlich zu: »Ich kann nicht treu sein – das sind die Gene.« Dass im Übrigen der Interpret gedankenscharfen Liedgutes wie »Schöne Maid, hast du heut' für mich Zeit? Sag bitte ja, dann bin ich nur für dich da« von sich behauptet: »Ich bin ein schöngeistiger Mensch«, kann nicht weiter verblüffen.

Allerdings fragen wir uns angesichts dieser lasterhaften Lebenseinstellung, ob es so etwas wie die tiefe und treue Lebensliebe noch gibt, und dürfen aufatmend feststellen: gibt es. Allerdings in Amerika. Dort sind John Travolta und seine Kelly so rasend glücklich verheiratet, dass einem von der bloßen Lektüre in *Neue Revue* ganz herzensschwindlig wird. »John«, sagt seine Gattin, »ist der liebenswerteste, witzigste, wundervollste Mensch, dem ich je begegnet bin. Wenn ich ihn nur anschaue, habe ich gleich erhöhte Temperatur.« Und zu meckern gibt es gar nichts? Doch. Kelly stört, dass Sohn Jett (10) so verwöhnt wird: »Der Junge hat drei Kinderzimmer, eingerichtet als Wildwest-Saloon, Flugzeug und Stofftier-Zoo. Oberstes Gebot im Hause ist, dass dem Kleinen vom Personal nichts verboten werden darf.« Was für Menschen mag eine solche Erziehung hervorbringen? Hoffentlich nicht so rücksichtslose wie Dieter Bohlen, der laut *Frau im Spiegel* zu einem der armen Kandidaten in der Sendung *Deutschland sucht den Superstar* gesagt hat: »Du bist alles, was wir hier nicht brauchen.«

Ziemlich gemein gehen seine Landsleute auch mit dem gutaussehenden Königssohn Carl Philip um. Der auf sympathische Weise immer etwas schüchtern wirkende Schwedenprinz wurde laut *Neue Welt* von den Homosexuellen zum »Mann mit der größten erotischen Ausstrahlung« gewählt. Eine Sprecherin des Hofes aber sagte dazu, ihr sei nicht bekannt, dass der Prinz diese Auszeichnung als »unbehaglich« empfinde. Nun gut, der junge Mann trägt ja immerhin auch den Titel »Herzog von Värmland«. Da ist es doch beruhigend, dass Hessens Landesvater Roland Koch zwar Laster hat, die »aber alle im Bereich der Küche liegen«. Wir malten uns gerade aus, welchen Lastern man in einer Küche nachgehen könne, lasen dann aber, er habe über Weihnachten nur zu viel gegessen. Enttäuschend.

Jetzt schnell noch ein Wort an dich, liebe Sandra G. (19), die du an *Echo der Frau* schreibst: »Er schlief mit mir und rief nie mehr an.« Erstens passiert das in Deutschland täglich rund 14 000-mal. Und zweitens wird es ihm ganz einfach nicht gefallen haben.

Ach so, die versprochenen Glückszahlen. Vergessen Sie Lotto und Horoskope. Wir persönlich sind mit unseren drei Richtigen immer sehr gut gefahren und können das nur weiterempfehlen: neunzig, sechzig, neunzig. (26. 1. 2003)

# Uschis Demütigung

arum müssen Frauen immer gleich so giftig werden? Okay, es ist nicht schön, wenn der eigene Gatte etwas mit Athina Onassis (18) anfängt, aber muss man dann gleich wie Sibele Dorsa, die Frau des Reiters Alvaro Alfonso de Miranda Neto (28), den Säureguss der Eifersucht auf das junge Mädchen schütten: »Es wird für Athina schwierig sein, einen Mann zu bekommen, trotz all ihres Geldes, denn sie ist hässlich und fett. Sie sieht aus wie ein Elefant.«

Nein, das ist nicht schön. Genauso wenig wie Geiz. Hätten Sie zum Beispiel gedacht, dass ausgerechnet die Queen, eine der reichsten Frauen der Welt, bei Hotelbesuchen Seifenstückchen, Duschhauben und Streichhölzer mitnimmt? Nicht nur das hat eine Hofdame an *Neue Welt* verpetzt, sondern auch, dass im Buckingham-Palast altes Geschenkpapier aufgebügelt wird und Teeblätter zwei- bis dreimal aufgegossen werden.

Wir wissen nicht, wie sparsam Pierre Cardin (80) ist, er zählt laut *Bunte* jedenfalls zu den »reichsten Franzosen«, hat dafür aber auch hart gearbeitet und geht selbst sonntags ins Büro: »Ich traue keinem Freizeitfanatiker«, hat er *Bunte* anvertraut, »Finger weg von Menschen, die man um zwei Uhr morgens in einem Nachtklub trifft, sie sind sicherlich nicht interessant.« Oje, da kriegen wir direkt ein schlechtes Gewissen, denn gemeinsam mit dem *stern* waren wir jetzt in Berlin bis in die Puppen in der »Paris Bar«. Prominenten-Friseur *Udo Walz* sagte: »Entweder man geht gleich nach dem

Essen oder seeehr viel später.« Und dann kam Madonna mit sieben Leuten rein und steuerte »unangemeldet auf den einzigen freien Tisch zu«, doch der war für die Lollo reserviert, Madonna aber war stinksauer und schrie: »Who the fuck is Gina Lollobrigida!?«

Nach solch groben Worten tut es gut, ganz sanfte und zarte Herz-Töne zu vernehmen. Gottlob breitet immer wieder die Liebe ihre sanften Schwingen aus und berührt uns ganz tief innen drin. Wie den Stabhochspringer Tim Lobinger und seine neue Freundin Alina, die in *Bunte* berichtet, wie alles kam: »Es war so wahnsinnig romantisch. Tim schenkte mir zehn wunderschöne Rosen. Wir saßen um zwei Uhr morgens auf einer Bank gegenüber einer alten Kirche – und haben uns geküsst.« Und Tim ergänzt: »Ich war wahnsinnig aufgeregt, hätte ewig da sitzen bleiben können. Auf einmal war alles andere unwichtig.« Das ist Glück.

Wollen wir gemeinsam mit dem Boxer Wladimir Klitschko hoffen, dass es den beiden auf immer erhalten bleiben und Herzenspein ihnen erspart bleiben möge. Litt Klitschko je unter Liebeskummer, will *Bunte* von ihm wissen. Er aber sagt auf seine schlichte Art: »Ich finde, man sollte nicht ständig so traurig sein im Leben.« Da wundert es nicht, dass er auf die Frage »Sind Sie der Typ für One-Night-Stands?« antwortet: »Man sollte das Leben einfach so ausgiebig genießen, wie es irgendwie geht.«

Für Ehemänner gilt das allerdings nur, wenn ihre Frauen so ahnungslos sind wie die Dame auf der Witzseite von *Das Goldene Blatt*: »Du, Liebling, das Hotel, in dem du während des Seminars gewohnt hast, ist wirklich sehr aufmerksam. Stell dir mal vor, man hat mir ein zauberhaftes Nachthemd geschickt.«

*Vielleicht liegt dieses dauernde Gerenne der Männer zu ihren Geliebten aber auch daran, dass die einen so schönen Po haben. Sicherlich haben Sie alle schon oft darüber nachgedacht, was einen Allerwertesten perfekt macht. Gottlob hat sich endlich die Wissenschaft dieses weltwichtigen Themas angenommen und allgemeingültige Regeln aufgestellt. Der britische Po-Forscher Professor John Manning hat nach den Angaben von* Neue Revue *Tausende Fotos von Frauenhinterteilen verglichen und vermessen. Sein Ergebnis: »Taillenumfang geteilt durch Hüftumfang sollte 0,7 ergeben, das ist der perfekte Po-Index.«* (7. 12. 2003)

Nun sind Untreue, Zerwürfnisse und Trennungen ja schon schrecklich genug. Was Uschi Glas jetzt aber erleben musste, war besonders schmerzlich: Ihr Gatte führte in München seine neue Freundin in die Gesellschaft ein. Welche Demütigung für Uschi! Auch *Neue Revue* muss leider feststellen: »Natürlich sieht Uschi Glas diese Fotos in der Zeitung. Und jedes einzelne Bild, jeder vertraute Blick zwischen ihrem Mann und der anderen ist ein unendlich tiefer Stich in ihr Herz!«

Fragen Sie sich auch bei dieser Gelegenheit, was eine junge Frau wie die Glas-Mann-Freundin an einem 28 Jahre älteren Manne findet? Und ist es nicht per se rätselhaft und ungerecht, welch gute Chancen nicht sonderlich ansehnliche, nicht so rasend charmante Männer manchmal haben? Ausgerechnet Laurenz Meyer, der CDU-Generalsekretär, soll ein ganz Schlimmer sein. Wir persönlich finden ihn überhaupt nicht attraktiv und haben immer Angst, dass er im Fernsehen etwas furchtbar Ungeschicktes sagt. Aber *Bunte* berichtet über wechselnde Gefährtinnen und hat Meyer auch schon

auf frischer Tat ertappt: »Am 11.11. knutschte Meyer mit einer unbekannten Schönen.«

Wir dagegen hatten neulich mal wieder Pech. Als uns diese schöne Frau mit nach Hause nahm, waren wir sehr stolz. Ein bisschen erstaunte uns ihr Wohnzimmer: Riesenregal mit Hunderten von Teddybären – im untersten Fach lauter kleine, im mittleren die mittelgroßen und ganz oben die riesigen. Die Nacht war schön. Doch als wir morgens fragten: »Na, zufrieden?«, hat sie ganz cool gesagt: »Du kannst dir einen Preis vom untersten Regal aussuchen.« (9.2.2003)

## Sextaumel, Irresein

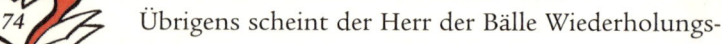atürlich sind auch Sie verstört über das Verhalten unseres deutschen Nationaltorhüters Oliver Kahn (33). Am Freitag hat seine Frau ihm ein zweites Kind geschenkt, er aber findet sich in allen Blättern beim Turteln mit der 21-jährigen Verena (Piercing in Nase und Unterlippe). »Ja, es gibt eine andere Frau in meinem Leben«, hat er gestanden, und *Bild* muss leider enthüllen: »Kahns Geliebte ist ein wildes Promi-Luder.« *Neue Revue* aber fand sogar den direkten Zugang zum Schlafzimmer des Nationalspielers und seiner Gattin Simone: »Wie oft hat Olli Kahn den Bauch seiner Frau gestreichelt, wie oft hat er mit seinem ungeborenen Baby gesprochen. Wie oft hat ihn dabei der Gedanke gequält: Was wird bloß sein, wenn alles rauskommt?« Tja, was dabei herauskommt, sind auf jeden Fall kluge Kommentare. *Bild* urteilt brutalstmöglich. »Wer sagt: ›Ja, es gibt eine andere Frau in meinem Leben‹ und damit ein 21-jähriges gepierctes Partyhuhn meint, der hat in seinem Torwartleben einen Ball zu viel an die Birne geknallt bekommen.« Die Moralapostel von *Bunte* dagegen kommen auf die tiefer liegenden Gründe solchen Verhaltens: »Sextaumel ist ein Zustand von Irresein. Und von dumpfer Selbstbezogenheit. Insofern hätte Olli Kahn, der Unberechenbare, kaum deutlicher zeigen können, wie ihm Verstand und Stil abhanden kamen, wenn er gerade jetzt, da seine Frau hochschwanger ist, mit seiner Geliebten um die Häuser zieht.«

Übrigens scheint der Herr der Bälle Wiederholungstäter zu sein. *Bild* jedenfalls zitiert die *Münchner tz*, wonach Kahn ein Dreivierteljahr auch etwas mit einer Yvonne (23) hatte: »Auch Yvonne ist gepierct, aber nicht wie Verena an Nase und Lippe, sondern an der Zunge.« Ja, dieses Zungenpiercing findet immer stärkere Verbreitung. Wer heute eine etwas jüngere Dame küsst, muss stets darauf gefasst sein, dass ihm so eine silberne Kugel in den Mund schießt. Ist irgendwie lustig, nimmt aber auch Kuss-Volumen und klackert manchmal unangenehm gegen die Zähne. Aber das nur nebenbei, es gibt Wichtigeres. Beispielsweise soll Prinz Ernst August wieder ausgeflippt sein und einen Fotografen »beschimpft, beworfen und getreten« haben. Wir nennen das Jähzorn, doch die von *Bunte* befragte Psychologin weiß eine vornehmere Bezeichnung: Impulskontrollstörung.

Die könnte uns ja manchmal auch befallen, wenn wir beispielsweise in *7 Tage* lesen: »Charles hat Camilla heimlich geheiratet.« So ein Quatsch. Er bräuchte dazu die Zustimmung der Queen, doch die müsste momentan ganz andere Sorgen haben, jedenfalls wenn sie in *Neue Welt* über ihren Enkel William liest: »Liebeskummer bricht sein junges Herz.« Neulich habe er aus Herzenslust mit Juliet geflirtet, »doch beim Abschied eröffnete ihm die Studentin, dass sie bereits in festen Händen ist«. *Neue Welt* vergräbt sich tief in Willies Seelenfalten: »Er hat keine Mama mehr, die ihn tröstet. Er hat niemanden, der ihm sagt, dass auch ein gebrochenes Herz wieder heilen kann.«

Armer Willie, wenn dir das wirklich niemand sagt, dann tun wir es. Schau mal, junger Prinz, war nicht Michelle Hunziker nach der Trennung von Eros Ramazzotti am Boden zerstört? Ihr Schmerz wog sicherlich schwerer als deiner. Und jetzt? Heute fährt sie mit ihrem Assistenten Marco in die Toskana, und Augen-

zeugen berichten in *7 Tage*: »Michelle scheint sehr verliebt. Wie sie ihren Begleiter anschaut, das spricht schon Bände.« Und außerdem, lieber Willie, gewöhne dir am besten eine Leichtigkeit der Lebenseinstellung an, die große Sorgen einfach ignoriert. Als Vorbild könnte dir die bekannte deutsche Volksliednachtigall Margot Hellwig (69) dienen. Von *7 Tage* knallhart gefragt: »Was stört Sie an Ihrer Mutter?«, antwortet sie heiter: »Das Gleiche wie an mir selbst: Wir beide beklecker uns beim Essen regelmäßig unsere Blusen.« Ja, man sollte das Leben grundsätzlich positiv sehen. *Das Neue Blatt* tut das auch und erfreut seine steuerlich interessierten Leser mit dem Hinweis: »Hochwasser, Scheidung – was Sie so alles absetzen können.«

Jetzt schnell noch ein Wort an dich, den »beliebten Fernsehpfarrer« Jürgen Fliege. Suspekt warst du uns schon immer. Wenn du jetzt aber in *Echo der Frau* sagst: »Heute will ich meine Ruhe, und ich sehne mich nach der Einsamkeit. Ich brauche mehr Stille«, dann sei doch einfach still. Und wenn wir schon von Fernsehpfarrern sprechen, sollten wir daran erinnern, dass die Fastenzeit begonnen hat. Sicherlich haben auch Sie, liebe Leserinnen und Leser, gute Vorsätze gefasst. Wir bitten Sie aber, dabei nicht so radikal vorzugehen wie der übergewichtige Marlon Brando. Er ernährte sich »ausschließlich von Magermilch und Salzstangen«, nahm 50 Kilo ab und erlitt prompt einen Schwächeanfall. Wir empfehlen: Machen Sie lieber die Kiwi-Diät. Da darf man alles essen – außer Kiwi. Oder halten Sie sich an den Rat des Fernsehkomikers Kalle Pohl: »Ich bleibe bei Bio-Produkten. Bio-Gemüse, Bio-Eier, Bio-Lehrerinnen.« (9. 3. 2003)

# Überall weiße Tulpen

Dass Frauen ganzheitlicher empfinden als Männer, ist ja seit langem bekannt. Sie mögen Musik und Düfte, weiche Stoffe, Blumen, Kerzenlicht und sanfte Betörung. Wenn die Männer das endlich mal kapieren würden. Oder auch nur den Frauen besser zuhörten. Denn das ist ja alles kein Mysterium. Anni Friesinger etwa, unsere deutsche Eisschnellläuferin, die sich mit ihren schönen Kurven so wundervoll gleitend in die Kurven schmiegt, hat es ausgerechnet in der *Zeit* ganz offen ausgesprochen. Sie träumt von einem Treffen mit Jim Morrison, dem unvergessenen Sänger der »Doors«, und beschreibt genau, wie sie sich alles vorstellt, passen Sie gut auf: »Da ist dieser große Raum. Ich habe ihn mit Sesseln und Sofas aus einem weichen dunkelroten Stoff ausstaffiert. Ich habe eine leistungsstarke Musikanlage besorgt. Ich schmücke den Esstisch mit weißen Tulpen und stelle überall Kerzen auf, wo nur Platz ist.« Okay, Männer? Botschaft verstanden? Dann ist es ja gut, dann können wir uns Udo Jürgens (68) zuwenden.

Er geht in Sex-Rente. *Bild* weiß: »Der Sänger hat keine Lust mehr auf Sex-Affären und spontane Bettgeschichten« und ist froh, dass er über seine Vergangenheit nicht mehr wahrheitsgemäß behaupten muss: »Ich habe mich immer triebhaft verhalten.« Was uns natürlich gleich auf Olli Kahn bringt. Er und seine Simone wollen sich trennen, aber sich nicht unbedingt scheiden lassen. Der Balla-Balla-Mann, der seine hochschwangere Gattin mit einem Party-Girl (21) betrogen hatte, muss in *Bild* allerdings leider auch feststellen: »Die Kälte und Herzlosigkeit, die mir als Mensch unterstellt wurde, hat mich betroffen gemacht.« Je nun, wir persönlich halten es schon für einigermaßen herzlos und kalt, mit einem Party-Huhn über die Piste zu ziehen, wenn die Frau ein Kind unter dem Herzen trägt. Aber man muss natürlich auch realistisch sehen, welchen Verlockungen solche Baller-Männer von Bayern München ausgesetzt sind.

*Bunte* beschreibt eindringlich Atmosphäre und Personal auf jenen Partys, bei denen die Versuchung den Raum füllt: »Es sind meist junge Frauen mit unstillbarem Erlebnishunger, angezogen von Siegertypen. Reicher als andere sind Fußballer sowieso, aber sie sind auch noch besser, stärker, animalischer. Versuchung füllt den Raum, zum Greifen dicht. Und in dieser Atmosphäre, die es in Dortmund, Hamburg, Gelsenkirchen oder gar Cottbus nie gab und nie geben wird, sollen sie nun sauber bleiben?« Urteilen Sie selbst, liebe Leser, ob Sie den jungen Frauen mit dem unstillbaren Hunger, die Ihnen so nahe kommen, dass sie ihre animalische Versuchungskraft in ihren Adern pochen hören, freundlich-distanziert entgegenhalten: »Du, lass' mal, ich bin verheiratet.«

Genau das aber täte Hansi Hinterseer (49). Er ist zwar »der Frauenschwarm schlechthin«, doch in *Echo der Frau* gibt er an, nur seiner Frau treu zu bleiben, und sülzt uns gleich noch ein Liebespatentrezept hinterher: »Man kann nicht immer nur vom anderen nehmen, man muss auch geben können. Dann erneuern sich die Gefühle von Zuneigung und Vertrauen automatisch immer wieder.« Ach Gott, das ist ja rührend. Auch du solltest dir das zu Herzen nehmen, liebe Komikerin Anke Engelke (37). Schon wieder hat ein Mann zu dir »Nein danke, Anke« gesagt, diesmal der wesentlich jüngere sogenannte Pop-Literat Stuckrad-Barre (28). *Bunte* glaubt,

Anke suche den Idealmann mit Universaleigenschaften: »Jung, aber auch reif. Selbstbewusst, aber auch formbar. Einer, der ihr Sicherheit und Geborgenheit gibt – und dabei aber auch mal spontan auf die Pauke haut.« Lass' dir eines sagen, liebe *Bunte*: Dies ist kein Anke-Engelke-Phänomen, solche unreifen Wünsche hegen 84 Prozent der deutschen Frauen.

Trotzdem gehört den Frauen gerade wegen ihrer so häufig irrationalen Grunddisposition unsere ganze Sympathie. Es hat uns auch sehr gefreut, dass Jutta Scharping nach der Scheidung in *Bunte* über ihren

***

*Loki Schmidt ist so herrlich unaufgeblasen und unsentimental. Schon vor einiger Zeit hat* Bild am Sonntag *sie über den gemeinsamen Weg mit Helmut Schmidt gefragt: »Gehen Sie noch Hand in Hand spazieren?« Und sie hat geantwortet: »Da wir beide eine Krücke brauchen, wäre das ein bisschen beschwerlich.« (31. 8. 2003)*

***

Rudolf sagt: »Ich wünsche ihm schon alles Liebe.« Und dass selbst die sonst so beherrschte Queen neulich ausgeflippt ist, weil ihr die ewigen Sparmaßnahmen der Regierung auf die Krone gehen, gefällt uns auch. Laut *Frau im Spiegel* hat sie ihrem Schatzmeister vorgeschlagen: »Wir sollten in Zukunft darauf verzichten, das ›i‹ mit Tüpfelchen zu schreiben. Das spart Tinte.«

Wir dagegen haben gar nicht gespart. Seit Wochen sind wir scharf auf diese Kulturdame, die sich immer nur schwarz kleidet, reizend aussieht, aber extrem zurückhaltend ist. Ganzheitlich denken, ermahnten wir uns, schlugen unser komplettes Wohnzimmer mit dunkelrotem Samt aus (höllenteuer!), legten »Come on baby, light my fire« mit Jim Morrison in unsere leis-

tungsstarke Musikanlage, zündeten ein wahres Lichter-
meer aus Kerzen an, allüberall träumten weiße Tulpen
in die Nacht. Sie aber, die schöne Intellektuelle, drehte
sich auf dem Absatz um und murmelte: »Wie eine Pro-
vinzdekoration für Wagner.« Das fanden wir herzlos
und kalt. (23.3.2003)

# Von Lothar lernen

ein, wir werden nicht aufhören, den Sittenver-
fall zu geißeln. Das gilt auch für dich, Ruth
Moschner (26), die Moderatorin von *FreitagNacht-News*
in RTL2. In *Bild* sagst du lauter schamlose Sachen wie:
»Ich reduziere den Mann auf die Hose.« Oder: »Ich will
ja eine feste Beziehung, aber ich konnte einem Mann
nie länger als drei Monate treu sein.« Und insgesamt ist
auch ein Wörtchen an euch zu richten, liebe deutsche
Frauen, jawohl, an alle von euch. Denn ihr seid es doch,
die alleinstehenden Männern auf offensivste Weise über
den Arm streicheln. Jedenfalls behauptet dies der Boxer
Dariusz Michalczewski (34) in *Bild*: »Du ziehst abends
alleine los, es dauert nicht lange, bis eine hübsche Frau
kommt, dir über den Arm streichelt und fragt: ›Na,
fühlst du dich gut?‹«

Wie, Leser, Ihnen passiert das eher selten? Dann müssen Sie analysieren, woran es liegt. Vielleicht sollten Sie
sich besser kleiden, freundlicher lächeln oder flottere
Anmachsprüche draufhaben. *Bild am Sonntag* empfiehlt:
»Merk dir meinen Namen. Du wirst ihn die ganze Nacht
schreien.« Also, wir persönlich finden das etwas zu primitiv. Wir neigen zum Understatement: »Darf ich auf
eine Ohrfeige mit raufkommen?«

Jetzt aber etwas Ernstes. Sollte der hübsche spanische
Kronprinz seinem Herzen folgen und das schöne Un-
terwäsche-Model Eva Sannum heiraten? Auf keinen
Fall, findet in *Frau im Spiegel* sein Landsmann Fernando
Garcia: »Durch solch einen Umgang verliert ein Prinz

seinen Zauber und wird gewöhnlich wie das Pack auf der Straße.« Ein hartes Urteil. Doch auch der *stern* denkt praktisch und beruft sich auf die Ehe von Felipes Eltern: Nichts sei »darüber bekannt, dass der Monarch und seine Gattin Sophia je in Leidenschaft füreinander entfacht waren. Dennoch bilden die beiden eine hochprofessionelle Arbeitsgemeinschaft.« Sollte es da nicht einen Mittelweg geben? Eine tüchtige junge Prinzessin, die das Repräsentieren von Kindes Beinen an beherrscht und dennoch hübsch aussieht, auch in Unterwäsche? Wir glauben: Ja.

Und wir glauben überhaupt uneingeschränkt an die Macht der Liebe, die zusammenfügt, was zusammengehört. Deswegen halten wir selbst so unwahrscheinliche Berichte wie den in *Neue Revue* nicht für gänzlich ausgeschlossen: »Babs verlässt mit ihren Kindern Amerika. Sie zieht nach Mallorca, in die Finca von Boris. Und sogar vom Klapperstorch ist die Rede.«

An die Macht der Liebe glauben wir aber auch insofern, als einzig sie es schafft, Menschen zu ändern. Denken Sie an Gérard Depardieu. »Er genoss den Rotwein, bis die Leber schrie, stopfte Schweinebraten und Pommes in sich hinein, wurde 120 Kilo schwer«, wie *Neue Revue* nüchtern feststellt. Und dann? Dann lief ihm seine Freundin Carole weg. »Das brachte ihn zur Besinnung. Er trank nicht mehr, hungerte sich auf 80 Kilo herunter.« Sie kam zurück, er sagt: »Mit ihr erlebe ich eine Zufriedenheit, die ich vorher nicht kannte. Ich habe keine Träume mehr, ich habe jetzt Carole!« Ist das nicht schön? Jedenfalls doch viel tiefer und inniger als jenes Testosteron-Gehabe des Stimmungsbombers Roberto Blanco, der laut *Bild* mal wieder furchtbar rumgeflirtet hat, als wäre »Ob blond, ob braun, ich liebe alle Frau'n« ein Lied von ihm. Und seine Frau? »Ich liebe sie! Sie weiß alles.« Muss sie sich Sorgen machen? »Sie

82

müsste sich Sorgen machen, wenn ich mit Männern flirten würde.« Nun ja, lieber bi als nie.

Mal blond, mal braun – so hält es auch Lothar Matthäus. Wie aber ist seine Masche, fragt sich *Bunte*. Kann der Mann von Lothar lernen? Durchaus. Aber nur der unseriöse. Dann geht das so: Lange Anrufe, bis zu 15-mal täglich. Liebesschwüre, Blumen, sogar Heiratsanträge. Schöne Formulierungen wie: »Lass mich dein Schicksalsmann sein.« Tickets am Lufthansa-Schalter hinterlegen. Romantische Tage zu zweit. Danach: »Ich habe den Kopf nicht frei für eine neue Beziehung.« Muss man sich merken. Falls man unseriös ist.

Unterdessen freut sich der europäische Hochadel auf die Hochzeit des missratenen Belgier-Prinzen Laurent. Für die Gäste liegt eine drei Seiten lange Hochzeitsgeschenkeliste in einem Brüsseler Einrichtungshaus parat. *Neue Welt* muss leider rügen: »Dass sich Laurent und Claire über einen fahrbaren Lesetisch für 725 Euro freuen würden, kann man ja noch nachvollziehen, aber muss es gleich ein komplettes Schlafzimmer sein? Für einen Prinzen ist das nun wahrlich kein standesgemäßer Geschenkewunsch.«

Eine Packung Viagra wäre aber sicherlich auch nicht viel besser. Was uns darauf bringt, dass das Stärkungsmittel jetzt fünf Jahre alt geworden ist, weswegen *Bild* folgerichtig die besten Witze abdruckt: »Das erste mit Hilfe von Viagra gezeugte Baby wurde geboren. Es konnte schon gleich nach der Geburt stehen.« (30. 3. 2003)

## Die Hand der Versöhnung

ir möchten heute unsere älteren oder zart-
besaiteten Leser herzlich bitten, den nächsten
Absatz zu überspringen. Er richtet sich ausschließlich
an pubertierende männliche Jugendliche, und es werden Worte fallen, die nicht schön sind.

Liebe pubertierende männliche Jugendliche. Wir
wissen, ihr habt es manchmal nicht leicht. Vielleicht
seht ihr nicht so toll aus, seid unsportlich, uncool,
leidet unter Hautunreinheiten oder Weltschmerz.
Eure Oldies geben euch auch nicht genug Knete für
die wirklich angesagten Klamotten, und insgesamt ist
das Leben vor allem deshalb so schwer, weil die Mädels
euch nicht beachten. Müsst ihr deshalb traurig sein?
Im Gegenteil. Dankbarkeit dürft ihr empfinden, denn
jeder Makel birgt die Schubkraft für eine große Karriere. Früh schon hat das Harald Schmidt analysiert:
»Scheiße ausgesehen und einfach nichts draufgehabt,
was den Mädels imponiert hätte. Hätte ich bei den
Bundesjugendspielen 4000 Punkte gehabt, hätte ich
keine Witze machen müssen.« Und auch der Komiker Kaya Yanar nennt im *stern* pubertäres Leiden den
Grund für seinen Erfolg als Comedian: »Ein kleiner
pickliger Junge mit fetter Brille war ich. Arsch-Brille,
Arsch-Klamotten, Arsch-Frisur.«

So, jetzt dürfen auch die älteren Leser wieder ein-
steigen und gemeinsam mit uns nachdenken über die
Beziehungen zwischen Mette-Marit und Haakon, zwischen Charles und Camilla. *Bunte* jedenfalls muss über

die Norweger gleich auf dem Titel fragen: »Ehe in der Krise?« Ja, leider, es scheint so. Spanische Zeitungen haben es berichtet. Spanische? Natürlich: Mette, Haakon, Kyrill von Bulgarien, Pavlos von Griechenland und Felipe von Spanien bilden in London einen Freundeskreis, und weil Felipe und Kyrill in Madrid leben, wissen spanische Blätter oft besser Bescheid. Und die schreiben, die Ehe zwischen dem norwegischen Thronfolger und seiner Aschenputtel-Prinzessin sei »in Gefahr«, weswegen auch *Bunte* über Mette feststellen muss: »Zunehmend seit ihrer Märchenhochzeit ging ihr das Lächeln verloren, stieg Melancholie in ihr schönes Gesicht.«

Und Charles und Camilla? Stimmen die Gerüchte um seine hübsche Sekretärin? Gottlob nicht. Elizabeth Buchanan schwärmt zwar von ihrem Chef, aber Camilla findet das »eher amüsant«. Außerdem sorgen schon die Bediensteten für Harmonie zwischen den beiden, denn sie lieben Camilla, weil sie Charles glücklich macht: »Früher war er sehr oft launisch und ungeduldig, neigte zu Wutanfällen.«

Irgendwie ist es schon toll, wie diese beiden Ehebrecher Charles und Camilla einander in Treue ergeben sind. Ja, das gibt es noch, diese Lebenslieben, und du, Katarina Witt (37), könntest dir ein Beispiel daran nehmen. Es will uns nicht gefallen, was du nach dem neuerlichen Scheitern einer Beziehung in *Bunte* sagst: »So wie man sich verliebt, so entliebt man sich wieder.« Wir finden: Jeder neue Liebespaarlauf sollte zumindest den Kern der Ewigkeit bergen, weswegen uns auch Richard Gere in *Neue Revue* aus dem Herzen spricht: »Die perfekte Liebe ist wie die Sonne, die ewig strahlt und keine Energie zurückverlangt.« Ach, ist das schön. Doch die meisten Menschen denken leider viel oberflächlicher und stellen wie Nadja (21) primitive Gelüste in den Vordergrund. Die junge Dame macht bei der neuen Big-

85

Brother-Staffel mit und erklärt vorab in *Bild*: »Ohne Sex halt ich es im Container nicht aus.«

Jetzt noch einige mahnende Worte an euch, Frederic von Anhalt, Oliver Kahn und Dieter Thomas Heck (76). Du, Prinz Frédéric, sollst nach Darstellung von *7 Tage* während der Krankheit deiner Gattin Zsa Zsa Gabor (98) einfach das Konto der Schauspielerin geplündert haben. »Insgesamt fehlen etwa 600 000 Euro.« Und du, Torwart Kahn, bist nach deiner Frau jetzt auch noch den Führerschein los, weil du mit 154 km/h über eine

---

*Glauben Sie bitte nicht, es sei unwichtig für die Seelenlage der Nation, wo der Kanzler seine Ferien verbringt. Helmut Kohl zum Beispiel fuhr jahrein, jahraus an den Wolfgangsee und ließ sich dort immer neben einem Tier fotografieren. Mal war es ein gutmütiges Rindvieh, mal ein drolliger Hund, aber immer wusste man doch: Alles ist in Ordnung, die Welt ist heil, das Land stabil. Wenn aber der wichtigste Mann Deutschlands in Hannover ausspannen will – das ist das wahre Ende der Spaßgesellschaft. (13. 7. 2003)*

---

Tempo-80-Straße gebrettert bist. Jetzt verstehen wir allerdings, wie du das meintest, als du im *Spiegel* sagtest: »Ein guter Torhüter muss dieses Aggressionspotenzial haben.«

Darüber verfügen offenbar auch wichtigtuerische Ansager von Hitparaden, denn in *Schöne Woche* lesen wir (»Die Familientragödie hinter der glanzvollen Fassade«), dass du seit 27 Jahren kein Wort mehr mit deinem Bruder gewechselt hast. Schau mal, Heck, man kann sich ja mal ärgern, aber nimm dir vielleicht ein Beispiel an Großherzogin Maria Teresa von Luxemburg. Jahrelang wurde sie von ihrer Schwiegermutter gemobbt, die

mit namenlosem Adelsstolz auf ihre bürgerliche exil-kubanische Schwiegertochter herabblickte und sie sogar als »fresssüchtig« diffamierte. Jetzt aber ist die alte Dame schwer erkrankt, und Maria Teresa reicht ihrer Feindin die Hand zur Versöhnung. Das hat uns zu Tränen gerührt. Wie wir denn auch schmunzeln mussten über den Kurz-Witz in *Bild*: »Gnädige Frau, Ihr Mann hat Ihnen sämtliche Playboy-Hefte hinterlassen. Alles andere erbt das September-Mädchen.« (6. 4. 2003)

## Hatta, hatta, hatta

Lieber Peter Maffay, wir freuen uns mit dir, dass du nun mit 54 und nach drei gescheiterten Ehen zum ersten Mal Vater wirst. Allerdings müssen wir dich warnen. Ältere Väter verlieren vor lauter Glück bisweilen das Gleichgewicht. Heiner Lauterbach jedenfalls, der am Donnerstag 50 wurde, singt seinem Baby abends ein selbstgemachtes Kinderlied vor, dessen Text lautet: »Hatta, hatta, hatta, wir fahren mit der Bahn.« Das hat er selbst in *Bunte* gestanden und im Übrigen darauf hingewiesen, er und seine schöne Viktoria führen jetzt ein Lexus Cabrio. Hatta, hatta, hatta das vielleicht von Lexus kostenlos zur Verfügung gestellt bekommen, damit er *Bunte* sagt: Eine Story über mich kriegt ihr aber nur, wenn ihr den Lexus abbildet?

Na, uns ist das eigentlich grundgleichgültig. Viel mehr interessiert uns diese scheußliche Sache mit Prinz Bernhard (93). Dass der Gatte der früheren niederländischen Königin Juliana ein ganz schlimmer Schwerenöter war, ist uns allen bekannt. Die Zahl seiner unehelichen Kinder wird von *Das Neue Blatt* auf fünf geschätzt. Okay, dergleichen kommt vor, wir wollen nicht darüber richten. Jetzt aber hat er nach den Recherchen von *7 Tage* seiner dicken Tochter Beatrix angekündigt, dass in Kürze seine Memoiren erscheinen werden: »Fast zwei Drittel des Buches handeln von seinen Geliebten.«

Besonders getroffen haben soll die Königin aber nicht die Sache mit den anderen Frauen, sondern dass ihr Vater seine heute 35 Jahre alte Tochter Alexia ihr vor-

zieht: »Alexia ist mir die liebste meiner Töchter.« Dieser Satz traf Beatrix mitten ins Herz, ermittelten die *7 Tage*-Ballistiker. Nun haben wir ja für Männer wie Bernhard allergrößtes Verständnis, übrigens auch für Ephraim Kishon (78), der in *Bunte* sagt: »Ich kann wegen der Schönheit einer Frau ohnmächtig werden.« Aber hier hört der Spaß doch auf, denn zu seinen Kindern muss man immer gerecht sein und darf keines mehr lieben als das andere. Und in diesen Tadel schlössen wir ausdrücklich, wenn du noch lebtest, dich ein, Thomas Mann. In schlechten Tagen, als deine Kinder Hunger litten, teiltest du vor ihren Augen eine Frucht, nahmst dir die eine Hälfte, gabst die andere deiner Tochter Erika und sprachest: »Man muss die Kinder früh an Ungerechtigkeit gewöhnen.«

Ach, überhaupt die Männer! Wird ihnen nicht viel zu viel verziehen, gerade, wenn sie prominent sind? Franz Beckenbauer hat vor einiger Zeit seine Sybille vom Platz gestellt und die jüngere Heidi eingewechselt, die Öffentlichkeit hat ihm dafür nicht die Rote Karte gezeigt, selbst Gattin Sybille gibt sich heuer in *Bunte* recht versöhnlich. Sie habe ein neues Haus und ihren Frieden gefunden, sagt sie. Einzig *Frau im Spiegel* bleibt unbestechlich kritisch: »Er geht mit Heidi in dieselben Restaurants, in die er mit Sybille ging. Er trinkt und lacht mit denselben Leuten, er verbringt sein Wochenende, wie er es früher mit Sybille verbracht hat. Es ist nicht viel mehr geschehen, als hätte er sich einen neuen Morgenmantel gewählt, der angenehmer an der Haut ist als der alte und in dem er sich ein bisschen jünger fühlt.« Wie aber soll sich der Mann verhalten, wenn die Leidenschaft ihn übermannte, die Gier, die Lust auf einen neuen Bademantel? Der berühmte Sänger Howard Carpendale, der offen bekennt: »Wenn die Versuchung besonders süß war, habe ich nicht immer Nein gesagt«,

empfiehlt in *Neue Revue*: »Ich kann nur allen Männern raten: Egal, wie du erwischt wirst, streite es ab!«

Das sollte also auch für dich gelten, norwegischer Kronprinz Haakon. Aber wie uns scheint, drücken dich ganz andere Sorgen. Selbst der *stern* beschäftigt sich mit deiner Ehekrise, druckt ein paar ungünstige Aufnahmen von deiner Mette-Marit ab und vermerkt hämisch, die junge Frau habe sich »von Größe 38 auf geschätzte 42« hochgemopst. Ja, es ist wahr, Mette-Marit ist fülliger geworden, und leider muss *7 Tage* auch bei Prinz Haakon fahle Gesichtsfarbe und Augenringe ausmachen, was kein Wunder ist: Der »Kronprinz steht vor den Scherben seines Glücks«. War etwas Neues vorgefallen? Oh ja. Mette-Marit hatte sich um 20 Uhr mit einer Freundin verabredet. Wann kam sie heim? Um sechs! »Nicht mehr ganz nüchtern, völlig aufgelöst von stundenlangem Tanzen. Über ihrem Pulli trug sie ein Männer-Jackett.« Ach, man ahnt es, die junge verstörte Frau wird mit ihrem von aller Welt beobachteten Leben nicht fertig, macht sozusagen eine Prinzessinnenrolle rückwärts und tickt aus. Uns schwant nichts Gutes.

Ganz anders dagegen bei Rudolf Scharping. Er und seine Kristina Gräfin Pilati haben geheiratet. Erstens finden wir es klasse, dass er sich nicht wie alle anderen Männer eine Jüngere genommen hat. Zweitens halten wir die Einwände, er rede so schrecklich langsam, für irrelevant. Was wollen die Frauen mit schnellen Männern? Die blonde Ulrike zum Beispiel sagt in *Neue Revue*, Lothar Matthäus sei gar kein Weltmeister: Hatta, hatta, hatta immer schon nach drei Minuten fertig. (13.4.2003)

## *Alt und gut drauf*

Leserin Anna-Maria K. (78) aus Itzehoe schreibt uns, in den *Herzblatt-Geschichten* würden ältere Menschen »zugunsten eines immer stärker werdenden Jugendwahnes vernachlässigt«. Was soll man dazu sagen? Wir sagen: Sie haben recht, liebe Frau K. Deswegen stellen wir heute unsere lieben Senioren in den Mittelpunkt. Zum Beispiel Hansjörg Felmy (72). Zwar erzählt er in *7 Tage*, er lasse sich pro Monat 24 Flaschen Rotwein schicken, »die sind dann binnen zehn Tagen weg«. Aber für diese Maßlosigkeit revanchiert er sich mit einem Spruch, den man sich für jene sich wieder häufenden Fälle merken muss, in denen einem nie etwas einfällt, wenn einen neunjährige Mädchen bitten, etwas in ihr Poesie-Album zu schreiben: »Man muss den Jahren Leben geben und nicht dem Leben Jahre.«

Ebenfalls vorbildlich geht unser alter Bundespräsident Roman Herzog mit der geringer werdenden Lebenszeit um. Auf die Frage von *Echo der Frau*: »Welche Rolle spielt das zunehmende Alter für Sie?«, antwortet er knapp: »Gar keine. Mit so etwas setze ich mich nicht auseinander.« Hoffentlich nimmt sich auch Fürst Rainier von Monaco ein Beispiel an dieser heiteren Lebensauffassung. Er wird ja, wie Sie alle wissen, am Samstag 80, doch er verzichtet auf Feiern, Paraden, Kanonenböller. Warum? Wegen des flatterhaften Lebenswandels seiner Tochter Stéphanie: »Angeblich hat der Fürst genug davon«, ahnt *Echo der Frau*, »immer wieder irgendwelche Fischhändler, Bodyguards, Kellner, oder mit wem seine

Jüngste gerade zusammen ist, am Hof zu begrüßen.«
Kann man irgendwie verstehen.

Wenig Verständnis – falls wir das, liebe Frau K., mal
kurz einschieben dürfen – haben wir dagegen für Lawrence Bass (43). Der Verwalter der Ranch von Demi Moore
verficht den Grundrechtsartikel »Das Bein des Mannes
ist unantastbar« und hat seine schöne Arbeitgeberin
nach den Angaben von *Neue Revue* auf 180 000 Dollar
Schadenersatz verklagt, weil sie ihn belästigt haben soll:
»Einmal, als wir uns über die Familienhündin Daisy un-
terhielten, begann Demi die Innenseite meines Beins zu
liebkosen. Sie rieb langsam höher und höher.« Ja, du liebe Güte, Lawrence Bass, dafür wollen Sie 180 000 Dollar
haben? Wenn Demi Moore unsere Schenkelinnenseite
streichelte – das wäre uns eine Menge wert, sagen wir
zehn Euro. Überhaupt müssen wir Männer uns einfach
daran gewöhnen, dass die Frauen heute offensiver sind.
Mario W. (23) kann auch ein Liedchen davon singen. An
*Echo der Frau* schreibt er, dass er eine zehn Jahre ältere
Superfrau kennengelernt hat. »Allerdings verunsichert
es mich, dass meine Freundin ständig darauf drängt, ich
soll mich vor ihren Augen ausziehen. Ist der Wunsch
meiner Freundin normal?« Ja.

Aber zurück zum Alter. John F. Kennedy wäre am 29.
Mai ja auch schon 86 Jahre alt geworden. Wahrscheinlich hätten die vorgerückten Jahre seinen Trieb inzwischen ein wenig gedämpft. Zu seinen aktivsten Zeiten
aber hat er laut *Bild* gesagt: »Ich brauche jeden Tag Sex,
sonst bekomme ich Kopfweh.« Nun ist das unter diesen
ganzen Amtsgeschäften ja manchmal schwer in die Tat
umzusetzen, hier kommt ein ausländischer Staatsgast,
dort müssen Reden gehalten und Kuba-Krisen gemeistert werden – den täglichen Sex dazwischenzuschieben
fällt nicht leicht. Deshalb muss jedermann dafür Verständnis haben, dass er sich die Gelegenheit ins Weiße

Haus holte. Wie jetzt herauskam, war Mimi 19, »konnte weder tippen noch Steno«, hatte aber »gewaltige Kurven«. Jackie Kennedy hat dann nach *Bild*-Angaben einen Slip von Mimi im Ehebett gefunden, aber wunderbar gelassen reagiert: »Das ist nicht meine Größe.«

Puh, jetzt fällt uns zum Senioren-Thema aber nicht mehr viel ein. Außer, dass ältere Herren wie Wolfgang Joop (76) manchmal in *Bild am Sonntag* seltsame Dinge sagen: »Das Dekolleté von früher ist heute der Bauchnabel.« Außer, dass Nicolaus Sombart mit seinen 80 Jahren in *Bunte* gelegentliche homosexuelle Entdeckun-

---

*Ja, der Austausch mit anderen Menschen ist schon enorm wichtig. Wir selbst saßen am zweiten Weihnachtstag in größerer Männerrunde zusammen. Plötzlich stellte einer der anwesenden Herren die Frage: »Sagt mal, mit wem wärt ihr eigentlich am ungernsten verheiratet?« Das gab ein großes Hallo. Jemand rief »Hella von Sinnen«, ein anderer »Rita Süssmuth«. Auch die Vorschläge »Nina Ruge« und »Elke Heidenreich« lösten ein größeres Echo aus. Als jemand »Herta Däubler-Gmelin!« schrie, kam es zu minutenlangen Lachtumulten, die durch ein eiskaltes »Christa Müller-Lafontaine« erstickt wurden – bei dem Namen ängstigte sich natürlich jeder. Dann aber fiel uns die ultimative Steigerung ein: »Ursula Engelen-Kefer.« Sofortiger, einhelliger Beifall. Ursula Engelen-Kefer wurde zur Siegerin erklärt, einstimmig. (28. 12. 2003)*

---

gen empfiehlt: »Eine solche Erfahrung ist jedem Mann zu wünschen, wie ich es auch gut finde, dass jede Frau lesbische Erfahrungen hat.« Und außer, dass wir gar sehr Mr. Percy Gibson bewundern, der noch immer tapfer an seinem Antiken-Projekt arbeitet: Gibson ist 38, seine Gattin Joan Collins 70.

93

Da hat Boris es doch besser. Seine Neue ist Tänzerin mit Traumkörper. Außerdem hat ein Kumpel von Boris *Bunte* erzählt, was der Ex-Tennisspieler an der hübschen Caroline (26) außer ihrem Body so schätzt: »Sie ist umwerfend charmant, aber nicht überdreht. Sie bewegt sich sehr sinnlich und verführerisch, doch keineswegs aufdringlich.«

Aber auch Boris wird eines Tages alt sein und nicht mehr von sinnlichen Tänzerinnen umgeben. Hoffentlich ist er dann noch so gut drauf wie der bald hundertjährige Bob Hope: »Meine liebste Unterhaltung am Samstagabend ist es, im Sessel zu sitzen und darauf zu warten, welches Bein zuerst einschläft.« (25. 5. 2003)

## *Uschi Glas halbnackt*

Wir haben eine gute und eine schlechte Nachricht. Welche wollen Sie zuerst lesen? Okay, die schlechte: Uschi Glas (59) hat sich halbnackt fotografieren lassen. Im Bikini. Mit grün geschminkten Augen. *Bild* brachte das Antiken-Projekt auf Seite eins, und jetzt diskutiert ganz Deutschland: »Sexy oder peinlich?« Wir wollen den Mantel des Taktes über diese Fotos breiten und allenfalls anmerken: Unserer Omi hätten wir abgeraten, sich im Bikini ablichten zu lassen. Uschi Glas aber hat sich vielleicht durch persönliche Verletzungen zu den Aufnahmen hinreißen lassen, denn ihre Selbstentblößung kommentiert sie in *Bild* gleichsam im Namen aller Omis mit den trotzigen Worten: »Wir dürfen uns doch nicht eingraben, wenn sich irgendeiner eine Achtzehnjährige greift.«

Jetzt aber zur guten Nachricht. Nur sieben Prozent der Frauen regen sich über Untreue auf. Das hat eine Umfrage von *Men's Health* bei Frauen zwischen 20 und 40 ergeben. Wenn die Damen in Rage geraten, dann geht es vielmehr (42 Prozent) um die Verteilung der Hausarbeit. Deswegen ist es sicherlich ratsam, vor der Ehe vertraglich zu regeln, wer den Müll runterbringt. So kann Karl Dall in *Neue Welt* befriedigt feststellen: »Zum Glück macht meine Frau das seit 30 Jahren.« Das ist ja sehr erfreulich, aber noch lieber haben wir in *Frau im Spiegel* gelesen, dass es der armen Sabine Christiansen (45) wieder gutgeht. Zwar sagt sie auf die Frage nach einer neuen Liebe: »Ich wäre froh, am Ende eines Inter-

views noch ein paar Geheimnisse zu haben«, aber *Das Neue Blatt* enthüllt das Gerücht, sie habe etwas mit dem netten ARD-Hauptstadtbüroleiter Thomas Roth (51). Wir freuen uns.

Was uns dagegen schon die ganze Woche beunruhigt, sind Äußerungen unseres großen Vorbilds Udo Jürgens (68), der bis heute seiner Devise »Trau keiner über 30« treu geblieben ist und in *Bild* bestreitet, etwas mit einer Tina (25) zu haben. Nicht aber dieser Umstand, sondern seine Begründung verstört uns: »Mit nichts kann man eine Freundschaft mehr zerstören als mit irgendwelchen Sexgeschichten.« Stimmt das? Was würde wohl Mick Jagger dazu sagen? Gar nichts. Aber er meint in *Frau im Spiegel* über seine Ehe mit Jerry Hall: »Ich glaube, dass die Leute oft vergessen, dass wir über lange Jahre eine sehr stabile Beziehung geführt haben. Jedenfalls im Vergleich zu vielen anderen Leuten im Business.« Doch, doch, wenn man mal davon absieht, dass er Jerry rund 40-mal betrogen haben soll, ist das fürs Show-Business schon unheimlich stabil. Im Übrigen – wie das häufig im Leben bei Männern der Fall ist, die wirklich in jede Bluse schielen – erweist sich Sir Mick als ein gestrenger Vater, der mit einem großen Handicap leben muss: »Das Dumme in meinem Job ist, dass meine Kinder mehr über meine Vergangenheit wissen, als mir lieb ist.«

Aber auch andere Eltern haben Sorgen, zum Beispiel Königin Silvia und König Carl Gustaf. Ihr Nesthäkchen Madeleine (20) ist aus dem Palast zu ihrem Freund gezogen. Als Reporter das hübsche Schwedenmädel in ihrem neuen, nur armselige 92 Quadratmeter großen Domizil fotografieren wollten, hat sie zu *Neue Revue* gesagt: »Mama und Papa mögen das gar nicht, wenn ich mich zu Hause fotografieren lasse. Ich bekomme richtig Schelte, und es macht gar keinen Spaß, wenn Papa sauer ist. Davon kann ich ein Lied singen.«

Madeleines Freund ist übrigens 25, aber sonst ist die Tendenz der Frauen zu jüngeren Partnern unübersehbar. Das gilt nicht nur für die greise Joan Collins, sondern auch für die Silikon-Schönheit Demi Moore (40). Ihr letzter Partner war 26, der neue ist noch ein Jahr jünger. Wollen wir das kritisieren? Nein, das überlassen wir ihrem Exgatten Bruce Willis, der gepoltert haben soll: »Dieser junge Typ könnte dein Sohn sein.« Mal wieder typisch Mann! Er selbst ist 48, seine neue Flamme 23.

Nein, es gilt gleiches Recht für alle, also auch für Lisa Fitz, die einen 25 Jahre jüngeren Kubaner geheiratet hat und schon vorige Woche in *Neue Revue* Ihnen, liebe Leserinnen, Mut machte zum One-Night-Stand. Auf die etwas vermuffelte Frage: »Befriedigt Sie ein so kurzes Abenteuer wirklich?«, hat sie eiskalt gekontert: »Natürlich kann es nicht besonders gut sein, weil man sich erst kennenlernen muss. Trotzdem müssen One-Night-Stands in einem Frauenleben einfach vorkommen dürfen.«

Unter uns gesagt, scheitern solche Annäherungen komischerweise oft an der Schüchternheit der Männer und an der Kühle vieler Frauen. Deshalb geben wir dem Dalai Lama völlig recht, der in *Bunte* gefragt wird, worauf er bei der ersten Begegnung am meisten achte. Er sagt: »Auf das Lächeln.« Das deckt sich komplett mit unserer Lebenserfahrung: Mit Frauen, die erst mal lächeln, kann man auch sonst viel anfangen. Und schüchterne Männer sollten es einfach mal mit Forschheit probieren, beispielsweise mit der Frage: »Würden Sie für 1000 Euro mit mir schlafen? Ich brauche nämlich dringend Geld.« (15.6.2003)

## Endfrisur, zur Seite geföhnt

Wir wollen über Geld sprechen. Oliver Kahn macht seine Ballspiele mit Partyhuhn Verena (21) ja jetzt auf einer Luxusyacht, was ihn laut *Bild* am Tag 10 000 Euro kostet. Sie finden das etwas übertrieben? Dann haben Sie noch nicht gelesen, was Jürgen Schrempp verdient, nämlich nach Angaben des *manager-magazins* 10,8 Millionen Euro. Nehmen wir mal an, er zahlt 51 Prozent Steuern, dann bleiben ihm pro Monat 448 862 Euro. Netto. Dafür müssen Sie ein ganzes Jahr arbeiten. Finden Sie das gerecht?

Je nun, die Gerechtigkeit – ein weites Feld. Ist es gerecht, dass Dieter Bohlen den Lafontaine macht und Thomas Anders einfach sitzenlässt? Viele Jahre haben die beiden als »Modern Talking« mit Musik für den Mülleimer (»Cheri Cheri Lady«) unsere Geschmacksnerven irritiert, insofern war die Entscheidung klug. Aber Dieter kann von sich in *Frau im Spiegel* sagen: »Ich bekomme diese Woche 72 goldene Platten«, und Thomas bleibt nur sein goldenes Halskettchen. Ist es gerecht, dass alle Welt sich Gedanken macht über Angela Merkels (58) Frisur? Ist es nicht. Aber das wird sich bald ändern, denn der sogenannte Prominentenfriseur Udo Walz verrät schon mal in *Bild*: »Die Endfrisur in einigen Monaten wird ein gestufter Pagenkopf sein, mit Pony, der zur Seite geföhnt wird und luftiger ist.«

Darauf freuen wir uns schon sehr, müssen uns jetzt aber Prinz Philip (81) zuwenden, der nach Informationen von *7 Tage* sein Leben neu ordnen will. Dem Mann

der Queen geht es nicht gut. Immer öfter klagt er über Müdigkeit. Kein Wunder, dass er im Freundeskreis erzählt: »Ich werde nur noch Dinge tun, die mir Freude machen.« Und am meisten Freude macht ihm Lady Penelope Romsey (54). Der Prinzgemahl teilte der Queen ohne Umschweife mit, »dass er den Buckingham-Palast verlassen und ins Haus der Frau ziehen werde, die ihm seit Jahren schon Freundin und Vertraute ist«.

Das wird der Königin sicherlich nicht schmecken, vor allem, liebe Leserinnen, müssen Sie sich mal wieder klarmachen, dass alles Herzeleid der Prominenten immer in der Öffentlichkeit geschieht: Zieht Ihr Gatte mit zarten 81 zu seiner Freundin, ist das zwar ärgerlich, steht aber nicht in der Zeitung. Auf die Nachteile des Promidaseins weist übrigens ebenfalls in *7 Tage* auch der Schauspieler Sky Dumont (56) hin: »Es passieren einem auch viele negative Dinge. Da sprechen mich Leute, die mich nicht mögen, auf der Straße mit Sätzen an wie ›Du arrogantes Schwein‹.«

Andererseits ist das natürlich ehrlich. Auch Claus Biederstaedt (74) macht aus seinem Herzen keine Mördergrube und bekennt in *Neue Welt*, er werde der Bühne den Rücken kehren, weil er die Nase voll hat »vom Publikum, das leider immer mehr verblödet, die Menschen klatschen nur noch, wenn ein Plakat mit dem Wort ›Applaus‹ hochgehoben wird«.

Wir finden ja überhaupt, dass die Ehrlichkeit als Tugend heute viel zu kurz kommt. Nach den Erkenntnissen (»das fanden Forscher jetzt heraus«) von *Das Goldene Blatt* schwindelt selbst der ehrlichste Mensch statistisch gesehen alle acht Minuten. Für uns persönlich gilt das nicht, und wenn wir in einigen Monaten eine 58 Jahre alte Frau mit zur Seite geföntem gestuftem Pagenschnittpony auf der Straße treffen, sagen wir total ehrlich: »Hallo, Frau Merkel, Ihre alte Frisur war

aber schärfer.« Und dir, Königin Silvia von Schweden, werden wir zurufen: »Die Schlagzeile in *Das Neue Blatt* ›Unter Tränen verzeiht sie ihrem Mann‹ hat uns total happy gemacht«, wohingegen wir Christa E. (45), die sich in *Echo der Frau* beschwert: »Ich war krank, und er ging fremd«, leider sagen müssen: Nicht wundern, Männer sind so.

Jetzt noch was Wichtiges. Okay, Männer, ihr lästert also über Michel Friedman, aber was ist mit euch? Ihr sitzt jetzt gerade mit eurer Gattin am Frühstückstisch,

---

*Imelda Marcos, die Witwe des philippinischen Diktators, gibt sich im »Welt-Exklusiv-Interview« mit* Neue Welt *bewunderungswürdig offen. Auf die Feststellung: »Es heißt, Sie hätten mehr als 3000 Paar Schuhe besessen«, entgegnet sie frank und frei: »Das ist nicht übertrieben. Ich machte mich gern für meinen Mann schön!« Nun muss man aber auch wissen, dass Frau Imelda jeweils zwei Paare brauchte. Das eine hatte hohe Absätze und wurde nur daheim getragen. Für die anderen wurde der Absatz verkürzt, damit sie neben dem Herrscher nicht größer wirkte. Also hat sie in Wirklichkeit nur 1500 Paar Schuhe gehabt, und das ist ja nicht übertrieben. (8. 6. 2003)*

---

deshalb wollen wir nicht so tief bohren. Aber die Frage sei doch erlaubt: Wenn ihr auf eurem Hotelzimmer in Berlin seid und habt noch vier Stunden Zeit bis zum nächsten Termin, habt ihr dann noch nie auf die Anzeige in der *BZ* reagiert: »Russische Supermodelle, Haus, Hotel, ab 19 J., Topfigur, Duett, Super-Serv.«? Okay, ihr meldet euch nicht unter übermütigen Pseudonymen, sondern stellt euch am Telefon brav als Schorsch Scharf, Heiner Horny oder Gustav Gail vor. Aber Tatsache ist doch, dass ihr auch schon in Rio, New York und

Havanna ausgesprochen unartig wart. Und von Litauen wollen wir gar nicht reden. In Litauen gibt es Mädchen, die so wunderschön sind, dass selbst die liebe Sonne, die doch schon so viel Ebenmaß gesehen hat, jedes Mal strahlen muss – und da wollt ihr brav geblieben sein? Nee, Männer, ihr solltet euch fein zurückhalten. Nur wer von euch ohne Fehltritt ist, der werfe das erste szeneübliche Tütchen. (22.6.2003)

# Zwei Pfund Glück

it der schönsten runden Nebensache der Welt hat sich *Bild* beschäftigt und die Hand des Sängers Enrique Iglesias (28) als die »zurzeit beneidenswerteste Hand der Welt« bezeichnet. Warum? Weil er sie »erst zaghaft, dann fordernd, knetend« auf Anna Kournikovas Allerwertesten legen durfte. Und dann hat *Bild* sprachmächtig Annas Po als »zwei Pfund Glück« bezeichnet. Kann ein Frauenpo einen Mann wirklich glücklich machen? O ja! Aber wiegt ein schöner Po tatsächlich genau zwei Pfund? Schwierige Frage.

Vielleicht weiß ja Susan Stahnke (ca. 42) die Antwort. Immerhin hat sie sich so gut wie nackt im *Playboy* ablichten lassen, was sie, unter uns gesagt, lieber nicht hätte tun sollen. Sie hat sich aber nicht wegen des Honorars so unangezogen gezeigt, sondern »es war eine Therapie für meine angeschlagene Seele«, wie sie *Bunte* verrät. Gar nicht auszudenken, wenn alle Frauen mit Schrammen auf der Seele sich ausziehen würden, was sie nur tun sollten, wenn sie besser aussehen als die ehemalige Tagesschausprecherin, aber warum hat Susan Stahnke denn solchen Kummer? Weil der Mann, den sie für ihren Papa hielt, nicht ihr Papa ist, und seitdem sucht sie ihren wahren Erzeuger, hat jetzt wieder einen heißen Tipp gekriegt, natürlich ist der Mann »eine herausragende Persönlichkeit«. Der wollte sie aber nicht sehen, obwohl Susan Stahnke doch im Besitze eines »anthropologischen Gutachtens« ist, »das zu einem eindeutigen Ergebnis kommt«. Ist ja interessant. Kann

man mit einem solchen anthropologischen Gutachten, liebe Susan Stahnke, auch feststellen, dass jemand nicht mehr alle Töne auf der Zither hat?

Dann sollte der anthropologische Gutachter mal Pamela Anderson (36) unter die Lupe nehmen. Die nennt laut *Neue Revue* ihre umfangreichen Brüste Ernie und Bert und spricht mit ihnen. Was aber erzählt man seinem Busen? »Guten Morgen, lasst euch nicht so hängen« oder: »Ernie, ich glaube, du brauchst ein bisschen Silikonnachschub«? Und geben die Dinger Antwort?

Egal, wir haben Wichtigeres zu bedenken als solche Busendialoge, beispielsweise die Frage, wo man als Normalo die guten Frauen findet. Die Wäschekataloge sind voller umwerfend hübscher Mädels, auch wenn sie eine verwirrende Eigenart zeigen, indem sie dauernd an ihren Hemdchen ziehen. Aber wo begegnet man diesen Schönheiten im wirklichen Leben? Wäre man doch prominent! Da bräuchte man nur seinem Diener einen Wink zu geben. So wie einst Frank Sinatra, dessen Butler George in *Neue Revue* berichtet: »Ständig studierte er die Klatschblätter. Er notierte die Namen von Starlets. Ich musste dann die Verabredungen klarmachen und die Ladies mit der Limousine abholen.« Wir würden das ja gern auch mal ausprobieren und unseren Butler mit Susan Stahnke einen Termin ausmachen lassen, aber dafür waren die Fotos echt nicht gut genug.

Doch festhalten muss man nun einmal, dass die Frauen auf Prominente abfahren. Sie kennen doch alle Reiner Calmund (54), den Manager von Bayer Leverkusen. Netter Kerl, aber er hat nach *Bunte*-Recherchen auf einer Größe von 1,73 Meter recht unvorteilhafte 130 Kilo gruppiert. Dennoch heiratete ihn jetzt eine Sylvia (32), die nach den Fotos in *Bunte* auch jeden Wäschekatalog zieren würde. Wäre Calmund ein unbekannter Karosseriebaumeister, müsste er seine 130 Kilo wahrscheinlich

allein streicheln. Übrigens soll ja sogar Edmund Stoiber Reaktionen wecken, die man ihm nicht unbedingt zutraut. Jedenfalls berichtet der *stern*, eine Anhängerin aus Sonthofen habe gerufen: »Edmund, Edmund, ich will ein Kind von dir!«

Soll man daraus jetzt aber die Maxime ableiten, jeder müsse prominent werden? Nicht unbedingt, denn dann kann man zwar wie Susanne Juhnke *Bunte* ein Interview geben über das »erschütternde Buch«, das man soeben über seinen kranken Mann verfasste, aber man muss sich auch vom *stern* vorhalten lassen, den Vorabdruck der Biographie plus Interview »für einen satten fünfstelligen Euro-Betrag« an *Bunte* verkauft zu haben und insgesamt, wenn alles gutgeht, mit dem Buch rund 250 000 Euro zu verdienen. Oder man muss sich, wie Verona Feldbusch jetzt von uns, sagen lassen, ein unschuldiges Baby auf den Namen »San Diego Franjo« taufen zu lassen sei schon recht grenzwertig.

Und meinen Sie, es wäre ein Spaß, sich wie Königin Silvia von Schweden von *Neue Revue* in die Steuererklärung blicken zu lassen? Demnach besitzt sie nur 76 000 Euro und bekommt im Falle der Scheidung nur die Hälfte der Lebensversicherung ihres Mannes. Nein, da geht es jemandem wie uns doch wesentlich besser. Wir sitzen samstags in der Redaktion, und auf dem Flur laufen dauernd die schärfsten Redaktionsassistentinnen umher. Diese zierliche Brünette in den engen Jeans mit dem taktfesten Gang ist besonders reizend: Südlich vom Rücken wiegen sich perfekte zwei Pfund Glück. (21. 9. 2003)

## Die arme Wurst

uch in Blättern, die man nicht beim Friseur findet, steht Lesenswertes. So erinnert Theo Waigel in *Die politische Meinung* an den früheren Innenminister Hermann Höcherl. In den 70er Jahren gab er als erster Unionspolitiker dem *Playboy* ein Interview. »Die Moralapostel in der CSU« waren entsetzt, auch Höcherls Gattin zeigte sich nicht erfreut. Da sagte er: »Meine liebe Frau, du hast nicht bedacht, dass durch mein Interview zehn Seiten lang keine nackten Weiber abgebildet werden konnten.«

Aber das ist lange her, es gibt heute Wichtigeres, zum Beispiel die Fünfte von Fischer. *Bunte* und *Neue Revue* sind übereinstimmend der Ansicht, der Außenminister werde sich nach seiner vierten Scheidung von seiner neuen Flamme (27) langfristig entzünden lassen. Während *Bunte* noch mit einigem Verständnis für den Fischer und seine Frauen findet, er sei »im Grunde die Staatsmannversion von Götz Georges Schimanski«, lässt *Neue Revue* Experten zu Wort kommen. Sexualberaterin Erika Berger (84) findet: »Die nächste Frau, die sich mit ihm einlässt, sollte vorsichtig sein.« Medienpsychologin Dr. Heidrun Brauer (51) aber meint: »Herr Fischer hat keine Ahnung von Frauen. Man kann einfach nicht jede Frau süß finden.« Wir aber fragen uns, liebe Medienpsychologin Dr. Heidrun Brauer, ob Sie Ahnung von Männern haben. Unter uns gesagt: Die Männer sind immer auf der Suche nach der idealen Frau. Vor allem nach der Hochzeit.

*Wir wissen wenig über den Po von Marianna, der dritten Ehefrau des Lothar Matthäus. Sie ist 32, Boutiquenbesitzerin, Serbin und sieht nett aus. Der Lodda, der sonst in Interviews jeden Satz mit »Ja, okay« beginnt, erklärt in* Neue Revue *schnörkellos die Entstehungsgeschichte seiner Liebe: »Sie stand vor einem Lokal. Mich traf der Blitz.« Außerdem gibt er an, sich mit ihr auf Englisch zu verständigen. Ja, okay, aber da müssen dann doch seltsame Dialoge zustande kommen, denn als Lodda sich damals bei den New Yorker Metro Stars vorstellte, sprach er auf seine weltläufige Art: »I come next year for play soccer and I hope we have a little bit lucky.« (7.12.2003)*

Dass auch viele Frauen immerdar Ausschau halten, beweist Stéphanie von Monaco. Diesmal hat sie einen Zirkus-Akrobaten geheiratet, was *Frau im Spiegel* zu der ausnahmsweise gelungenen Überschrift veranlasst: »Er kann sie auf Händen tragen.« Das scheint bei Sabine Christiansen (46) längst der Fall zu sein, denn die Fotos in *Frau im Spiegel* zeigen sie an der Seite des attraktiven grauhaarigen Ex-Bayer-Chefs Manfred Schneider geradezu im Glücksdelir. Bei einem Fest in Berlin beobachtete das Blatt: »Meist lag ein Lächeln auf ihren Lippen, und ihre Züge erschienen weicher denn je.«

Ach, wenn doch nur Dieter Bohlen so milde gestimmt wäre! Doch was tut er? In der Reihe »Bücher, die die Welt nicht braucht« hat er den zweiten Teil seiner Lebenserinnerungen auflegen lassen, das Werk kostet immerhin 20 Euro. Im *Bild*-Vorabdruck verbreitet er Unfreundliches über seinen langjährigen Sangesbruder Thomas Anders. Der kaschiere seine Leibesfülle gern mit maßgeschneiderten Sakkos und Korsetts: »Alles ist geschnürt und gewickelt, damit unten ja nicht der Bauch raushüpft.« Kein Wunder, dass Thomas Anders

106

auf die *Bild*-Frage, wie er Bohlen beschreiben würde, antwortet: »Als arme Wurst.«

Wie wir von Wurst auf Roberto Blanco (66) kommen, weiß auch keiner, aber in *Bild* gibt sich die alte Stimmungskanone auch modemäßig voll kompetent: »Das Dirndl ist die köstlichste Verpackung für eine Frau.« Wir widersprechen und behaupten, eine wirklich schöne Frau brauche nichts weiter als gutsitzende Jeans, Pumps und einen anthrazitfarbenen Rollkragenpullover. Doch jeder soll nach eigenem Geschmack entscheiden. Wie wir auch niemals jene sechs Frauen und 1244 Männer tadeln würden, die laut *Bunte* den neuen Porsche Carrera GT mit seinen 612 PS bestellt haben – zum Preis von 452 700 Euro.

Im Übrigen tut es im jederzeit schwierigen Umgang mit Frauen gut, Rat von kundiger Seite zu erfahren. So lasen wir diesen Donnerstag im *stern*, was Donatella Versace über den perfekten Mann sagt: »Wichtig ist, wie er einen anschaut. Wie er Dinge halb ausgesprochen lässt, sodass ich mir drei Tage lang den Kopf über der Frage zerbreche: Meinte er das jetzt so? Oder ganz anders?« Am Freitag also im Frankfurter Tigerpalast gewesen. Varieté. Zauberhaftes Programm. Noch zauberhaftere Begleitung: 26, Kurven mit natürlichem Verlauf, riesige dunkle Augen, umwerfendes Lächeln. Die Spaghetti-Träger ihres Tops schmiegten sich fast ohne jeden Abdruck über ihre makellosen Schultern. Sie fragte beim Herausgehen: »Hat Ihnen das Artistenpaar am Trapez auch am besten gefallen?« Da dachten wir an Donatella Versaces Rat und sprachen: »Diese ganze Artisterei ist letztlich eine Art von metaphysischer *slumming party*, eine Veranstaltung der patriarchalen Gemeinheit, sich doppelt groß aufzuspielen, indem sie erst die Distanz von männlichem Geist und weiblicher Natur ins Ungemessene steigert und dann auch noch die Macht-

vollkommenheit, den selbstgeschaffenen Unterschied zurückzunehmen, als höchste Güte drapiert.« Wir dachten, darüber könne die Schöne jetzt mindestens drei Tage nachdenken, doch sie starrte uns nur entgeistert an und wollte sofort nach Hause.

Das war schade, aber jetzt eine Frage an die Männer: Welches ist der einzig anständige Weg, eine Frau zu verführen? Wie, Sie wissen es nicht? Das haben wir uns gedacht. (28.9.2003)

## Sie haben Post

he wir in Urlaub gehen, müssen wir schnell noch Leserpost beantworten. Wir freuen uns ja über jeden Brief, jede Ansichtskarte, jede Mail – vor allem, wenn sie kritischer Natur sind. So schreiben uns Erdmute K. und Franziska B. aus Nottuln in Westfalen: »Im Diskussionskreis unserer katholischen Gemeinde haben wir an vier Abenden jeweils drei Folgen Ihrer Herzblatt-Geschichten in Zweiergruppen gelesen und dann unter der Leitung von Herrn Vikar Kleinehollenkamp im Plenum kritisch besprochen. Überwiegend, dürfen wir sagen, haben die kleinen Episoden Heiterkeit hervorgerufen. Nur scheint uns Ihr Umgang mit der ehelichen Treue wie auch Ihr Frauenbild etwas leichtfertig. Kann es sein, dass Sie unter dem Mantel des Scherzhaften ein Stück weit der Zügellosigkeit das Wort reden?« Liebe Damen aus Nottuln: Das kann schon sein. Zügellosigkeit empfinden wir vom Wortsinn her als etwas Positives. Wir denken, in Deutschland gibt es genügend Zügel und Willensbeschränkung. Es scheint uns – Sie als Westfälinnen sollten dafür Verständnis haben – denn ja auch kein Zufall zu sein, dass die Deutschen in einer sportlichen Zügel-Disziplin dauernd die Goldmedaille gewinnen: in der Dressur!

Mit einer anderen Beschwerde richtet sich Frau Anke K. aus Eschborn bei Frankfurt an uns: »Neulich haben Sie zum wiederholten Mal die Kleidung meines Mannes kritisiert und ihm vorgeworfen, er trage Schuhe ›in Polenoptik‹. Ich finde, das geht zu weit. Politiker müssen sich nicht alles bieten lassen.« Sie haben recht, liebe Frau K., das ging wirklich zu weit. Wir entschuldigen uns bei den Polen.

»Warum«, will Ute-Janina B.-H. aus Berlin wissen, »vernachlässigen Sie in Ihrer manchmal recht amüsanten Rubrik eigentlich so konsequent jede affirmative

---

*Der Herbst ist gekommen und färbt unsere Wälder bunt. Da mag es nicht unwahrscheinlich sein, dass auch Ihnen eine Einladung von Prinz Gustav von Berleburg oder Baronin Giulia von Crailsheim zur Jagd auf den Tisch flattert. Oh, denken Sie, das ist ja schön, und kaufen sich als Erstes eine nagelneue grüne Jagdhose mit Windschutzleiste am Schlitz aus gewachstem Baumwollmaterial mit verstärkter Lederschutzschicht im Unterschenkelbereich, doch halt! Fehler! Es ist verhängnisvoll, schreibt* Bunte*, allzu perfekt auf der Jagdgesellschaft aufzutauchen:* »Das entlarvt einen auf Anhieb als Anfänger.« *Besser sind Hirschlederhosen mit Patina,* »dazu zwiegenähte Bergstiefel oder bei nasser Witterung hochwertige Gummistiefel aus Naturkautschuk, ergänzt durch Leinenrucksack und Lodenkotze«*. Lodenkotze? Hört sich ekelig an, wir würden» recht erschrecken, wenn jemand bei der Jagd sagen würde:* »Wollen Sie mal an meiner Lodenkotze riechen? Ganz neu.« *Aber wird schon seine Richtigkeit haben, wir vertrauen* Bunte *mal wieder völlig. (14.11.2004)*

---

Darstellung alternativer weiblicher Lebensentwürfe?« Sehr geehrte Frau B.-H., das verstehen wir nicht. Dauernd schreiben wir hier über Verona Feldbusch und Naddel, und das sind doch nun wirklich alternative weibliche Biographien: viel Erfolg mit null Bildung. Oder meinten Sie etwas anderes? Dann sollten Sie sich unmissverständlicher ausdrücken.

110

So wie Hannah S. aus Feldkirch. Sie hält die *Herzblatt-Geschichten* »für das vielleicht nicht wichtigste, aber doch deutlichste Indiz für eine zunehmende Bohlenisierung der *F.A.Z.*«. Wir lassen das ebenso unkommentiert wie die Einladung mehrerer Damen des Deutschen Fachverlages zum Kaffeetrinken, die Zusendung eines Ganzkörperfotos einer jüngeren Leserin aus Euskirchen (gefühlte Konfektionsgröße 42) und die zustimmende E-Mail eines nur als »Dr. Kümpel« zeichnenden Lesers, die uns aber gefreut hat.

Nachdenklich stimmte uns die Zuschrift einer Susan St. (42): »In Ihren Herzblatt-Geschichten machen Sie sich darüber lustig, dass ich meinen wahren Vater suche. Was ist daran komisch?« Nichts, liebe Frau St. – außer, dass Sie Ihren Vater doch getrost in aller Stille suchen könnten und nicht in jedem Knallblatt. Auch die Zuschrift von Reiner C. (54) aus Leverkusen machte uns recht nachdenklich: »Hör mal zu, Jungschen, du jibst in deinem Schmierenblatt mein Jewischt mit 130 Kilo an. In Wirklischkeit sind et nur 129. Und wenn isch disch erwische, dann lass isch misch mit all die 129 auf disch draufplumpsen un dann hört et auf mit dem Jeschreipsel.« Wir haben diese Drohschrift gleich an die gewichterkennungsdienstliche Polizeistelle Frankfurt weitergeleitet. Sie sagte, dieser Drohbrief sei sehr gewichtig.

Ja, manche Zuschriften machen uns richtig Angst, andere sind einfach rührend. So wie die von Uschi G. aus München: »Sie wissen gar nicht, wie sehr Sie mich und die Frauen meiner Altersstufe verletzt haben mit Ihren giftigen Zeilen über meine erotischen Fotos.« Das tut uns jetzt echt leid, liebe Uschi G. Wir werden uns nie mehr lustig machen über solche Antikenprojekte, das versprechen wir bei den Stützstrümpfen von Sophia Loren.

Manche Leser machen sich aber nicht erst die Mühe, einen Brief zu verfassen, sondern greifen gleich zum Handy. Wir melden uns dann immer brav mit unserem Namen, doch neulich schrie eine Stimme mit norddeutscher Dialektfärbung ohne Vorwarnung: »Ey, du Ratte, warst du das? Hast du geschrieben, mein neues Buch gehört zu den Büchern, die keiner braucht?!« Wir bejahten schüchtern. »Dann will ich dir mal was erzählen, du Blödkopp«, ließ sich der Norddeutsche nicht unterbrechen, »mein Buch ist klasse, was man von deinem Geschmiere ja nicht sagen kann, mein Buch ist Literatur, das hat 'ne Startauflage von 200 000, hassu gehört? 200 000, das kannst du dir in dein Spatzenhirn gar nich vorstellen, das hat noch nicht mal der Grass oder wie der heißt.« »Also hören Sie mal, Herr B.«, wollten wir einwenden, aber die laute Stimme am anderen Ende rief: »Ich bin kein Herr.« Und da hatte er auch wieder recht. (12.10.2003)

# Fischers Frische

ndlich hat *Neue Revue* jetzt mal deutliche Fotos gebracht vom Fischer und seiner neuen Freundin. Sie heißt Minu, ist schlank und mädchenhaft, ein dunkler Typ, wirkt sympathisch. Die »Halbperserin« soll schon beim Außenminister eingezogen sein und sogar in seinem Dienstwagen fahren dürfen. Also, wir persönlich können Fischer nur zuraten. Wir hatten auch mal eine persische Freundin. Sie hieß Simin, war wunderschön – war allerdings natürlich auch eine Ganzperserin. Nun fragt sich selbstverständlich jeder: Wird der viermal geschiedene Fischer diesmal dauerhaft glücklich? Wir glauben, die Voraussetzungen sind gut: Seine letzte Gattin Nicola war nämlich nur 21 Jahre jünger, also praktisch gleichaltrig. Minu aber ist um 28 Jahre frischer, was die Männer ja immer gern haben.

Natürlich entdeckt *Bild* in dieser Privatangelegenheit auch eine politische Dimension (Fischer habe »zu jedem Lebensabschnitt eine andere Frau« gewählt), fragt jedoch bang: »Aber was kann ein Außenminister und Vizekanzler noch werden?« Hoffentlich kein Geiger. Denn dem Walzerschnulzer André Rieu soll es schlecht gehen, von 25 bis 75 Millionen Euro Schulden ist die Rede. Na, dann notfalls lieber eine Liebe als ein Vermögen vergeigen.

Richtig reich sind ja die Musikproduzenten Dieter Bohlen und Frank Farian. Aber sie mögen sich nicht. Farian (62) sagt in *Neue Revue* über den blonden Pop-Titan (49): »Für mich ist er wirklich der größte Hohl-

kopf und die größte Dreckschleuder der Nation.« Aber er kennt noch schwerer wiegende Argumente: »Er leistet sich die billigen Frauen, ich die besseren und teureren.« Das muss Bohlen getroffen haben, denn er sagt über Farian: »Er ist arm, alt und bedürftig.«

Arm wird sie nicht sein, aber der Liebe bedürftig: die wehmütige Königin Sophia von Spanien. Als wir ihr Foto in *7 Tage* entdeckten, waren wir echt geschockt: Sie hält irgendwelche Rosenquarze und Bergkristalle in die Kamera und muss mit der Überschrift leben: »Die traurige Königin spricht mit ihren Steinen.« Und warum? Weil ihr König immer auf Achse ist: »Juan Carlos, zurzeit gerade in einer Schönheitsklinik, eilt auch mit 65 Jahren der Ruf voraus, einem Flirt nie abgeneigt zu sein.« Das war vornehm ausgedrückt, vielleicht will die Königin steinmetaphorisch ausdrücken, des Königs Herz sei kalt wie Stein.

Gottlob hat der junge Prinz William Besseres zu tun, er soll laut *Frau im Spiegel* ein Techtelmechtel mit Principessa Scilla Ruffo haben, »Tochter des millionenschweren Prinzen Augusto Ruffo di Calabria und von Christa Leontine zu Windisch-Grätz«. William hat ihr London und vielleicht noch andere Dinge gezeigt, die Queen soll angetan sein, glaubt *Frau im Spiegel*, aber *Das Goldene Blatt* weiß es besser: Als künftiges Oberhaupt der Anglikaner könne er keine Katholikin heiraten. Woran man mal wieder sieht, dass der Adel es auch nicht leicht hat. Mette-Marit kann das bestätigen: Seit sie ins norwegische Königshaus einheiratete, steht sie dauernd im Mittelpunkt. Als sie sich das erste Mal im Fernsehen gesehen habe, gesteht sie *Frau im Spiegel*, seien ihr die Tränen gekommen: »In dem Moment, wo eine Kamera auf mich gerichtet ist, fehlen mir die richtigen Worte, meine Mimik verändert sich. Ich werde völlig unnatürlich und komme mir richtig blöd vor.«

114

Uschi Glas wird das nicht nachvollziehen können, sie ist ja eine erfahrene Schauspielerin und Erotikdarstellerin, an ihre Halbnacktdarstellungen denken wir mit Schrecken. Aber von ihr gibt es auch gute Nachrichten: »Nach der schmerzhaften Scheidung sucht die Schauspielerin Trost in der Musik«, weiß *Das Goldene Blatt*, bildet das Cover ihrer neuen CD mit selbstgesungenen Volksliedern ab und zitiert Uschi mit den Worten: »Seit ich singe, geht es mir wieder besser.« Hoffentlich geht es den Käufern nicht schlechter.

Uns selbst ging es gut. Wir waren im Urlaub, in einem Nobelhotel in Luzern mit dicken Kellnerinnen. Dort lasen wir die Lebenserinnerungen des früheren *Zeit*-Feuilletonchefs Fritz J. Raddatz. Natürlich total vertratscht, aber streckenweise ausgesprochen lustig. Wussten Sie zum Beispiel, dass die Barhocker bei Onassis »mit der Vorhaut von Walpenissen bezogen waren«? Nicht wenig erheitert hat uns auch die Stelle, als Kissinger einen Redaktionsbesuch bei der *Zeit* machte. Ted Sommer habe die Gräfin Dönhoff gefragt: »Gräfin, soll ich Ihnen seine Geheimnummer geben, damit Sie sich verabreden können?« Da habe die Herausgeberin ihre Perlenkette gestreichelt und gellend laut geflüstert: »Sehr lieb, Ted – er ist heute Nachmittag bei mir zum Tee.«

Und Ihnen, Männer, wie geht es Ihnen? Immer noch ein bisschen müde, weil Sie die Nächte damit verbrachten, unserer deutschen Damenfußballmannschaft bei der WM zuzuschauen? Aber das hätten Sie doch wissen müssen: Im Frauenfußball gibt es nach dem Spiel gar keinen Trikottausch. (26.10.2003)

# Hand am Wackelpo

Wir wissen genau, Männer, an welcher Stelle Sie bei der *Bunte*-Lektüre vor Neid ergrünten. Das war auf Seite 43. Dort lasen Sie über den zurzeit heißesten Popstar der Welt, den Amerikaner Justin Timberlake (22): »Spontan griff er Kylie an den Wackelpo – und die juchzte verklärt auf. So ist das nun mal: Der milchbärtige Justin kann die schönsten und begehrtesten Frauen der Welt haben.« Sie, liebe Männer, sind als Leser der *Frankfurter Allgemeinen Sonntagszeitung* natürlich viel zu kultiviert, um unaufgefordert jungen Damen an den Wackelpo zu fassen. Aber allein die Möglichkeit, sozusagen eine Lizenz zum Anfassen – das bringt Sie jetzt schon irgendwie zum Träumen?

Okay, wir verraten es auch nicht weiter und müssen uns überhaupt mal schnell dem britischen Königshaus zuwenden. Wie Sie alle wissen, steckt Charles ja in Schwulitäten, weil er angeblich bi ist. »Nach den üblen Sex-Lügen: Charles am Ende!« stellt *Das Goldene Blatt* nüchtern fest, hat aber auch eine gute Nachricht, denn Sohn William sagt: »Ich bin bereit für den Thron, Vater!« *7 Tage* dagegen weiß über den jungen Prinzen: »Nur im Alkoholrausch findet er Vergessen!« Und Williams Oma äußert sich mal wieder gar nicht zu den sexuellen Präferenzen ihres Sohnes. Vielleicht wäre Charles ausgeglichener, ruhiger und heterosexueller, wenn sie ihm früher mehr Liebe geschenkt hätte. Der ehemalige Butler Paul Burrell schreibt jedenfalls in *Neue Revue*: »Während wir die Corgis fütterten, drehte sich

116

die Unterhaltung oft um die Themen, die der Queen am wichtigsten waren: Pferde, Hunde, Prinz Philip und die Kinder.« Beachten Sie die Reihenfolge.

Wir aber, liebe Queen, finden: Wer Kinder hat, sollte auf jeden Fall immer lieb zu ihnen sein und sie nie im Stich lassen. Wolfgang Joop ist in *Neue Revue* derselben Ansicht: »Ich habe keine einzige sexuelle Erfahrung gemacht, egal ob mit Männern oder Frauen, die so fantastisch war, dass es sich hierfür lohnt, seine Kinder zu verlassen.«

Aber um nochmal auf die Butler zurückzukommen – ein schwieriger Job. So haben sie nach den Recherchen von *Frau im Spiegel* Charles' Frühstückstablett höchste Aufmerksamkeit zu widmen: Der Silberlöffel muss genau in Richtung fünf Uhr zeigen, das Wappen im Teller auf zwölf, und für den Toast im Silberständer müssen immer drei Butterröllchen bereitliegen, keinesfalls vier.

Wir wissen nicht, wie viele Butterröllchen der spanische Thronfolger verlangt, aber der hat ja auch andere Sorgen: Seine hübsche Braut mit dem wundervollen Namen Letizia Ortiz Rocasolano muss sich im Palaste einleben und erst einmal das besonders strenge spanische Hofprotokoll inhalieren, das wir alle ja noch aus den Sissi-Filmen verabscheuen: Es kennt, wie *Frau im Spiegel* nachgezählt hat, nicht weniger als »127 Hauptregeln«, selbst die Begrüßung asiatischer Staatsgäste ist genau geregelt und keinesfalls mit »Hallo, liebe Schlitzaugen« erledigt. Auch im privaten Umgang geht es streng zu: »Beim Frühstück müssen alle Familienmitglieder bereits am Tisch stehen, wenn das Königspaar eintrifft.«

Während Sie als Familienvater jetzt darüber nachsinnen, dass Sie das auch toll fänden, wenn ihre Teenie-Töchter strammstünden und nicht schon beim Frühstück mit dem Handy herumlümmelten und Nutella

vom Messer ableckten, müssen wir Ihnen mitteilen, dass es Schlimmeres gibt: In Neu-Delhi hat laut *Bild* ein Inder in 20 Sekunden 200 Regenwürmer verschluckt und sich zum Nachtisch eine Baby-Kobra mit dem Schwanz zuerst in die Nase gesteckt und aus dem Mund wieder herausgezogen.

Statt einen solchen Unfug zu machen, hätte der Inder lieber mal über das grundsätzliche Verhältnis zwischen Mann und Frau nachdenken können. Der Bevölkerungswissenschaftler Ephraim Kishon (79, verwitwet, neue Frau 32 Jahre jünger) tut es in *7 Tage*: »Eine Ehe ist grundsätzlich nur eine gewisse Zeit lang wunderbar. Weil Frauen monogam, wir Männer polygam sind. Weil eine Frau in einem Jahr eineindrittel Kinder erzeugen kann und ein Mann eintausend Kinder.«

Moment. Mal kurz den Taschenrechner eingeschaltet: Das wären ja 2,7 Zeugungsakte pro Tag, ganz schön anstrengend. Und wäre das überhaupt noch Liebe? Wir glauben: nein. In Herzensdingen vertrauen wir uns lieber Bärbel Schäfer an, die jetzt gern in Interviews auf ihre neue Sendung *Wellness TV* in der ARD hinweist und dabei auch Auskunft über Michel Friedman nicht verweigert. Als *Frau im Spiegel* sie jetzt fragte: »Haben Sie nie gefürchtet, dass die Loyalität zu Ihrem Partner Ihrer Karriere schaden könnte?«, hat sie nur einen Satz gesagt, einen wunderbar einfachen Satz: »Liebe kann nie schaden.« So ist es, liebe Männer. Denken Sie an Bärbel Schäfers Worte, wenn Sie wieder mal von einem Wackelpo träumen. Und wenn auch das Sie nicht von Ihrer Posucht befreit, essen Sie einfach 200 Regenwürmer. (23.11.2003)

# Glück und Wohnfläche

bwohl Weihnachten doch als Fest der Liebe gilt, haben die bunten Blätter leider etliche Trennungen zu registrieren. Sat.1 von Harald Schmidt und Franzi van Almsick von ihrem Stefan Kretzschmar. Beides bedauern wir sehr. Harald Schmidt hat immer wieder für gute Witze gesorgt, zum Beispiel: »Der spanische Penis ist zwei Zentimeter kürzer, man spricht schon vom Iberischen Halbpinsel.« Und hatte der mehrfach gepiercte und tätowierte Handballer nicht noch im Januar über die Schwimmerin gesagt: »Sie ist meine Muse und Motivation. Das Geheimnis unserer Liebe ist doch, dass wir versuchen, jeden Tag und jeden Moment zu genießen.« Und jetzt soll alles aus sein? Das ist schade. Hoffentlich hat er keine Neue, denn man muss zugeben, dass Handball-Stars, selbst wenn sie gepierct sind, große Chancen beim anderen Geschlecht haben. Schon im Juni 2002 hatte Franziska ja registriert, dass »die Mädels, die sabbernd vor ihm stehen, reihenweise in Ohnmacht fallen«.

Ihnen, liebe Leser, passiert das natürlich viel zu selten. Nicht, dass Sie es als Dauerzustand haben möchten, aber so ein, zwei Teenies, die bei Ihrem Anblick vor lauter Entzücken sabbernd in die Knie gingen, könnten Ihnen schon gefallen, wie? Dann müssten Sie sich allerdings auch Nase und Augenbraue piercen lassen. Aber Moment mal, da fällt uns ein: Hatte Kretzschmar sich nicht das Antlitz Franziska van Almsicks auf die Wade tätowieren lassen? Was macht er jetzt damit? Und wie werden künftige Kretzschmar-Liebhaberinnen mit dem Konterfei ihrer Vorgängerin umgehen?

Das sind schwierige Fragen, denen wir gern länger nachsönnen, gäbe es da nicht noch ein anderes vorweihnachtliches Thema, die Geliebte. Zu keiner anderen Jahreszeit haben es die Geliebten so schwer wie um Weihnachten, wenn der Lover bei der Familie weilt und die Geliebte sich einsam mit Hustensaft betrinkt. Wahrscheinlich deshalb widmet *Bunte* diesem Themenkomplex auch die Titelseite. Das Blatt stellt dabei allerdings fest, dass es einen neuen Geliebtentypus gebe, »ein neuartiges Society-Phänomen«. Das soll heißen, früher seien die Fremdgängerinnen geschmäht worden, heute würden die Auswechselspielerinnen an der Seite der Kahns und Beckenbauers schnell anerkannt. *Bunte* hält auch nicht mit zehn Erfolgstipps für die schlaue Geliebte hinterm Berg. Der klügste scheint uns zu sein: »Sei schräg, jung, aufregend und abenteuerhungrig, bis du ihn hast. Dann aber gib dich ladylike. Runter mit den Stretchjeans, rein ins Designerkostüm.« Den Frauen aber, die ihren Mann nicht an eine Geliebte verlieren wollen, an die reichen wir sehr gern einen Rat des Herrn Bernd Tewaag weiter, des früheren Gatten der Uschi Glas. Der sagt in *Neue Revue* über seine jetzige Geliebte, die 28 Jahre jüngere Anke: »Sie hat mich noch nie zu etwas gedrängt, deswegen liebe ich sie.« Ja, das ist ein kluger Satz. Denn die wahren Schreckensworte für Männer lauten: »Schatz, du musst noch ...« Doch vielleicht sollten sich Ehepartner auch einfach mehr Komplimente machen. Steffi Graf zum Beispiel muss das Herz übergehen, wenn sie ihren Mann in Bunte sagen hört: »Ich verliere ständig gegen Steffi, weil ich nur sie anschaue und nicht den Ball.«

*Was aber den verstorbenen Prinzen Bernhard der Niederlande betrifft, so fördert* Bunte *eine echte Neuigkeit zutage: Jede seiner Töchter, also auch die beiden unehelichen, sollen mit einem Erbteil »zwischen 25 und 35 Mio. Euro« bedacht werden. Das könnte auch Dieter Bohlen gefallen, der im selben Blatt sagt: »Ich finde es immer geil, wenn man für sein Geld nicht arbeiten muss.« Was aber Bohlen und Bernhard unterscheidet, ist ihre Selbsteinschätzung. Während der Musikant lautsprecherisch tönt: »Es gibt keinen anderen Star auf diesem Planeten, der so oft wie ich auf irgendwelchen Titelseiten war«, zog der verstorbene Prinz eine bescheidene Lebensbilanz: »Wenn die Menschen denken, dass ich mich ab und zu wie ein Schuft verhalten habe, dann gebe ich ihnen recht.« Übrigens wollen wir an dieser Stelle noch einmal ausdrücklich die niederländische Ex-Königin Juliana belobigen. Wie* Das Neue Blatt *berichtet, hat sie einst ihren Bernhard gefragt: »Hast du eine Geliebte?« Wahrheitsgemäß hat er mit Ja geantwortet. Als sie zwei Jahre später wieder fragte, ob es noch dieselbe sei, und er wieder nickte, sprach die Königin: »Dann will ich diese Frau treffen.« Bernhard: »Danach ist meine Freundin jedes Jahr mit uns in den Skiurlaub gefahren.« (25. 12. 2004)*

Jetzt noch die Frage, wie viel Quadratmeter Wohnfläche man zum Glück braucht. Fußballer Beckham und seine Victoria (deren Silikondinger sich anfühlen müssen wie Boulekugeln) bringen es in ihrem spanischen Domizil nach den Berechnungen von *Frau im Spiegel* auf 740 Quadratmeter. Oskar Lafontaines neues Eigenheim misst nur 280 Quadratmeter, sieht nach den Fotos in *Neue Revue* aber ziemlich toskanisch-prachtvoll aus. Ein wenig sozialneidisch verweist das Blatt auf rund 8500 Euro Pension und »ca. eine halbe Million Euro« für des Politrentners Buch *Das Herz schlägt links*. Aber machen

Wohnraum und Millionen wirklich glücklich? Kommt es nicht auf tiefere Werte an? Uns gefällt der Skispringer Sven Hannawald, der mit seiner hübschen Stewardess »auf 80 Quadratmetern« glücklich ist.

Sehr zufrieden waren wir auch mit der Schlagzeile in *7 Tage* über den Volksmusik-Star Claudio Deri: »Weihnachten singt er nur für seine Familie.« Das sollten alle Volksmusik-Stars tun. Nur für ihre Familie singen, sogar ganzjährig. Aber für Sie, Leser, wird es jetzt Zeit, Geschenke auszuwählen. Und da haben wir an Sie eine ganz große Bitte: Nehmen Sie sich Zeit. Denn ein falsch oder lieblos gewähltes Präsent kann für Missstimmung sorgen. Insofern verstehen wir auch die Schauspielerin Eva Habermann (27), wenn sie in *Bunte* stöhnt: »Ich erschrecke bei der Vorstellung, dass mir jemand einen Nasenhaarschneider schenkt.« Auch Hornhauthobel für den älteren Fuß eignen sich zu Weihnachten nur bedingt. Und Ihre Idee, liebe Herren Leser, Ihre Gattin mit einer Rückenenthaarungscreme zu überraschen, muss leider als zweckmäßig, aber etwas taktlos zurückgewiesen werden. (14.12.2003)

## Handbreit unterm Knie

ag mal, *Bunte*, was hast du eigentlich für moralische Grundsätze? Offensichtlich gar keine. Da gab es diese eindeutigen Beweisfotos, dass Flavio Briatore, der Vater des Kindes unserer schönen deutschen Heidi Klum, kurz vor Weihnachten mit einer anderen Frau wild herumgeknutscht hatte, und du schreibst, na ja, das sei halt auf dem romantischen Ponte Vecchio in Florenz gewesen, »da wird man zu so was leicht hingerissen«. Soll das heißen, jeder werdende Vater dürfe sich anderen Frauen in intimer Weise nähern, solange dies nur auf dem Ponte Vecchio geschieht? Und was, liebe *Bunte*, ist mit den schlechter verdienenden Männern, die sich eine Reise nach Florenz nicht leisten können? Da denke bitte noch einmal drüber nach. Und dir, Rainhard Fendrich, müssen wir leider sagen, dass es nicht recht war, in den Tagebüchern deiner Frau zu schnüffeln. Andererseits verstehen wir natürlich auch wieder deinen Kummer, wenn du in *Bunte* aus dem Schublädchen plauderst: »Ich habe einmal eine Sportuhr gefunden und dachte natürlich, dass ich sie zu Weihnachten bekomme. Aber ich bekam lediglich einen Hugo-Boss-Pulli. Die Uhr war für einen anderen.«

Ach, es ist schlimm, wenn Menschen, die sich einst liebten, heimlich intime Aufzeichnungen lesen oder den eigenen Mann mit einem Hugo-Boss-Pulli abspeisen. Wir denken immer, solche Paare sollten sich doch einmal daran erinnern, wie schön alles anfing. Nehmen Sie zum Beispiel Kevin Costner (48). Der amerikanische

123

Schauspieler liebt die Deutsche Christine Baumgartner (29). Als er ihr einen Heiratsantrag machte, sorgte er nach den Recherchen von *Echo der Frau* dafür, dass unzählige Kerzen brannten und »der gesamte Raum über und über mit duftenden Rosenblättern geschmückt war, Christine weinte Tränen des Glücks«. Und selbst der doch etwas einfach gestrickte Lodda Matthäus ließ sich für die große Liebeserklärung etwas einfallen. Seine dritte Frau Marijana berichtet in Bild: »Lothar hat mich zu einem Helikopter-Flug über Manhattan eingeladen. Da überreichte er mir eine Schachtel mit dem Verlobungsring.« Schauen Sie, das ist romantisch. Was aber ausweislich des Buches *Mann oh Mann* (Hamburg 1999) Deng Xiaoping zu Luise Rinser gesagt haben soll, macht uns fassungslos: »Ihre Beine gefallen mir. Über meinen Schultern würden sie mir noch besser gefallen.«

Nun mag das in China ein ganz charmantes Kompliment sein, dort gibt es ja die ungewöhnlichsten Dinge, zum Beispiel Dackel süß-sauer. Überhaupt wissen wir zu wenig über Fernost, da kam die Geschichte in *Das Neue Blatt* über die japanische Kaiserfamilie gerade recht. Wussten Sie, dass Kronprinz Naruhito als Erster in seiner Dynastie Radfahren lernen durfte? Dass dem Kaiser Akihito (70) fünf Diener beim Ankleiden helfen und ihm 25 Köche »jeden noch so ausgefallenen Wunsch« erfüllen? Was aber die bürgerliche Kronprinzessin Masako (40) betrifft, so muss sie mit gesenktem Blick stets drei Schritte hinter ihrem Mann herwandeln. »Im Palast darf sie nur die Sprache der Frauen sprechen: eine Art Singsang, der nie mehr als fünf Worte in der Minute beinhalten darf.« Wir ahnen, liebe Herren Leser, dass Ihnen diese Simplify-your-wife-Vorstellung, Ihre Gattin dürfe pro Minute nur fünf Wörter sprechen, spontan nicht ganz unsympathisch erscheint, aber das hat auch

124

Nachteile. Der Satz: »Soll ich dir ein Bier bringen?«, enthält zum Beispiel sechs Wörter.

Aber nochmal zurück zum Prinzessinnendasein. Wir wissen aus zahlreichen Gesprächen, viele deutsche junge Frauen wären schrecklich gern die Gattin des hübschen spanischen Thronfolgers geworden. Aber das ist kein Zuckerschlecken. Die in ihren Hosenanzügen wirklich astrein aussehende Letizia muss jetzt Kostüme tragen, die »eine Handbreit unterm Knie« enden, wie *Frau im Spiegel* nachgemessen hat. Auch Letizias Frisur »soll nach dem Willen der Königin künftig deutlich kürzer ausfallen«. Und dann dieses sture Pauken! Am 14. Mai wird die junge Frau bei der Hochzeit des dänischen Kronprinzen Frederik zum ersten Mal dem geballten Hochadel begegnen – »und muss bis dahin alle Namen und Titel auswendig kennen«. Puh. Für die eigene Hochzeit wird Felipe übrigens noch schnell vom Major zum General befördert. Damit soll verhindert werden, dass der angehende König einen niedrigeren Rang einnimmt als die meisten militärischen Gäste. Was für eine Ungerechtigkeit gegenüber den armen Soldaten, die sich vom Major über den Oberst und Oberstleutnant zum General hochdienen mussten. Aber andererseits wieder ein Ausgleich für den unschönen Anblick einer so appetitlichen Frau in einem Rock, der weit unterm Knie endet.

Sollten Sie aber, liebe Leser, an Ihrer Frau neuerdings eine Tendenz zum Tragen immer kürzerer Röcke bemerken, seien Sie wachsam. Und durchsuchen Sie Ihr Haus unverzüglich nach Sportuhren! (11. 1. 2004)

## Heiße Dias von der Ex

Prominente haben es nicht leicht, weil sie immer in aller Öffentlichkeit kritisiert werden. In der Sendung *Ottis Schlachthof* wurde Angela Merkel jetzt sogar als »märkische Kampfkartoffel« verspottet. Und die Berliner Kabarettistin Désirée Nick muss sich in *Bild* nicht nur »Dschungel-Zicke« nennen lassen, sondern kann auch in *Bunte* nachlesen, was ihre Kollegin Anka Zink über sie sagt: »Sie ist einfach konsequent bösartig. Désirée ist wie ein Unfall: Es ist schrecklich, aber man muss trotzdem hingucken.«

Gleichfalls traurig stimmt uns, wie viele Partnerschaften im Streit enden. Liza Minnelli beispielsweise begann ihre vierte Ehe vor 850 Gästen damals mit einem wunderbaren Satz: »Alles, was ich durchlitten habe, hat sich gelohnt, weil ich dich kennengelernt habe, David. Ich werde dich ewig in Ehren halten und anbeten.« Doch diese Ewigkeit währte nur kurz. Erst schleuderte sie nach den Recherchen von *Neue Revue* eine Stehlampe nach dem Gatten, danach rastete sie immer wieder aus, »schlug ihren Mann in den Magen, auf die Brust, auf den Kopf«. Kein Wunder, dass er sie derzeit auf zehn Millionen Dollar Schmerzensgeld verklagt.

Auch um die Ehe von Udo Jürgens scheint es nicht zum Besten zu stehen. Der Anfang – wie aus dem Märchen. In Aachen begegnet er Corinna auf der Straße. Sie ist 16 und entspricht, wissen die Verhaltensbiologen bei *Bunte*, »exakt seinem Beuteschema«. Zwölf Jahre bleiben sie zusammen, trennen sich, heiraten schließlich heimlich. Doch nun, nach diesen fürchterlichen Fotos, auf denen sich Corinna ausgerechnet von Polit-Hooligan Ronald Schill umarmen lässt, schafft *Bunte* Klarheit. Mit nicht geringem investigativen Ehrgeiz hat das Blatt Corinna zur Rede gestellt. Hatte sie eine Affäre? »Das kommentiere ich gar nicht.« Aber sie könne jetzt mit einem Dementi doch alle Spekulationen vom Tisch wischen. Corinna trotzt abermals: »Da muss ich mal Rücksprache halten, ob ich mich dazu äußere.« Dann hat *Bunte* in unser aller Namen bei Schill persönlich angerufen, der aber vielsagend nichts sagt: »Dazu äußere ich mich nicht. Der Gentleman schweigt und genießt.« Jetzt fragen wir Sie, liebe Leser, hört sich das alles gut an? Nein, tut es nicht.

Möglicherweise ist aber wenigstens noch die Ehe von Roberto Blanco zu kitten. *Das Neue Blatt* hat ein »heimliches Treffen« des Qualitätssängers mit seiner scheidungswilligen Frau beobachtet, bei dem er Gattin Mireille (67) mehrfach die Hand geküsst haben soll. Mehr war zunächst nicht rauszukriegen, das Stimmungsbomber-Sekretariat ließ nur mitteilen: »Er beantwortet keine privaten Fragen.« Das ist uns allerdings neu. Bislang kamst uns ausgerechnet du, Roberto, recht auskunftsfreudig vor, etwa, als du dich damals in *aktuelle* und *Bild* nebst Freundin mit deinem außerehelichen Söhnchen abbilden ließest und dazu gröltest: »Jedes Treffen schmerzt meine geliebte Ehefrau.« Auch sollst du in Anwesenheit deiner Freundin mit deiner Gattin telefoniert haben, worauf dich die junge Dame gefragt haben soll: »Was für eine Ehe führst du?« Da sollst du heiter und frei geantwortet haben: »Eine gute.«

Ja, das ist schön, wenn man dem Leben seine heiteren Seiten abgewinnen kann. Wie der Fußballer Roy Makaay, der in *Bunte* sagt: »Ich will jeden Tag Spaß haben. Immer nur seriös ist doch auch langweilig.« Oder

Florian Silbereisen, der Moderator der *Feste der Volksmusik*. »Wenn etwas Schreckliches passiert«, sagt er in *Das Goldene Blatt*, »suche ich das Positive daran.« Ganz unsere Ansicht. Wenn im Doofkopp-TV etwas Schreckliches kommt wie *Feste der Volksmusik*, suchen wir auch immer das Positive, nämlich den Ausschaltknopf. Freilich kann man mit der Suche nach dem Guten und Schönen nicht sein ganzes Leben bestreiten, manchmal muss man der Mitwelt auch zeigen, wo der Hammer hängt. Darin bist du, dicker Tenor Pavarotti, uns ein Vorbild. Nach einem Duett mit der amerikanischen Sängerin Beverly Sills wolltest du dich, schreibt *Neue Welt*, unbedingt allein vor dem Publikum verbeugen. Als die Dame aber keine Anstalten machte, dir den Vortritt zu lassen, sollst du sie ins Ohr gebissen haben.

Zum Schluss – Geist ist geil – wollen wir *Bild* loben. Oft zeigt das Massenblatt ein gewisses Reflexionsdefizit. Doch diesmal hat es sich selbst übertroffen und einmal Sätze zusammengestellt, die wir Männer von den Frauen gerne hören würden. Zum Beispiel: »Du, ich hab ein süßes Au-pair-Mädchen aus Frankreich engagiert.« Oder: »Zeig doch bitte nochmal die heißen Dias von deiner Ex-Freundin.« Oder: »Wollen wir mal um die Wette rülpsen?« Vollends beliebt aber, liebe Frauen, würden Sie sich machen, wenn Sie echten Geist der Freiheit an den Tag legten und beispielsweise auf einer Party zu Ihrem Gatten sprächen: »Soll ich die Blonde mit den dicken Dingern mal für dich ansprechen?« (7.11.2004)

## Na, ist ja auch egal

Eines der großen Menschheitsrätsel lautet ja noch immer: Warum verlieben sich Frauen in Männer? Sind es die Augen, die Hände, die Stimme, der Gang? Nein, etwas ganz anderes. So sagt es jedenfalls die Autorin, die in *Brigitte* die Frage »Warum wir Männer so sehr lieben« beantwortet: »Weil das Erotischste an Männern ihre Unterarme sind und sie einfach nur ihre Ärmel hochkrempeln müssen, um uns weiche Knie zu bescheren.«

Männliche Unterarme sind sexy? Da wären wir nicht drauf gekommen, aber überraschende Vorlieben sind ja etwas ganz besonders Wunderbares. Für uns persönlich sind bei Frauen zum Beispiel nicht Beine, Po und so was das Anregendste, sondern schöne Schultern: makellose, sportlich-zarte Schultern und darüber zwei schwarze Spaghettiträger, ach! Aber warum schwärmen Frauen für nägelkauende, tätowierte, ungewaschen wirkende Typen wie Robbie Williams? Die Antwort gibt Außenhandelskauffrau Melanie (28) aus Hallstadt. Sie durfte bei »Wetten, dass?« auf der Couch neben dem Sänger sitzen und ließ später *Bild* in ihr Pheromonhaushaltsbuch blicken: »Er roch so geil nach Mann, nach Schweiß und Rauch.«

Ehe Sie jetzt, liebe Herren Leser, aufhören, sich zu duschen, und sich täglich drei Schachteln Gitanes ohne Filter reinziehen, wollen wir Sie schnell mit einer ganz wichtigen Frage ablenken, die Sie an Ihre Gattin richten sollten: »Liebst du mich so abgrundtief, wie Königin Juliana ihrem Mann verfallen war?« Wenn Ihre Frau Sie

jetzt etwas verstört anschaut, dann erzählen Sie ihr die Geschichte aus *Bild*.

Also, Prinz Bernhard, der war ja ein schlimmer Filou. Vor seinem Tod gab er der niederländischen Zeitung *Volkskrant* ein Interview, das jetzt veröffentlicht wurde. Darin gestand er, zwei uneheliche Töchter zu haben, eine Französin (heute 37) und eine Amerikanerin (50). Hat er diese Fehltritte gebeichtet? Ja. Wie hat Juliana es aufgenommen? Bestens: »Als ich es ihr erzählte, reagierte sie normal. So, als ob ich ihr sagen würde, dass wir morgen zusammen Tennis spielen gehen.«

Ist das nicht wundervoll? Wir verneigen uns tief vor der Toleranz dieser großartigen Königin und raten auch der deutschen Frau, es ihr nachzutun. Die adäquate Antwort auf die Beichte eines Mannes hieße also: »Du hast ein uneheliches Kind gezeugt? Ach ja? Mit wem? Na, ist ja auch egal. Gehen wir morgen Tennis spielen?«

Uschi Glas (60) soll aber bitte dennoch von solchen Geständnissen verschont bleiben. Sie fand eine neue Liebe, der Mann ist acht Jahre jünger, warum auch nicht, und Frau Uschi berichtet in *Bild*: »Ich bin so glücklich und habe noch nie so viel gelacht.« Dies freut uns sehr, aber vor Weihnachten wandern natürlich unsere Blicke auch voller Mitgefühl aufs britische Königshaus. Schlimm genug, dass Prinz Philip sich nach Angaben von *Neue Welt* zum Fest für seine Sammlung ausländische Toilettensitze wünscht. Aber wenn sich die ganze Familie zum Weihnachtsgottesdienst trifft, wer muss dann draußen bleiben? Natürlich Camilla. Wie mag es ihr da gehen? Wird sie einsam vorm Kamin sitzen und ihren Whisky mit Tränen verlängern? Gottlob will Boris Becker das Fest bei seinen Söhnen in Florida verbringen, was natürlich aber auch dazu führt, dass seine Freundin Caroline »bittere Tränen« vergießt. Und sein kleines, unschuldiges, rothaariges uneheliches

Töchterchen in London? Muss es vaterseelenallein und tränenblind in die Krippe starren? Wir wissen es nicht.

Wir wissen nur, dass Sie, liebe Leserinnen, die Sie gelegentlich von einem Dasein als gefeierte Schauspielerin in Hollywood träumen mögen, sich vielleicht falsche Vorstellungen machen. Renée Zellweger, die jetzt so wunderbar die Bridget Jones gespielt hat, müsste doch, sollte man denken, von Verehrern geradezu verfolgt werden. In Wahrheit Fehlanzeige. »Es ist aber auch«,

---

*Ja, im Grunde verpassen Männer, die sich bei Frauen nur nach dem Äußeren richten, unendlich viel. Dustin Hoffman hat das am eigenen Leibe erlebt, als er in* Tootsie *eine Frauenrolle spielte. Weil Maske und Kostüm so gut waren, erzählt er in* Bunte, *wurde er auch von Außenstehenden nicht enttarnt: »Die Männer musterten mich nur kurz von oben bis unten, sahen mir ins Gesicht – und radierten mich regelrecht aus.« Was Dustin Hoffman damit sagen will: Die Männer sollten sich, nur weil eine Frau nicht so sexy wirkt, nicht die Chance entgehen lassen, sie näher kennenzulernen, vielleicht verpassen sie ja den Charme, die Wärme, die schöne Seele, den inneren Reichtum dieser Frau.*

*Was allerdings nicht für Désirée Nick gilt, denn erstens sieht sie auf ihre dünne Weise ziemlich gut aus, und zweitens sagt sie in* Neue Revue *auch ganz garstige Sachen: »Ich hab im Sommer auf Sylt Uschi Glas kennengelernt. Spontan habe ich ihr ein Kompliment für ihre schicken braunen Krokodillederschuhe gemacht. Dabei war sie barfuß.« (13. 2. 2005)*

---

gibt sie in *Echo der Frau* zu, »nicht einfach, in Hollywood jemanden zu finden, der einigermaßen normal ist.« Sehen Sie, da ist ein ganz normales Leben jenseits des Glamours mit kleinen Alltagssorgen vielleicht doch angenehmer, auch wenn jeder versteht, dass Gerlind F.

(46) aus Dresden schon mal das Korsett drückt: »Obwohl ich leider sehr dick geworden bin (Kleidergröße 54), nennt mein Mann mich nach wie vor ›Püppi‹.«

Dabei würde solch ein Kosename besser zu Prinz Harrys neuer blonder Freundin passen. Sie stammt aus Zimbabwe, trägt nach *Bunte*-Einschätzung »die Weite des schwarzen Kontinents in ihrem Herzen« und auf dem Foto leichte Sommerkleidung. Ordentliche Oberweite, astreine Beine, die Schultern allerdings nicht so perfekt wie bei unserer neuen Redaktionsassistentin. Junge, Junge, wunderschön, sie stammt aus Prag, ist zu uns extrem freundlich, aber leider zu den anderen Assistentinnen etwas zickig. Fast so schlimm wie bei Helena Rubinstein und Elizabeth Arden: »Elizabeth wurde von einem Pferd gebissen? Oh, wie entsetzlich! Wie geht es dem armen Pferd?« (19. 12. 2004)

# Knallrot glüht das Verlangen

Israelische Ärzte haben nach einer Meldung von *Bild* eine Methode zur Messung sexueller Lust entwickelt. Ganz objektiv lässt sich anhand der Hirnströme feststellen, wie groß das Verlangen ist. Interessant. Stellen Sie sich vor, liebe Männer, jeder von uns hätte auf der Schulter so ein kleines Lämpchen sitzen. Grün und freundlich würde es leuchten bei Sympathie, orange bei Interesse, knallrot aber bei heißer Lust. Einerseits würde dies die Kontaktaufnahme natürlich enorm erleichtern oder abkürzen. Andererseits wäre es manchmal sicherlich störend. Stellen Sie sich vor, Sie säßen mit dieser superschlanken, süßen, ernsten und ein bisschen schüchternen Versicherungsfachangestellten bei einem Glas Rotwein. Die Dame würde Zutrauen fassen und leise davon berichten, dass sie eigentlich von einer Ausbildung zur Heilpraktikerin träumt und sie wegen ihrer großen Füße (Schuhgröße 45) Komplexe habe, Sie würden verständnisheuchlerisch nicken, und die Dame würde denken: »Ach, endlich mal ein Mann, der zuhören kann und der mich versteht«, doch dann würde das Lämpchen auf Rot umspringen, und Sie wären entlarvt.

Auch bei Albert Einstein müsste das Lämpchen oft geglüht haben, der Mann war relativ untreu. »Ernstzunehmende Gerüchte« besagen laut *Bild*, dass er unter anderem mit einer Tänzerin ein Kind gezeugt habe, das zur Vermeidung eines Skandals dann von Einsteins Sohn adoptiert worden sei – relativ clever gemacht, aber

dauernde Vertuschungsadoptiererei ist natürlich auch keine Lösung. Im Übrigen ist es der in der Kanzlerklasse, also zum vierten Mal verheiratete Regisseur Helmut Dietl, der im *stern* zum Thema Treue goldene Worte findet: »Ich bin ja auch selbst fremdgegangen, und vielleicht habe ich gerade deshalb immer in der Furcht und dem Misstrauen gelebt, dass man mich betrügt.«

Ja, es ist wohl doch besser, einander so ergeben und treu zu sein wie der Ex-Tennisspieler Boris Becker (37) und seine Freundin Caroline (27). Zu Weihnachten schickte sie ihn, wie *7 Tage* schreibt, zu seinen Kindern nach Miami, aus lauter Liebe also verzichtete sie auf Zweisamkeit. Von solcher Großherzigkeit sollten sich andere Frauen mal ein Scheibchen abschneiden, zum Beispiel, wenn der Gatte zur Seite sprang. Muss nämlich gar nichts heißen. Sagt auch Robert Redford in *Neue Welt*: »Ich glaube, dass eine andere Beziehung nicht immer bedeutet, dass man die Frau, mit der man lebt, nicht liebt.« Ist ja eigentlich selbstverständlich. Von Söhnen erwartet man doch immer, dass sie Vater und Mutter gleichermaßen lieben. Sind sie groß geworden, sollen sie auf einmal nur noch einer Frau zugetan sein, das kann doch keiner verstehen.

Gottlob gibt es bei allen Schwierigkeiten aber immer auch wundervolle Wiedervereinigungen wie die von Roberto Blanco und seiner Frau Mireille. Zwar schmollt der Qualitätssänger in *Frau im Spiegel* noch ein wenig, sagt aber versöhnlich: »Ich freue mich, dass Mireille auf mich zugegangen ist. Doch mit ihr weiter zusammenleben, als wäre nichts geschehen, kann ich noch nicht.« Na, komm schon, alte Stimmungskanone, wird schon wieder werden. Und wenn du traurig und verletzt bist, dann tröste dich mit dem neuen Lied deines Kollegen Jantje Smit (19), der, wie *Das Goldene Blatt* weltexklusiv berichtet, in seinem neuen Album Heidi Klum einen

Song mit einem tollen Reimtext widmet: »Sie ist blond, so blond wie ein Weizenfeld und schlank wie eine Fee. Mir bleibt echt das Herz stehn, wenn ich sie seh.«

Wunderbar gesagt, und Komplimente sind ja überhaupt wichtig im Leben, gerade auch zwischen Mann und Frau. Deswegen möchten wir Ihnen, Leser, auch die Worte des *Brigitte*-Paartherapeuten ans Herz legen: »Fünfmal mehr möchten wir gelobt, anerkannt, wahrgenommen und bestätigt werden als ignoriert, abgelehnt oder kritisiert.« Wenn Sie also, liebe Männer, zu Ihrer Frau sagen: »Du hast ganz schön dicke Oberarme bekommen«, dann müssen Sie gleich danach fünfmal was Gutes über sie behaupten. Oder aber Sie verwandeln Ihre Aussage gleich in ein Lob: »Du hast ja so schöne dicke Oberarme bekommen.« Tja, man muss sich eben auskennen mit den Frauen. So wie Harald Schmidt, der in *Focus* erklärt, warum er in der Bahn nicht erster Klasse fährt: »Sexuell ist die zweite Klasse deutlich attraktiver. Die hübschen jungen Dinger haben ja kein Geld.«

Dauernd von frischem jungen Gemüse umgeben zu sein kann natürlich auch zu einer gewissen Übersättigung führen. Wir hier im 5. Stock der *F.A.Z.* können uns vor den hübschesten Redaktionsassistentinnen, die allerdings nur samstags zugegen sind, kaum retten. Gerade serviert Miranda in ihrem knappen Röckchen eine Tasse Kräutertee und steigt hernach zu einer Tanzeinlage auf den Beistelltisch. Uns lässt das völlig kalt, wir sind ja nicht Harald Schmidt. Dann aber fragt sie: »Was ist das da auf Ihrer Schulter, dieses komische rote Lämpchen?« (9.1.2005)

# Merkel schreit

Der *Süddeutschen Zeitung* entnehmen wir, dass die Österreichische Post »gegen Entgelt jedermann erlaubt, eine Marke mit dem eigenen Konterfei als gültiges Postwertzeichen herausgeben zu lassen«. Eine interessante, auch verlockende Vorstellung, sich selbst auf einem Briefumschlag zu erblicken. Allerdings: Hätten Sie wirklich Lust, sich von Hunderttausenden auf der Rückseite ablecken zu lassen? Wir auch nicht, uns plagen aber auch ganz andere Sorgen, zum Beispiel um die Promi-Kinder. Nach einer Übersicht der Anlage-Experten von *Neue Revue* trägt das Söhnchen (5) der Beckhams eine Uhr im Werte von 4125 Euro und das Töchterchen (8) von Madonna ein 15 200 Euro teures Armband. »Was soll aus solchen Kindern werden?«, tremoliert *Neue Revue*, wir aber fordern ein Frühwahnsinnssystem.

Auch die Sache mit Nina S. (31) aus München bedrückt uns sehr. Sie wendet sich in ihrer Not an *Das Neue Blatt*: »Meine Mutter (57) hat seit sechs Monaten einen Liebhaber, der Ende 30 ist, also vom Alter her mein Bruder sein könnte! Ist das nicht total pervers?« Genau. Ganz unsere Ansicht. Noch perverser fanden wir allerdings die *Bunte*-Schlagzeile über Moshammers Hundedame und die Beisetzung ihres Herrchens: »Selbst Daisy hatte Tränen in den Augen.«

Was aber den armen Modeschöpfer betrifft, so liefert *Echo der Frau* eine interessante Information: »Rudi hatte panische Angst vor echter Liebe.« Dies behauptet jeden-

falls seine Freundin Veronique Aimée. Seine Mutter sei wahnsinnig dominant gewesen, die beiden habe eine Art Hassliebe verbunden: »Nach Frau Moshammers Tod hätte ihr Sohn wahnsinnig gerne wieder jemanden gehabt. Aber er befürchtete, wieder an eine Person zu geraten, die ihn kontrolliert.« Ja, wenn wir hinter die Fassaden blicken, dann treffen wir oft auf Trauriges. Wenn Sie sich wie *Neue Revue* beispielsweise fragen sollten: »Ist Angela Merkel eine nette Chefin?«, so sagen sicherlich 70 Prozent: »Och, wahrscheinlich ist sie ganz nett und backt öfter mal für ihre Mitarbeiter Apfelkuchen.« Die Wahrheit sieht grausam anders aus. »Eine Schwäche von mir ist Schreien«, hat Frau Merkel *Neue Revue* gestanden, »das ist die einzige Möglichkeit, dass ich kein Magengeschwür bekomme.« So geht es also zu in der CDU – vor den Kameras krempelt Frau Merkel ihre Lippen noch zu ihrem wehen Lächeln hoch, doch danach schreit sie alle zusammen, den Merz und den Koch und den Stoiber. Andererseits ist sie auch wieder grundgut: »Wenn ich Menschen beleidige, entschuldige ich mich.«

Das sollten auch Sie tun, liebe Männer, wenn Sie die Frauen künftig nach ihrer Lieblingslektüre fragen. Sie tun das ja nicht aus Interesse, sondern weil Sie sich die Umfrage des Männermagazins mit dem doofen Namen *Men's Health* zunutze machen wollen. Demnach sind *Brigitte*-Leserinnen sexuell eher bieder, und am konservativsten geht es in den Betten der *Vogue*-Leserinnen zu. Am aufgeschlossensten sind Damen, die sich regelmäßig in *Joy* und *Amica* vertiefen. Und jetzt halten Sie sich fest: 23 Prozent der *Emma*-Leserinnen mögen Liebe zu dritt.

Ja, die Frauen können einen doch immer noch überraschen. Nehmen Sie zum Beispiel das superhübsche  Model Eva Padberg (24). Sieht nicht nur astrein aus, ist auch noch total nett. Jeder denkt jetzt, sie habe dauernd andere Männer, in Wirklichkeit ist sie schon seit zehn Jahren mit ihrem Freund zusammen. Aber das ist bei ihr genetisch bedingt, ihr Vater war der erste Freund ihrer Mutter, auch ihre große Schwester ist mit ihrer ersten Liebe verheiratet.

Wir finden das schön. Es ist so einfach, so natürlich, so bodenständig. Und sicherlich wird Eva Padbergs Hochzeit auch nicht so gigantomanisch ausfallen wie die dritte Verehelichung von Donald Trump (58). Für zwei gescheiterte Ehen zahlte er 251 Millionen Dollar Abfindung, was ihn aber nicht davon abhielt, das slowenische Model Melania (schon 34, beeindruckende Oberweite) zu ehelichen. Sein Motto heißt ja »Denke groß, lebe größer«, entsprechend fiel die Feier aus: Brautkleid von Dior, 200 000 Dollar wert, die Wandvertäfelung in Blattgold, siebenstöckige, 23 Kilo schwere Grand-Marnier-Buttercremetorte, garniert mit 3000 Zuckergussrosen – ist Ihnen auch schon schlecht? Wir denken, wer solchen Pomp nötig hat, dem fehlt etwas im Herzen.

Übrigens hat sich gestern eine neue Redaktionsassistentin vorgestellt. Sehr hübsch. Braune Augen, blond, 1,75 Meter groß, 75 D. Vielleicht ein bisschen ernst, aber die Figur so erstklassig wie ihre Manieren. Sie trug ein Escada-Kostüm, eine Dior-Tasche und High Heels von Gucci. Wir plauderten angeregt. Dann fragten wir ganz beiläufig: »Sagen Sie, welche Frauenzeitschriften lesen Sie eigentlich?« Sie sagte: »Brigitte und Vogue.« Jeder wird Verständnis dafür haben, dass wir das Gespräch höflich, aber ganz schnell beendeten. (30. 1. 2005)

## Dicke Lippe

Eigentlich hatten wir ja vor, wegen Karneval die *Herzblatt-Geschichten* diesmal in Reimform zu präsentieren. Da wir allerdings über den Vers »Joschkas Frauen immer schicker, Fischer selbst wird immer dicker« nicht hinauskamen, schreiben wir lieber etwas Ungereimtes über kleine Männer. Als Normalwüchsiger schreitet man ja relativ unbekümmert durchs Leben und macht sich gar keine Gedanken über das harte Los von Männern unter einssechzig. Gottlob hat *Das Goldene Blatt* dem Komiker Bernhard Hoëcker (1,59 Meter) Gelegenheit gegeben, seinen Kummer loszuwerden. Als Kind haben sie ihm die Mütze weggenommen und so hoch ins Gebüsch geworfen, dass er nicht drankam, und auch als Erwachsener erlebt er Zeitgenossen, die sich über ihn lustig machen, was er klug »Selbsterhöhung durch Fremderniedrigung« nennt. Das Schlimmste aber: Bei großen Frauen hat er immer das Gefühl, »ich werde eher als Kind wahrgenommen und nicht als potenzieller Partner«. Uns hat das sehr betroffen gemacht, wir nehmen uns jetzt vor, beim Essen unseren Freund Andreas (1,55 Meter) nie mehr spöttelnd auf die Speisekarten-Rubrik »Für unsere kleinen Gäste« hinzuweisen.

Ja, viele Menschen blicken auf die Knallpresse herab, aber wie in diesem Fall macht sie uns doch auf moralische Fehleinstellungen aufmerksam oder weist auf interessante Phänomene wie den erotischen Aspekt des Karnevals hin, etwa wenn Kerstin in *Bild* lebensfroh

139

äußert: »Kommt mit zum Dom, ich zeig' euch meine Glocken.« Manchmal geben Postillen wie *Das Neue Blatt* sogar geldwerte Tipps. Dort sagt Sean Connery etwas über seine Frau, das sich alle anderen Gattinnen zu Herzen nehmen sollten: »Ich liebe Micheline über alles und mag es, dass sie nie fragt, woher ich komme und wohin ich gehe.« Überhaupt mangelt es in dieser Woche nicht an guten Ratschlägen für ein gelungenes Miteinander. Das besonders unharmonisch wirkende Volksmusikpaar Marianne & Michael bekennt sich in *Neue Welt* zu einer »Liebe, in der Fröhlichkeit und Herz an erster Stelle stehen. Aber auch ein nie endendes Bemühen um den anderen.« Mein Gott, wie schön. Wird nur noch übertroffen von Schlagersänger Chris Roberts (60). Früher konnte er sich nicht vorstellen, dass er gar kein Verlangen mehr nach anderen Frauen verspüren würde, doch inzwischen ist er seiner Claudia seit 15 Jahren treu und führt somit auch den leider verstorbenen Satiriker Kishon ad absurdum, der noch vor kurzem in *Neue Revue* gesagt hatte: »Die Ehe ist grundsätzlich nur eine gewisse Zeit wunderbar.« Allerdings plagen Chris Roberts ja auch andere Sorgen, er ist pleite. Genau wie seine Sangeskollegin Michelle (32), die auf den Hundesalon gekommen ist und in *Bunte* reuig gesteht: »Ich hatte eine goldene Kreditkarte, aber es hat niemand gesagt: Stopp!«

Ja, du liebe Güte, erwachsene Menschen sollten doch niemanden brauchen, der stopp sagt. Bei Jugendlichen ist das etwas anderes. So muss man es der jungen Chiara Ohoven nachsehen, dass sie sich im Alter von 16 Jahren die Oberlippe aufspritzen ließ. Damals, bekennt sie in *Bild*, fand sie das »einfach gigantisch gut«. Heute aber weiß sie: »Es war ein Griff ins Klo.« Ein sonderbar hartes Wort, aber die Zeiten werden sowieso immer rauer. So hat laut *Neue Revue* Frédéric von Anhalt über das Ero-

tikstarlet Tina Angel (Körbchengröße 75 J) geäußert: »Sie sieht aus wie eine ungemolkene Kuh.« Was sie mit den Worten »dieser Vollarsch« kommentiert habe.

Ts, ts, ts, Karin Sommer würde nie so etwas Schreckliches von sich gegeben haben. Wie Sie alle wissen, hat Frau Sommer zwischen 1973 und 1987 unzählige häusliche Krisen gemeistert. Zum Beispiel, wenn eine junge Frau ganz aufgeregt dem ersten Besuch der Schwiegermutter entgegensah und sich furchtbar grämte, ob sie der strengen Dame auch einen wunderbar aromatischen Kaffee brauen könne. Da hat Karin Sommer immer »Jacobs Kaffee wunderbar« gebrüht, und alle waren glücklich, nur die Schwiegermutter ärgerte sich vermutlich, dass sie nichts zu mosern hatte. Falls Sie jetzt denken, Karin Sommer sitze inzwischen im Seniorenheim und schlürfe koffeinfreien Kaffee aus der Schnabeltasse, irren Sie mal wieder tüchtig. Sie ist, wie *Neue Revue* dokumentiert, erst 61, betrieb bis vor kurzem eine Künstleragentur und heißt im wirklichen Leben Xenia Katzenstein.

Was ja besser klingt als Nicole Dicklich. So hieß die junge Dame, die sich gestern als Redaktionsassistentin vorstellte. Sah nicht schlecht aus mit ihrer 80DD-Oberweite und dem niedlichen Näschen, aber ihre Oberlippe war so dick, als hätte sie von beiden Klitschkos einen Kopfstoß erhalten. Wir wussten auf Anhieb, dass wir sie nicht einstellen, aber wie sie auf höfliche Weise loswerden? »Sie haben so eine interessante Lippe«, sagten wir, »darf man Sie mal küssen?« Wir dachten, jetzt ergreift sie die Flucht oder ist empört, aber sie sagte: »Na, klar.« Da mussten wir sie auf ihre dicke Lippe küssen. Komisch: War gar nicht so schlecht. (6.2.2005)

## *Nicht ohne seine Mutti*

**N**och immer rätseln die Menschen, warum Charles Camilla heiratet und nicht irgendeines jener superhübschen jungen Dinger, die sicherlich ziemlich scharf darauf wären, einst mit ihm zusammen aufs Thrönchen zu klettern. Die überzeugendsten Antworten gibt natürlich wieder mal *Bunte*. Erstens: Camilla kann Reifen wechseln. Zweitens: »Ihr Roastbeef gilt als das zarteste von Mittelengland.« Drittens: Sie ist »eine wunderbar normale Frau«. Das behauptet jedenfalls der *Bunte*-Reporter, der ein wenig angeberisch aus eigener Anschauung berichtet: »Ich habe Camilla erlebt, wie sie Wespen, die um einen frischen Pflaumenkuchen schwirrten, mit der flachen Hand entleibte.« Gut – Reifen, Roastbeef, Wespenkillen, das sind drei sehr einleuchtende Gründe, die für Camilla sprechen. Aber der vielleicht Wichtigste mag doch in der Wertegemeinschaft liegen: Pferde, Outdoor-Sport, Hunde, schweres Essen. Oder wie der britische Journalist Roland White schon 1996 schrieb: »Für Charles und Camilla bestünde der Himmel aus einem eindrucksvollen Renaissance-Saal mit einem klitschnassen Labrador und einem Butler, der ihnen einen Flachmann reicht.«

Wie kommt es überhaupt, fragten wir uns, dass jemand eine Frau sieht, ihm ihr Anblick wie ein Blitz ins Gemüt fährt und dort für immer einen Liebesabdruck hinterlässt? Das kommt von der Kindheit, weiß *Das Goldene Blatt*, »damals erlebte man irgendwann mit einem nahestehenden Menschen eine außergewöhnlich

wohltuende zärtliche Situation«. Die sei dann tief im Unterbewusstsein gespeichert und könne »wie eine Datei im Computer« viele Jahre später aktiviert werden. Demnach müssen viele Männer in der Kindheit außergewöhnliche Situationen mit Wirsing, Rotkohl und Spargel erlebt haben, denn sie stehen zeitlebens auf junges Gemüse.

Übrigens wollen wir noch schnell *Neue Revue* danken, denn all die Jahre hatten wir nicht verstanden, warum Charles Camilla nicht gleich geheiratet hatte. Aber »sie war keine Jungfrau mehr. Zweimal bat Charles, sie trotzdem heiraten zu dürfen, zweimal sagte seine Mutter, die Queen, eiskalt Nein.« Nun war er damals ja noch ein junger Mann, aber auch heute, im zarten Alter von 56, muss er sich immer noch von seiner Mutti herumkommandieren lassen. Beispielsweise wollte er laut *Bild* die Hochzeit mit alten Kumpels wie Ernst August von Hannover an runden Tischen mit Kerzenschein feiern. Nichts da, die strenge Königin schreibt ein Festmahl an langen Tafeln vor und hochoffizielle Gäste.

Und Charles wird dann wohl kochen. Vor Wut. Was uns auf die Frage bringt: »Darf man in einem Restaurant die Teller tauschen?« Im Prinzip ja, antwortet *Neue Welt*, aber nur, »wenn es unauffällig und mit gekonnten, sicheren Griffen geschieht. Dabei kleckern und Gläser umwerfen, das wird nicht so gerne gesehen.«

Was wir nicht so gern gelesen haben, waren aber deine Ausführungen, Schauspieler Sascha Hehn, in *Das Goldene Blatt*, nach denen du Frauen schonungslos die Wahrheit sagst, »auch wenn die bitter ist und sehr schmerzt«. Das finden wir zu brutal. Schon die Schlagzeile in *7 Tage* »Die Frau von ›James-Bond‹-Darsteller Pierce Brosnan wird immer dicker« finden wir unhöflich und taktlos. Und wenn *Neue Welt* die Sängerin Margitta von der gleichnamigen Sangesgruppe »Margitta und ihre Töch-

ter« abbildet und daneben schreibt: »Die 7 Geheimnisse ihrer Schönheit«, so würden wir nie fragen: »Hä? Welche Schönheit?« Auch würden wir gewiss nicht mit den Damen schimpfen, die dem uns gänzlich unbekannten Schlagersänger Leonhard Liebesbriefe schicken, obwohl der in *Neue Welt* sagt: »Die Frauen wissen doch, dass ich schwul bin.«

Ein kleines bisschen mit dem Zeigefinger drohen würden wir allerdings gern Herrn Roberto Blanco. Mit der Tochter zerstritten, die Gattin im Sanatorium, das uneheliche Kind bei der Geliebten, amüsierte sich der Schlagerbomber »mit neuer Frau in der Karibik«, wie *Bild* beobachtete: »Jeder konnte sehen, wie gut sie sich verstanden.« »Lieber Herr Blanco«, würden wir gern sagen, »Sie sind doch jetzt auch schon 67, müssen Sie da

---

*Schon unglaublich, was so Schlagerfuzzys für Chancen bei den Frauen haben. Andy Borg sagt ganz offen in* Neue Welt*: »In unserer Branche ist die Verlockung natürlich größer als anderswo.« Auch Udo Lindenberg (immerhin 58) gibt zwischen den Zeilen zu, dass er kein Kostverächter ist.* Bunte *will ungewöhnlich investigativ von ihm wissen: »Und was ist mit Ihren weiblichen Fans? Kommen die immer noch in den Genuss, Udo Lindenberg privat kennenzulernen?« Er antwortet charmant und beziehungsreich: »Dass es nach Konzerten zu Begegnungen kommt, ist doch klar. Man tauscht sich aus, man teilt sich mit, man bringt sich ein.« (3. 4. 2005)*

---

immer noch mit jungen Dingern herumpoussieren?« Wenn er mit Ja antwortete, würden wir ihn mit Michele Placidos Ansicht aus *Das Neue Blatt* konfrontieren. Er ist erst 57, sagt aber: »Je älter ich werde, desto unwichtiger wird das Körperliche. Gemeinsames Erleben, Ge-

spräche, tiefe Gefühle und Verständnis sind mir heute wichtiger.«

Bravo. Sehr richtig. Ganz unsere Ansicht. Wenn eine Frau Reifen aufzieht, mit dem Flachmann den nassen Labrador abfüllt und mit bloßer Hand den Pflaumenkuchen erschlägt, das ist doch viel mehr wert als die zarteste Taille Mittelhessens. Wir müssen als Kind mal außerordentlich wohltuende Situationen mit Wespen erlebt haben. Anders ist unsere Vorliebe für Wespentaillen nicht denkbar. (20.2.2005)

## Bitte keine Melonen

enn uns früher ein junger Mann um Rat in der Berufswahl bat, haben wir immer empfohlen: Schlagersänger – Geld und Mädels wie Heu. Seit wir aber jetzt im *stern* das Interview mit Dennis Rodman lasen, werden wir auf Basketball umschwenken, denn Rodman sagt: »Basketballspieler zu sein ist der beste Job der Welt, vor allem wenn man erfolgreich ist. Die Frauen liegen einem zu Füßen, man muss nur noch zugreifen.«

Wahnsinn. Aber irgendwie auch ein wenig abstoßend, wie? Ein bisserl primitiv, ja? Wahre Liebe wäre anders? Gewiss. Wobei das mit der Liebe ja auch so eine Sache ist. In *Frau im Spiegel* zum Beispiel steht, dass hormonmäßig der Serotonin-Spiegel bei Verliebten genauso hoch sei »wie bei Schwachsinnigen«. Was manches erklären würde. Aber der Artikel wartet auch noch mit einer anderen Erkenntnis auf: »Männer reden mit Frauen, um mit ihnen zu schlafen. Frauen schlafen mit Männern, um mit ihnen zu reden.«

Und wo wir nun mal dabei sind, wissenschaftliche Einsichten ins Lebenspraktische zu übertragen, so erwähnen wir gern auch noch den Beitrag der *Bild-Zeitung* »Was der Busen wirklich über die Frau verrät«. Demnach ist von der bei Männern allgemein hoch geschätzten melonenförmigen Ausprägung der Oberweite eher abzuraten, da die Inhaberinnen von Melonenbrüsten sich »nur selten Zeit zum Sex« nehmen. Eher ist zur Birnenform zu raten: »Liebt die Liebe in allen Varian-

ten. Sie ist sehr religiös, begeht aber schon mal einen Seitensprung.« Und, Männer, noch schnell eine kleine Warnung: Lassen Sie sich nicht vom Pampelmusen-Eindruck täuschen: »Diese Frau gilt als äußerst erotisch, ist in Wahrheit aber schamhaft und häuslich.« Andererseits, was ist eigentlich gegen Häuslichkeit einzuwenden? Wenig, und das gilt auch für häusliche Männer. Woody Allen beispielsweise ging grundsätzlich nicht auf fremde Toiletten, wie seine Ex-Frau in *Neue Revue* berichtet. Und auch daheim wurde für ihn ein eigenes Badezimmer gebaut, das nur er benutzen durfte. Gut, die Ehe ging dann trotzdem in die Brüche, auch weil Woody seine Adoptivtochter heiratete. »Für unseren Sohn«, sagt seine Ex, »war es so, dass sein Vater seine Schwester geheiratet hat. Wer wünscht sich das für sein Kind?«

Wahrscheinlich niemand, aber genau weiß man es natürlich auch nicht. Und manche Dinge möchte man sich noch nicht einmal vorstellen. So hat zum Beispiel der frühere Fußballmanager Reiner Calmund stark abgenommen, wiegt jetzt nur noch 135 Kilo und sagt in *Das Goldene Blatt*: »Ich könnte jetzt Ballett tanzen.«

Was uns natürlich sofort auf unseren beliebten beleibten Bundesaußenminister bringt. Ist er uns sympathisch? Nein. Aber springt die Presse mit ihm nicht doch ein bisschen hart um? Schon. Allerdings hat Joseph Fischer sich oft auch selbst von einer nicht so netten Seite gezeigt. »Kaum jemand kann so verletzend Überlegenheit ausstrahlen und so rüde auftreten«, weiß *Der Spiegel*. *Bunte* aber nimmt sich der menschlichen, also der wirklich wichtigen Seite der Angelegenheit an, denkt an dem Fischer sin Fru, Minu, »die schöne Iranerin«, und fragt – das Schlimmste schon vor Augen –: »Macht macht sexy, heißt es. Aber wenn er keine Macht

mehr hat, nur noch alt, grau und dick ist?«

Aber noch ist er ja nicht zurückgetreten, noch kann Minu, die schöne Iranerin, ihn ja aufmuntern. »Ihm wird es guttun«, ahnt *Bunte*, daheim »einfach in den Sessel zu sinken und als Griesgram akzeptiert zu werden, bis sich wie selbstverständlich ein Stück Alltagsordnung meldet: die Frau, die vom Tag erzählt, Duft aus der Küche«.

Offensichtlich denkt *Bunte* da doch konsequent postfeministisch: Der Duft aus der Küche hat von einer Frau produziert zu werden, und ein paar Seiten weiter tutet auch Désirée Nick in dieselbe Küchenrolle, wenn sie über Männer sagt: »Da wird schon eine Fresse gezogen, wenn das Gulasch mal aufgetaut ist. Und die Marmelade nicht selbst gemacht wird.« In solcher Wahrnehmung ist es nur konsequent, wenn Frau Nick auf kompensatorische Nebenaspekte der Partnerschaft setzt: »Ein erfolgreicher Mann sollte immer mehr verdienen, als die Frau in ihren kühnsten Träumen ausgeben kann.«

Suha Arafat scheint es in diesem Sinne ganz gut getroffen zu haben. 22 Millionen Dollar hat sie laut *Bunte* den Palästinensern abgeknöpft und obendrein 35 000 Dollar pro Monat. Aber macht Geld allein eine Frau glücklich? Nein, ein interessanter Job sollte schon noch dazukommen.

Wenn Sie jetzt denken: gute Überleitung zur Redaktionsassistentin, so irren Sie. Zahlreiche Leser haben in Briefen, Mails und Telegrammen »sexistische Untertöne«, »primitive Altherrenerotik« beanstandet, sodass wir leider nichts Intimeres mehr aus dem Redaktionsalltag berichten dürfen. Tut uns leid. Echt schade. Aber wir müssen jetzt eh einkaufen gehen. Sonntag ist Obsttag. Melonen. Pampelmusen, Ananas. Und, mmhhm, vor allem Birnen. (27. 2. 2005)

148

## BSE BIBABU

eulich trafen wir Udo Jürgens. Er war fix und fertig. Denn nachdem *Bild* ihn auf der Titelseite mit den Worten »Ab 40 ist bei Frauen Schluss mit Sex« zitiert hatte, kam es nicht nur in allen Postillen zu wütenden Protesten von Frauen über vierzig, nein, in Supermärkten, in Parks und nach Konzerten wurde Udo Jürgens das Opfer mittelalterlicher Damen, die ihn vom Gegenteil seiner Ausführungen handgreiflich überzeugen wollten, ja, sich ihm halbnackt präsentierten und ihn nachgerade anfielen. Da konnte es niemanden wundern, dass Udo ein bisschen Erholung brauchte. Er fand sie bei der sehr gelungenen Konfirmationsfeier seiner neuen Freundin. Dort wiederholte er, was er schon einmal in *Neue Revue* gesagt hatte: »Es gibt wenig auf der Welt, was ästhetischer ist als siebzehn- oder achtzehnjährige Mädchen.«

Da dachten wir, Udo Jürgens hat recht, und nahmen uns auch eine 17-Jährige. Am Anfang war alles sehr, ähm, sehr ästhetisch, doch dann wurde es zunehmend anstrengend. Als Erstes mussten wir uns ein Handy anschaffen und einen SMS-Intensivkursus belegen. Die SMS-Technik beherrschten wir bald, doch die Foto-, Dampfbügel- und GPS-Funktionen dieses Dings blieben uns schleierhaft. Dauernd piepste es, und wir mussten Botschaften wie BSE BIBABU entschlüsseln, was sich nach längerem Nachdenken als »Bin so einsam. Bis bald, Bussi« entpuppte. Trotz aller 17-jähriger Ästhetik stritten wir uns immer öfter, sodass sie uns schließlich ein SIMS schickte (»Schatz, ich mache Schluss«), was wir durch ein rüdes ZL beantworteten (»Zieh Leine«). Es war eine insgesamt eher unerfreuliche Erfahrung, sodass wir uns mit der Lektüre der Knallpresse trösteten. Dort findet sich ja immer etwas Interessantes.

Zum Beispiel über Männer. Es ist ja schon seltsam – ausgerechnet die Burschen, die wirklich hinter jedem Rock her sind und jeder Kellnerin in die Bluse schielen, werden bei ihren eigenen Töchtern höchst sittenstreng. So auch der Schauspieler Bruce Willis. Den ersten Freund (16) seiner Tochter (16) bat er zu sich, erzählt er in *Bunte*, »um ein ernstes Wort mit ihm zu reden. Denn ich weiß noch sehr genau, woran ein Sechzehnjähriger denkt.« Ja, das ist gut, wenn man den Draht zur jungen Generation nie verliert. So ist es auch bei dem deutschen Schauspieler Sven Martinek, der nach der Zählung der Bevölkerungsexperten von *Das Goldene Blatt* zum sechsten Mal Vater wird, und zwar von seiner fünften Frau. »Können Sie gut mit Kindern umgehen?«, will das Blatt von ihm wissen, und seine Antwort fällt überzeugend aus: »Das ist kein Problem, weil ich im Grunde ja selber noch ein Kind bin.«

Nicht alle Kinder freilich haben es leicht. Mazarine Pingeot (30) war die Tochter François Mitterrands, doch niemand durfte das wissen, der Herr Staatspräsident führte ein Doppelleben. Jetzt erzählt sie in *Neue Revue* von den dunklen Seiten ihres Schattendaseins. Verliebte sie sich, wurden die jungen Männer von Sicherheitsleuten überprüft: »Jedes Mal, wenn ich jemanden besser kennenlernte, wurde ein Gipfeltreffen arrangiert und die Eltern der Freunde ins Vertrauen gezogen. Da habe ich es manchmal vorgezogen, keine Freunde zu haben.« Wie traurig. Und wenn im normalen Leben ein junger Mann zu seiner Freundin sagt: »Übrigens, Mama kommt morgen zum Tee herüber«,

denkt sich das Mädel nicht viel dabei. Handelt es sich bei Mama aber um die Königin von Dänemark, dann verfällt die junge Dame schon mal in Schockstarre und sagt in *Neue Revue*: »Was sollte ich tun? Ich wollte mich vorbereiten. Frederik musste mir schnell den Hofknicks beibringen.« Im selben Interview vermittelt Kronprinz Frederik übrigens die königliche Winktechnik: »Stellen Sie sich vor, Sie halten in der rechten Hand eine Glühbirne. So, und nun versuchen Sie, diese mit nur einer Hand in das Gewinde der Lampenfassung zu drehen.«

Wir wissen nicht, ob auch Fürst Rainier die Birnenmethode anwendet, ahnen aber, dass es um ihn und sein Operettenland nicht zum Besten steht, denn der Marquis de Villalonga (81) prophezeit in *Das Neue Blatt*: »Wenn Rainier stirbt, wird sein Monaco untergehen. Prinz Albert wird aus Monaco eine riesige Bank machen. Stars und Adelige werden das Land verlassen.«

Na, vielleicht zieht ja wenigstens der Komiker Otto Waalkes (56) dorthin. Derzeit hat er anderes zu tun, es gibt Gerüchte über die Stabilität seiner Ehe mit Eva (32). Sie soll einen anderen haben, über den Otto in *Bild* aber vorbildlich tolerant sagt: »Der ist ein Freund, der sieht gut aus. Der muss geküsst werden. Wenn's Eva nicht täte, würde ich's tun.« Aber Entschuldigung, gerade piepst unser Handy. Eine SMS. Von der ästhetischen Siebzehnjährigen: KUWIHEBEKERZ? Was ja nur heißen kann: »Kuscheln wir heute bei Kerzenschein?« Eiskalt geantwortet: KV. »Kannste vergessen.« (13.3.2005)

151

## Sitzt du bequem?

Mit einer gewissen Rührung nehmen wir zur Kenntnis, dass du, Dieter Bohlen, mit deiner jungen Freundin Estefania ein Kind bekommst. Wir hätten dieser Verbindung weder eine so lange Dauer noch solche Krönung vorausgesagt, weil du, Bohlen, vor vier Jahren im *stern* deine Begeisterung für die junge Dame mit etwas Äußerlichem, Egoistischem, nämlich ihrer Fürsorge für dich, begründetest: »Sitzt du bequem? Soll ich dir noch ein Kissen besorgen? Möchtest du jetzt was essen?«

Gott, andererseits, wenn man's jetzt mal ganz ehrlich sagen soll, einmal, ein einziges Mal so eine Freundin zu haben, die einem ein Kissen unterschieben will, einem dauernd etwas kochen möchte oder die einen abends vielleicht fragen würde: »Soll ich dir ein Bierchen bringen?« – das wäre vielleicht doch ziemlich wunderbar.

Aber jetzt erst einmal guten Tag liebe Leserinnen und Leser, einen schönen Sonntag und fröhliche Ostern! Ihnen geht es gut? Dann sollten Sie jetzt mit uns gemeinsam und österlich all derer gedenken, denen das Schicksal schwere Prüfungen auferlegt. Da ist zum einen Michelle, die sympathische Schlagersängerin. Des Öfteren hatte sie arges Pech mit Männern, schien vor einer Weile aber mit einem gewissen Josef den Richtigen getroffen zu haben, gab auch freudestrahlende Interviews und nun – nun lesen wir in *Echo der Frau*, sie fand heraus, dass er gar nicht Josef heißt, sondern Abdo Mohammed Yussef Sitaway, dass er aus Ägypten stamme und einen Offenbarungseid geleistet habe.

Das ist doch ungefähr so, Leserinnen, als hätten Sie da diesen schnuckeligen Engländer kennengelernt, der bei der Queen arbeitet. »Als Butler«, dachten Sie sich, »wird der sicherlich ganz ordentlich verdienen, da kann ich zu ihm nach England ziehen und wir heiraten«, doch dann lesen Sie plötzlich in *Neue Welt*, dass die Königin von England ihren Dienern auf Schloss Balmoral nur 2,60 Euro Stundenlohn zahlt.

Zweitens wollen wir an Uschi Glas denken. »Berge von Gehässigkeiten« musste sie »einstecken«, grämt sich die Schauspielerin in *Bunte*. Nun wissen wir zwar nicht, wie man Berge einstecken kann, aber den Grund kennen wir, es war die »Uschi Glas hautnah Face Cream« (aber hallo: 50 Milliliter 32,99 Euro). Rötungen, Pusteln, Brennen und Schuppen habe die Creme hervorgerufen, sagte die Stiftung Warentest. Frau Uschi aber will die Pusteln nicht auf sich sitzen lassen, zieht vor Gericht und klagt in *Bunte*: »Das würde ja zu unserem Land passen: Man lässt sich alles gefallen und hält auch noch die andere Wange hin.« Da hat sie schon recht: Die Wange sollte man nur zum Busserlkriegen hinhalten. So wie Albert von Thurn und Taxis, der nach einer Übersicht der Vermögensverwalter von *Neue Welt* der jüngste Milliardär weltweit ist und sagt: »Ich würde mich freuen, wenn mir ein schönes, katholisches, adliges Mädchen begegnen würde.«

Diesem Wunsch würden wir uns sofort anschließen, hätten wir nicht andere Sorgen, nämlich zuvörderst die um Frau Anna Berg, Ratgebertante von *Das Neue Blatt*. Sag mal, Frau Berg, noch ganz dicht? Da schreibt dir in höchsten Nöten Corinna Z. (40), die von ihrem Freund sitzengelassen wurde. »Der Grund: Ich bin ihm zu dick geworden.« Und du, Anna Berg, antwortest der armen Corinna: »Falls Ihr Freund Sie tatsächlich wegen Ihrer Pfunde verließ, sollten Sie froh sein. Denn dann hat

er sich nicht für den Menschen Corinna, sondern nur für Ihr Äußeres interessiert.« So ein Unfug. Andererseits haben es die Ratgebertanten oft wirklich schwer, wir wüssten auch nicht recht, was wir Marie-Luise D. (38) aus Freiburg empfehlen könnten, die der seit Jahrzehnten äußerlich unveränderten Frau Klara in *Neue Welt* über ihren Freund mitteilt: »Er sagte mir bereits zu Anfang, dass er mich nicht liebe und von mir nur das Eine wolle.«

In dieser Gier dürfte er es mit Flavio Briatore aufnehmen, den Mann, der unsere deutsche Heidi Klum mit dem Kindchen unterm Herzen verließ und über den in *Bild* Boxengassen-Expertin Tanja Bauer sagt: Er ist »Übermacho und Super-Charmeur in einem. Frauen führt er ins Paradies der Eleganz. Er hofiert sie, schaut ihnen tief in die Augen, steht auf, wenn sie an den Tisch kommen.«

Auch wir erheben uns soeben hinter unserem Schreibtisch, weil gerade Tatjana bei uns im Türrahmen steht. Sie stammt aus der Slowakei, sieht total süß aus, spricht fließend mit leisem Singsang im Ton Deutsch und verbirgt ihre sehr angenehme Oberweite gerade hinter einem Kissen. »Soll ich Ihnen«, fragt sie lächelnd, »das Kissen auf Ihren Stuhl legen? Und möchten Sie etwas essen?«

Nö«, sagten wir, »höchstens etwas vernaschen.« Da wollte sie wissen: »Was bedeutet vernaschen?« Da sagten wir, immer noch stehend: »Machen Sie bitte mal die Tür zu.« Dabei verrutschte ihr Kissen, und wir freuten uns zusammen auf Ostern. (27. 3. 2005)

# Papst, Kohl, Liebe

as für eine Woche! Der Papst. Helmut Kohl. Wir bekommen noch immer die Supergänsehaut, wenn wir an den Dienstag zurückdenken. Da stand dieser chilenische Kardinal auf dem Balkon und gab mit komplett unbewegter Miene, die entweder auf abgrundtiefe Humorlosigkeit oder bestverborgenen Schalk schließen ließ, den Namen des neuen Papstes bekannt. Er sprach: »Annuntio vobis gaudium magnum; habemus Papam: Eminentissimum ac Reverendissimum Dominum, Dominum Josephum« – und da ratterte es in unserem Kopf: Josephum, Josephum, gibt es unter den Kardinälen noch einen anderen Joseph? –, doch er fuhr fort mit den erlösenden Worten: »Sanctae Romanae Ecclesiae Cardinalem Ratzinger.« Puh, war das schön, uns ergriff hellste Freude. Wir sprangen auf den Schreibtisch, wir wischten unserer Redaktionsassistentin Johanna ein paar Rührungstränen aus ihren wunderschönen blauen Unschuldsäuglein und freuten uns schon zitternd darauf, dass *Bild* bald die Frage stellen würde: War unser deutscher Papst je verliebt?

Nun, so genau lässt sich das nicht sagen, Benedikt XVI. hat es wunderbar vornehm ausgedrückt: »Ein direktes Verlangen nach einer Familie, so weit sind meine Planungen nicht gediehen. Aber dass ich natürlich auch durch Freundschaft berührt worden bin, das ist klar.« Im Übrigen bestätigt sich auch in diesem Fall mal wieder, dass sich Karrieren früh abzeichnen. »Bis  Joseph fünf Jahre alt war, wollte er Maler werden«, erzählt sein Bruder in *Bunte*. »Dann kam Kardinal Faulhaber zur Firmung in unsere Gemeinde. Als Joseph ihn sah, war er beeindruckt und sagte: ›Wenn ich groß bin, will ich Kardinal werden.‹« Übrigens soll ja auch der kleine Helmut Kohl sich ein Tischtuch umgehängt und einen Kaffeewärmer wie eine Tiara auf den Kopf gesetzt haben. Dieser Drang zum Höheren war aber noch nicht das Entscheidende, nein, er fand auch andere Kinder, die ihm das Tischtuch wie eine Schleppe hielten. Heute ist Helmut Kohl (75) auf solche Gunstbeweise nicht mehr angewiesen, er hat, wie *Bild* gestern zu unserer großen Freude verkündete, eine neue Liebe gefunden. Die Frau an seiner Seite ist »schön, klug und eine erfolgreiche Volkswirtin«. In der Tat sieht sie auf dem Foto richtig nett aus und zeigt ein herzliches Lächeln. Unter uns gesagt: Sie ist erst 41, es scheint (siehe Reiner Calmund, siehe Joschka Fischer) einen neuen Hang junger attraktiver Frauen zu etwas umfangreicheren Männern zu geben, wir setzen sofort unsere Diät ab.

Aber bleiben wir bei der Liebe. Uns Männern wird ja immer eingetrichtert, wir sollten frauenmäßig nicht so aufdringlich agieren. Aber neulich am Flughafen stand ein Mann vor Jessica Stockmann, von dem sie nur den breiten Rücken wahrnahm. Bis er sich umdrehte und sie ansah. »Und er hörte gar nicht mehr auf zu gucken«, wie *Neue Revue* beobachtete. Zunächst lächelte die Ex-Gattin von Michael Stich nur schüchtern, doch in der First-Class-Lounge kam er wieder auf sie zu und sagte: »Sie sind mir aufgefallen. Ich glaube, Sie sind die Frau meines Lebens.« Ja, und jetzt sind sie zusammen und lassen sich turtelnd auf nicht weniger als neun Fotos in *Neue Revue* abbilden. Ihr Glück scheint ziemlich perfekt zu sein, immerhin scheinen die beiden etwas gemeistert zu haben, was Jennifer Aniston bei Brad Pitt nicht gepackt hat: »Irgendwie hat die schöne Jen nie geschafft,

einfach nur glücklich zu sein, sich zu freuen, dass sie geliebt wird.«

Bei Camilla scheint das zu klappen. Jedenfalls sprechen die Fotos von den Flitterwochen in Schottland von einer ruhigen, einer selbstgewissen Liebe. Charles hat seine Malsachen dabei, beide angeln, im Pub ist immer ein Tisch reserviert, und abends wird nach *Bunte*-Angaben Scharade gespielt: »Einer randaliert mimisch ausdrucksvoll, aber lautlos, und wer ›Prinz Philip‹ ruft, ist Sieger.«

Jetzt ein etwas ernsteres Thema. Wer, glauben Sie, ist für die Bekleidung der Volksmusik-Ikone Maria Hellwig (99) zuständig? Genau: »Mein toter Mann sucht mir die Dirndl aus.« Und was sagt er, wenn die Jodelkönigin ihm ihr neues Dirndl mit Steifmieder, gepaspelter Quetschfalte und verschärfter Knödelborte vorlegt?

---

*Karl Moik, der lustige Grimassierer aus dem Musikantenstadl, kann ja auch bald tun, was er möchte, er wird mit seinen 67 Jahren in den Ruhestand geschickt und greint sich darob beleidigt durch sämtliche Knallblätter. Nur seine lebenskluge Gattin hat in* Neue Welt *gesagt: »Wer weiß, Karl, wozu es gut ist?« Wir aber kennen schon die Antwort: Es ist dafür gut, dass du, Karl Moik, nicht mehr bis zu sieben Millionen Zuschauer mit Schwachsinnsdudelmusik ins Defilirium tremens versetzest, wir wünschen einen schönen Ruhestand. (3. 7. 2005)*

---

»Das würde ich nicht anziehen. Ach, lass doch.« Sehen Sie, liebe Leser, das ist wahre Liebe, die auch das Jenseits nicht zum Schweigen bringt.

Auch unsere Redaktionsassistentin Johanna mit den wunderschönen blauen Augen und den sanften Kurven findet das rührend. Wenn Augen die Fenster zur

Seele sind, dann ist Johannas Seele so unschuldsrein wie der Allgäuer Himmel, und wir fühlten uns durch ihre Freundschaft tief berührt. Wir fragten sie leise, ob sie nicht unsere Dauerredaktionsassistentin werden wolle. Ihr Lächeln war total süß, doch was sie sagte, schmerzte: »Sorry, ich mag nur richtig dicke Männer.« (24. 4. 2005)

# Frau Merkel zu Gast

Es wird Zeit, über Doofheit zu sprechen. Die RTL-Zuschauer unter Ihnen erinnern sich ja sicherlich noch an Zlatko Trpkovski aus der Container-show *Big Brother*, der nicht nur durch Äußerungen über Bier glänzte: »Shakesbier? Die Sorte kenne ich nicht.« Trotz seiner leichten Bildungslücken ist es ihm – und das fasziniert uns – gelungen, so viel Geld zu verdienen, dass er in *Das Neue Blatt* sagen kann: »So für zwei, drei Jährchen wird's noch reichen.« Bei Paris Hilton dürfte es wesentlich länger dauern. Die Blondine wird nicht nur viel Geld erben, sondern vermarktet sich heute schon sehr geschickt. »Es gibt«, weiß *Neue Revue*, »sogar Leute, die bis zu 300 000 Dollar zahlen, damit Paris ihre Party besucht.« Sie selbst erklärt ihren Erfolg so: »Ich bin eben einmalig, einzigartig. Außerdem bin ich schön, sehr blond und ein wirklich guter Mensch. Denn ich bin zu jedem nett.« Na gut, Paris Hilton, dann wollen auch wir nett zu dir sein und verschweigen, dass der »Medien-Experte« Jo Groebel dich den »fleischgewordenen Klingelton« genannt hat und *Bild* über dich schrieb: »Sie hat weder Möpse noch Hintern, noch Schulabschluss.«

Nett ist *Bild* auch zu Angela Merkel und hat hilf-reich bedeutende Frauenpersönlichkeiten gefragt, was sie ihr empfehlen würden. Die *Bunte*-Chefredakteurin Patricia Riekel weiß: »Sie muss es schaffen, sich als charmante Persönlichkeit zu präsentieren, mit der man gerne befreundet wäre und die man gerne zu sich nach Hause einlädt.« Die Imagedesignerin Sabine Schwind aber schwingt eiskalt die Banal-Keule: »Für die Zeit des heißen Wahlkampfs empfehle ich ihr ein dezentes Permanent-Make-up.«

Während solche Rat-Schläge nur auf Teilaspekte zielen, trifft die Schlagzeile von *Bild* die ganze Persönlich-

---

*Und nun zu dir, Grünen-Parteivorsitzende Claudia Roth. Normalerweise sind wir ja taktvoll und kehren schon mal, nach dem Vorbild des großen Fußballers und Sprachkünstlers Paul Breitner, Wunden unter den Teppich. Aber dann lasen wir in* Das Goldene Blatt, *was die schwedische Kronprinzessin Victoria (28) gesagt hat: »Es ist immer nützlich, Kritik zu bekommen.« Und nur deshalb, Claudia Roth, geben wir hier nochmals wieder, was der* stern *uns aus dem Herzen schrieb: »Claudia Roth hangelt sich von Floskel zu Schlagwort, da ist kein eigener Gedanke, nichts, ärgerlich sinnfrei, merkwürdig banal ist ihre Rede, aber die wird mit großer Gestik, übertriebener Mimik präsentiert.« Gut, das könnte man jetzt auch über Rita Süssmuth sagen, aber von der hört man ja leider nichts mehr. Mein Gott, wie sehr sie uns fehlt. Wenn Rita Süssmuth etwas sagte, war es eigentlich fast immer unfreiwillig komisch. Einmal sprach sie allen Ernstes: »Mein Haar ermöglicht es mir, es selbst zu frisieren.« Oder: »Was meine Kleidung anbelangt, ist es bei der Auswahl für mich wichtig, dass ich mich darin wohlfühle.« (31. 7. 2005)*

---

keit: »Grüne in Sorge – Joschka zu fett für Wahlkampf.« So hart solche Kritik an prominenten Politikern auch sein mag, man sollte andererseits auch in Rechnung stellen, dass sie in den Genuss so mancher Vergünstigung geraten. Wie Chinas Diktator Mao, über den *Bild* enthüllt: »Er wusch sich 25 Jahre nicht. Diener mussten ihn täglich mit einem heißen Handtuch abreiben.«

Während wir noch darüber nachdenken, ob es uns gefiele, wenn Diener sich an uns rieben, und was wir mit Angela Merkel besprächen, wenn sie mit ihrem Permanent-Make-up bei uns daheim im Wohnzimmer säße, fällt unser Blick erstens auf ein Foto von Karl Lagerfeld und schießt uns zweitens durch den Kopf, dass die Frauen nicht mehr normal sind. Das Lagerfeld-Bild zeigt ihn in vollem Ornat mit unglaublich vielen Halsketten, Ketten, Ringen und einer Art Munitionsgürtel. Falls Sie wissen wollen, wie viele Ringe seine Hände schmücken, so hat *Neue Revue* nachgezählt, es sind 25 an acht Fingern. Was aber die Frauen betrifft, so finden wir ja besonders klasse an ihnen, dass sie oft so ungewöhnliche Dinge tun wie plötzlich vor Glück in Tränen auszubrechen oder einen nachts um drei mit dem geflüsterten Geständnis zu wecken, sie hätten sich gestern drei Paar Schuhe von Manolo Blahnik zugelegt, aber gelegentlich übertreiben sie es doch arg. So wie Sonya Kraus, die »Quotenqueen von ProSieben«. Sie ist zwar recht nett anzuschauen, gesteht aber in *Bunte*: »Mein Frühstück besteht aus Malzbier und Babybrei, weil ich ein totaler Morgenmuffel bin. Dann habe ich einen Nuckelbecher, aus dem der Babybrei rauskommt, und eine Malzbierflasche.«

Also jetzt mal ehrlich, da kann eine Frau noch so gut aussehen, wenn sie morgens am Babybrei nuckelt, da würde uns der Appetit vergehen, da säßen wir lieber mit Angela Merkel auf unserer Wohnzimmercouch und würden mit ihr über ihre schrecklichen Permanent-Hosenanzüge in gedeckten Farben diskutieren.

Vielleicht interessiert sich Frau Merkel aber auch für Dieter Bohlen. Dessen Freundin ist zwar hochschwanger, was den Sangeskünstler aber nicht davon abhielt, auf Mallorca mit einem jungen Ding herumzuknutschen, Beweisdokumente fanden sich in *Bild am Sonn-*

*tag*. Eine Zeugin im Schwesterblatt *Bild*: »So um drei Uhr hat Herr Bohlen angefangen, mit dem Mädchen zu tanzen. Die hat ziemlich mit dem Po gewackelt und ihn angemacht. Dann küssten sie sich hemmungslos.«

Wir würden dann die Sache mit Frau Merkel besprechen und die Frage diskutieren, ob nicht eigentlich alle Männer willenlos jungen Frauen zu Willen wären, wenn die nur recht hübsch wären und ordentlich mit dem Po wackeln würden, und wahrscheinlich kämen Angela Merkel und wir zu derselben Einsicht: Ja, so sind die Männer. Triebgesteuert, schrecklich.

Freilich gibt es Ausnahmen. Als vorhin unsere neue kubanische Redaktionsassistentin Isabel zu uns ins Büro tanzte und rief: »Schau mal, das ist mein Permanent-Bikini«, da sprachen wir, obwohl sie umwerfend hübsch aussah, sehr sittenstreng: »Komm wieder, wenn du einen hübschen Hosenanzug in gedeckten Farben trägst.« (29.5.2005)

## Hartz VI, gereimt

Unsere neue Redaktionsassistentin Maria kommt ja aus Wolfsburg und ist wirklich super: mal schnell Betriebsräte becircen, Viagra an Aufsichtsräte verteilen, Scheinfirmen gründen, einen Striptease auf dem Konferenztisch hinlegen, alles gar kein Problem. Hier ein bisschen Sitzungsgeld abkassiert, dort die nächste Exkursion zur Reeperbahn organisiert und im Computer das scharfe Hartz-VI-Programm installiert – Maria macht alles schnell, liebenswürdig und sieht auf ihre zierliche, quirlige Weise auch noch reizend aus. Aber haben wir eigentlich Zeit, von Maria zu schwärmen? Nö, haben wir nicht. Es gibt ja viel dringendere Dinge zu besprechen, zum Beispiel das rätselhafte Phänomen, dass viele Prominente trotz ihres Ruhms nicht richtig glücklich sind. Hugh Grant beispielsweise verdient einen Haufen Geld, wird weltweit von den Mädels verehrt und ist so populär, dass Madame Tussaud's ihm eine Wachsfigur gewidmet hat. Doch in *Neue Revue* klagt er: »Meine Wachsfigur ist das Schlimmste, was ich je in meinem Leben gesehen habe. Ich sehe aus wie Julie Andrews auf Heroin.« Oder denken Sie an Patrick Lindner. Dauernd darf der beliebte Schlagerfuzzy im Fernsehen auftreten und »Ein Stern am Himmel ist noch frei« oder ähnlich schöne Titel trällern, doch glücklich ist er deshalb noch lange nicht. Im Gegenteil, er hat sich von seinem offensichtlich etwas hitzköpfigen Freund getrennt und sagt jetzt in *Frau im Spiegel*: »Zum Schluss passte es einfach nicht mehr. Es ging

sogar so weit, dass ich mein eigenes Haus auf Zehen-
spitzen betrat.«

Nicht ganz so berühmt wie Leisetreter Lindner ist Verena Kerth (23). Es handelt sich bei ihr um die Freundin
des Torhüters Oliver Kahn, *Bunte* widmet ihr immerhin
eine längere Geschichte. Verena Kerth (23) scheint demnach ein ganz dolles Talent zu sein und soll auf dem
uns gänzlich unbekannten Sender PremiereWin eine
Galoppsport-Sendung moderieren. Jeder muss zugeben, dass dies eine ganz enorme Karriere ist, die sich
aber längst abzeichnete. Denn früher hat Verena Kerth
(23) bereits lyrische Texte verfasst, die in extremer Ver-
knappung eine hohe Dichte und Sensibilität erzeugen und von denen hier aus *Bunte* der beste zitiert sei:
»Rosen sind rot, Veilchen sind blau, und du bist eine
dumme Sau.« Nein, solange solche Talente ihre Kraft
entfalten, so lange steht es mit Deutschland nicht zum
Schlechtesten.

Und worauf wir auch ein bisschen stolz sein dürfen,
das sind unsere Politiker und unsere Zeitungen. Viel
wird beispielsweise geschimpft auf den Sauerländer
Franz Müntefering. Wir finden aber, der Mann hat
Humor, etwa wenn er sagt: »Grüne tragen überhaupt
keine Schlipse. Insofern kann man denen auch nicht
drauftreten.« Oder denken Sie an die Tageszeitung *Die
Welt*. Oft wird sie gescholten, doch jene zwei Sätze über
Ferdinand Piëch, den VW-Aufsichtsratschef, sind so
wunderbar beziehungsreich, stellen eine so feine Linie
zwischen Kinderreichtum, Frauenvielfalt und vermute-
tem Interesse her, dass wir sie Ihnen nicht vorenthalten
dürfen: »Was Piëch, der zwölf Kinder von drei Frauen
haben soll, von den Machenschaften bei VW tatsächlich
wusste, ist nicht bekannt. Insider sind sich aber sicher,
dass bald unangenehme Details über Piëch auftauchen
könnten.«

Da sind wir mal sehr gespannt, wollen aber doch noch ein Wort verlieren über Luxus. Natürlich sollen reiche Menschen wie Kronprinz Willem-Alexander der Niederlande ein ordentliches Schloss bewohnen und ihrer Frau teure Geschmeide schenken. Aber dass die Sängerin Madonna, wie *7 Tage* berichtet, ihrer zehnjährigen Tochter Lourdes eine Kreditkarte mit 8000 Euro Limit überlässt, finden Sie das nicht ein bisserl übertrieben? Wir jedenfalls täten es, wären wir nicht so beschäftigt mit den Sorgen um Letizia, die hübscheste aller europäischen Prinzessinnen. Jetzt bekommt sie endlich das erhoffte Baby, doch »ihr Herz ist krank vor Einsamkeit«, wissen die Kardiologen von *7 Tage*. Sie fühlt sich abgeschnitten vom richtigen Leben, hat keinen Kontakt mehr zu Freundinnen und früheren Kollegen und hat auch »keine engen Kontakte zu anderen Kronprinzessinnen geknüpft«. Letizia steht also abseits, während Mette-Marit (Norwegen), Máxima (Niederlande), Mary (Dänemark) und Mathilde (Belgien) sich fortwährend über das Prinzessinnentum Bürgerlicher austauschen und sich gegenseitig mit den heißesten Koch- und Verführungsrezepten für Kronprinzen versorgen.

Aber einen Moment bitte, wir erhalten soeben eine Mail von der bekannten Dichterin Verena Kerth (23): »Möchte ich Ihnen für 500 Euro plus 7 Prozent Mehrwertsteuer mein neues Gedicht anbieten. Es hat die Vorgänge bei VW zum Inhalt, den Schluss muss man ergänzen: »Wälder sind still / und Straßen sind laut. / Bei VW sind die Chefs / leider ziemlich vers ...« Wir haben das natürlich postwendend abgelehnt. Das überfordert unsere Leser. (17. 7. 2005)

## Gucken ist nie Fehler

Diese Zeilen schreiben wir aus Rio. Kleine Einladung des VW-Betriebsrats. Wunderschön hier. Aber auch anstrengend: morgens zum Champagner-Frühstück schon kleine Ausschweifungen, mittags zum Hummer-Lunch eine ausgewachsene Orgie, nachmittags Völlerei bis zum Abwinken, anschließend wieder Sex, bis der Hartz kommt. Am späten Abend regelmäßig die Frage: »Shopping oder Mädels?« Wenn man sagt: »Shopping und Mädels«, ist es auch okay, dann kriegt man 1000 Euro für einen Einkaufsbummel in die Hand und zwei Schönheiten in den Arm gedrückt. Das ist lustig, und wir sind so recht von Herzen froh, nicht in der Türkei Urlaub zu machen. Dort nämlich regiert, wie der *stern* enthüllt, der Russe die Strände. Der Russe ist meist dick, laut und unverschämt, er stopft sich mit dem Büfettbesteck »diverse Sachen in den Mund« und legt das Besteck dann wieder auf die Tafel. Nein, da ist es in Rio doch schöner, wir werden traurig sein, wenn wir die heiteren VW-Betriebsräte wieder verlassen müssen.

Aber zum Leben gehört nun mal der Abschied. So sieht das auch Caroline Rocher (28), die nette Tänzerin, die in *Bunte* relativ gefasst auf das Ende ihrer Beziehung mit Boris Becker zurückblickt. Es habe beiden einfach an Zeit gefehlt: »Wenn eine Beziehung wachsen soll, genügt das nicht. Da muss man einfach häufiger zusammensein.« Ähnlich lässig scheint die sehr tageslichttaugliche Michelle Hunziker (28) die Trennung

von ihrem Freund Marco zu nehmen. Ihr neuer Partner Salvatore ist der frühere Lebensgefährte der Mutter von Marco. Und während der neue Freund in *Bunte* an Michelles makelloser Schulter herumknabbert, sitzt Marco kreuzbrav daneben – ein Umstand, der *Neue Revue* zu der Frage veranlasst: »Was sind das bloß für Verhältnisse?« Ehrlich gesagt, können wir uns nicht daran stören, wenn eine schöne junge Frau der Beinahe-Schwiegermutter mal eben den Freund wegschnappt. Was uns missfällt, ist die Lässigkeit, mit der man sich vereint und trennt. Da fehlt uns die Leidenschaft, der Schmerz. So wie ihn Jennifer Aniston empfindet, der der schöne Brad Pitt abhanden kam, der jetzt mit Angelina Jolie turtelt. Und sehen Sie, liebe nichtprominente Leserinnen, wenn sich Ihr Gatte eine Jüngere nimmt, ist das schlimm genug. Aber Sie müssen wenigstens nicht in allen Knallblättern die Fotos seines neuen Glücks mit dieser – wie Sie jetzt mal ganz objektiv feststellen – doofen Kuh studieren.

*In* Neue Revue *steht, ein Geschworener des Jackson-Prozesses, der den Angeklagten also aus ziemlicher Nähe gesehen habe, behaupte über Michael Jackson: »Er hat eine Nasenprothese.« Ja, grusel, stellen Sie sich mal vor, liebe Leserinnen, Sie knutschen ganz doll mit Michael Jackson rum, und ihm fällt plötzlich die Nase herunter, was sagt man denn da? Da ist man doch genauso hilflos wie die* Neue Welt-*Leserin, die an Tierarzt Dr. Wolf schreibt: »Hilfe! Meine Katze uriniert überall!« (28. 8. 2005)*

Nein, Jennifer hat richtig gelitten, hat, wie *Neue Revue* sorgsam nachzählte, »tausend Zusammenbrüche« erlebt: »An den Strand ist sie gerannt und hat ihre Verzweiflung in den Wind geschrien. Nächtelang hat sie ihren Kummer ins Fell ihres Corgie-Terriers geweint.«

So muss es sein. Erst solches Leid entfaltet jene kathartische Kraft, die eine neue Liebe ermöglicht.

Nachdem dies geklärt ist, wenden wir uns Giovanni Trapattoni (66) zu, der *Bunte* ein Interview gewährte, das im original Trapa-Sound wiedergegeben wird. Darin zeigt sich der Trainer des VfB Stuttgart trotz seines Renteneintrittsalters als Volldynamiker: »Ich habe jung. Ich habe Sohn in der Generation von Spieler, habe Neffen und Nichten, spreche Klartext mit meine Spieler, weiß, was ist Nintendo, kenne Disco.« Auch auf die Frage »Können Ihnen Frauen gefährlich werden?« gibt er eine muntere Antwort: »Gucken ist nie große Fehler.« Nur eines, lieber Herr Trapattoni, sollten Sie bitte nie tun, es wäre unverzeihlich: »Vielleicht nehme Deutsch-Lehrer.«

Jetzt schnell eine wichtige Anmerkung zum Thema Füße. Jeder weiß, dass Frauen mit Schuhgröße 37 die Männer triumphierend auf ihre Treterchen hinweisen und sagen: »Schau mal, habe ich nicht niedliche Füßchen?« Frauen mit Größe 43 dagegen tun dies nie. George Clooney aber, der, ehe er zu einem der bestaussehenden Schauspieler wurde, sein Geld als Schuhverkäufer verdiente, rückt jetzt die Dinge zurecht. Im Interview mit dem uns unbekannten Magazin *Best Life* sagt er energisch: »Was ist das für ein verdrehter Mist, der Frauen eingetrichtert wurde, dass große Füße nicht attraktiv wären?« Da hat er eigentlich recht, wir nehmen uns vor, künftig Frauen mit Riesenfüßen ein Kompliment zu machen, bei Frauen mit anderen Riesendingern tut man es ja auch. Und wo wir gerade so eine positive Phase haben, wollen wir gleich Wim Wenders und Königin Silvia loben. Den fleißigen Herrn Wenders, der heute 60 wird, weil er in *Bunte* sagt: »Das Erschreckende ist, dass viele Leute, die so alt sind wie ich, sich freuen, nicht mehr arbeiten zu müssen.« Unsere deutsche

Königin Silvia, weil ihr immer noch das Dirndl passt, das sie 1972 als Hostess bei den Olympischen Spielen von München trug. Gern würden wir auch noch nette Worte über Angela Merkel verlieren. Geht aber schlecht. Sie hat nämlich in *Neue Revue* eine Doppelgängerin namens Susanne Knoll. Und was sagen die Leute zu Frau Knoll? »Sie sehen viel sympathischer aus als im Fernsehen.« (14.8.2005)

# Alka-Seltzer für Papa

Kann es sein, dass ältere Damen heute schamloser sind als früher? Fast hat man den Eindruck – jedenfalls, wenn man *Bild* Glauben schenkt. Aber darf man *Bild* überhaupt vertrauen? Am 24. August schrieb das Knallblatt über Anke Engelke: »Die Comedy-Queen und ihr Lebensgefährte Claus Fischer freuen sich über einen Jungen. Sein Name: Adrian-Benjamin. Er kam, 3514 Gramm schwer und gesund, vor 10 Tagen zur Welt.« Hierzu musste Frau Engelke in ihrer Gegendarstellung aber leider feststellen: »Mein Sohn ist nicht in Köln zur Welt gekommen. Er heißt weder Adrian noch Benjamin, noch Adrian-Benjamin. Er ist nicht 3514 Gramm schwer und kam bereits vor über einem Monat zur Welt.« Na gut, das Wesentliche stimmt ja. Insofern wird das mit den durchgetickten Lust-Omis ebenfalls richtig sein. Jedenfalls berichtet der uns allen aus *Dirty Dancing* bekannte Schauspieler Patrick Swayze (53) in *Bild*: »Plötzlich fühle ich, dass ich in den Hintern gekniffen werde. Ich erschrecke, drehe mich um und sehe eine alte, blauhaarige Lady, die zu ihren Freundinnen rennt und ruft: ›Ich hab's getan.‹«

Das ist ja erschütternd. Aber wir Männer sollten uns sowieso an den Gedanken gewöhnen, dass nichts mehr ist, wie es war, dass die Frauen unbeherrscht ihrer Fleischeslust nachgehen. Nehmen Sie doch Prinzessin Alexandra von Dänemark. Die Halbasiatin wirkt immer so unendlich damenhaft, wirbt für Unicef und galt die ganze Zeit als armes Opfer ihres trinkfreudigen Ex-

Mannes. Nun aber, schreibt nicht nur *Frau im Spiegel,* steht ganz Dänemark unter Schock: »Die Prinzessin soll seit Jahren eine Affäre mit einem viel jüngeren Mann haben.« Da sieht man es mal wieder. Diese fein lächelnden Damenhaften in den Kostümen sind oft die Schlimmsten. Aber auch das Verhalten älterer Herren ist gelegentlich grenzwertig. Dr. Gerhard Freund (80) beispielsweise, der Gatte Petra Schürmanns, wurde von *Das Neue Blatt* mit der Feststellung konfrontiert: »Im September feiert Ihre Frau den 70. Geburtstag.« Er aber antwortet kalt: »Keine Ahnung. Ich bin kein Datumsfanatiker.«

Gottlob hat wenigstens Didi Hallervorden (knapp 70) seinen Lebensstil geändert. Als er noch viel in die Kneipen ging, hat das Kindermädchen, wie er *Echo der Frau* anvertraut, zu seiner Tochter gesagt: »Pass mal auf, wenn der große Zeiger hier oben steht und der kleine Zeiger auf der zwei, kannst du Papa ein Alka-Seltzer bringen.« Manche älteren Herren allerdings bleiben wie Dieter Thomas Heck (84) unheilbar militant. Er stößt in *Das Goldene Blatt* schreckliche Drohungen aus: »Ich möchte noch mit 100 auf der Bühne stehen.« Loben wollen wir dagegen den Luxus-Linken Oskar Lafontaine. Gut, er bewohnt eine »mehrstöckige Villa im französischen Landhausstil auf 25 000 Quadratmeter Grund«, aber nach *Bunte*-Angaben leben dort ja auch neben Gattin und Sohn »beide Omas – ihre Mutter und seine«. Das gefällt uns, denn zu Omas muss man immer lieb sein, außer natürlich zu denen, die Männern unvermittelt in den Po kneifen. Wenn Lafontaine aber für die Teilnahme an einem Leserforum von *Bild am Sonntag* einen Privatjet fordert – wer will ihm das verdenken? Wenn uns der VW-Betriebsrat zur Oben-ohne-Show nach Rio einlädt, reisen wir grundsätzlich im VW-Firmenjet.

So schön solche Lustreisen auch sind, sie haben doch immer etwas Aufgesetztes, etwas Unorganisches. Viel besser, wenn sich die Kontakte zwischen Mann und Frau gleichsam von selbst ergeben. Wie bei Tennisspielern. Der Vater des hübschen Tommy Haas nimmt da in *Bunte* kein Feigenblatt vor den Mund: »Ich bin ja oft genug bei Turnieren dabei. Man sieht ja, was sich da an den Hotelbars abspielt. Wie viele Mädchen da herumlaufen und mit Managern reden, bis sie den Weg zu den Suiten nach oben finden ...« Ach, wir müssen aufhören mit dem Schreiben, uns wird ganz übel vor Neid. Wenigstens gut, dass es im Tennis nicht so brutal zugeht wie im Sprint. »Ist Sprint ein brutaler Macho-Sport?«, will *Bunte* von unserem deutschen Läufer Tobias Unger wissen. Der antwortet: »Absolut! Du musst richtig gut sein, nur dann grüßen sie dich.«

Wir persönlich, wir sind dermaßen grundgut, wir grüßen grundsätzlich alle Menschen, selbst wenn sie etwas so Unverständliches von sich geben wie Angela Merkel in *Neue Revue*. Was findet sie an sich sympathisch? »Dass ich auch immer wieder freundlich lächeln kann.« Hä? Und wie viele Jeans besitzt sie? Drei. Sie könnte ja mal eine im Fernsehen tragen, wir würden dann auch freundlich lächeln. Immer wieder.

Immer wieder muss man sich ja auch in der Ehe anstrengen. Der Liebesschwulstromanautor Nicholas Sparks gibt deshalb in *Bild* treffliche Tipps: »Behandele deine Frau wie eine neue Freundin.« Haben wir gleich in die Tat umgesetzt und einen Riesenstrauß roter Rosen (3,50 Euro das Stück) besorgt. Was hat die Gattin gesagt? »Dein schlechtes Gewissen muss ja gigantisch sein.« (4. 9. 2005)

## Mao mit fünf Frauen

Wir blätterten gerade in der Kölner *Zeitschrift für Soziologie und Sozialpsychologie* und waren unschlüssig, ob wir den Beitrag über »Statusinkonsistenz und Entstrukturierung von Lebenslagen, empirische Untersuchung zweier Individualisierungshypothesen mit Querschnittsdaten aus 28 Ländern« lesen oder lieber der Frage nachgehen sollten: »Freizeitverhalten als Ausdruck sozialer Ungleichheiten oder Ergebnis individualisierter Lebensführung?« Da dachten wir: Menschenskind, solche Sozialwissenschaftler haben es gut. Forschen ein bisserl über Themen, die kaum jemanden interessieren, kassieren Staatsknete und genießen ihren monströsen Urlaubsanspruch. Wir dagegen haben seit 17 Jahren keine Gehaltserhöhung bekommen, leiden seit Schröders Auftritt in der Elefantenrunde unter einem postelektiven Trauma, sitzen am Samstagvormittag in unserem ungeheizten, zugigen Büro und sind seit zwei Wochen ohne Redaktionsassistentin.

Sollte also etwas dran sein an der Wiedergeburt, so bitten wir die zuständige Instanz schon heute höflich darum, in einer späteren Existenz entweder als Mao Tse-tung, Rockmusiker oder Sektenführer Berücksichtigung zu finden, da ist das Leben lustig. So berichtet *Bild* über den bärtigen Sekten-Guru Rael: »Ein langbeiniges Mädchen im Minirock lässt aufreizend die Hüften kreisen. Gierige Blicke eines Mannes mit weißem, gestutztem Bart verfolgen sie. Dann fragt er: ›Willst du mein Engel werden?‹ Das Mädchen haucht: ›Ja.‹«

*Eigentlich würden wir ja schrecklich gern mal so richtig harten Enthüllungsjournalismus betreiben, also zum Beispiel eiskalt veröffentlichen, dass Sabine Christiansen (61) von ihren Gästen künftig einen Hofknicks fordern will, oder Angela Merkels Modeberater als heimliches SPD-Mitglied bloßstellen, aber es gibt Wichtigeres, zum Beispiel Frau Merkels zutiefst empfundene Abneigung gegen das Aufdonnern. Von* Frau im Spiegel *gefragt: »Wie motivieren Sie sich im größten Stress?«, antwortet sie nämlich: »Dann träume ich davon, in bequeme Kleidung zu schlüpfen, durch den Garten zu laufen und zu schauen, ob mein Gemüse reift.« Doch. Passt. Das Interesse am Gemüse teilt Frau Merkel mit vielen Männern, die aber vordringlich junges Gemüse meinen. Wir persönlich sind da erstens sittlich enorm gefestigt, und zweitens besteht bei sehr jungen Damen natürlich immer das Plapperrisiko. Wie jüngst hier in Frankfurt, wo wir in einer Sushi-Bar die blonde Sabrina (19) kennenlernten, die wirklich so was von super aussah, dass wir sie gleich mit unserem neuen Foto-Handy 69-mal ablichteten. Doch im Laufe des Gesprächs sagte sie in einer Wahnsinnsgeschwindigkeit Sachen wie:* »Manchmal hätte ich ja schon so Lust, keine Ahnung, äh, so Bücher zu lesen, so, keine Ahnung, Romane oder so was, weiß auch nicht, oder wie heißt das, keine Ahnung, was sich so reimt, so, keine Ahnung, Gedichte? Und du arbeitest also bei 'ner, keine Ahnung, Zeitung oder Zeitschrift? Wo man immer so, keine Ahnung, diese äh, Artikel schreiben muss, ist das nicht voll retro?« *(11. 9. 2005)*

Ähnlich heiter gestaltet sich der Alltag als Musiker. Die Jungs von der Magdeburger Band »Tokio Hotel« sind zwar erst 16 bis 18, bekommen aber, wie *Bunte* nachzählte, kistenweise Fanpost inklusive Tausender von Briefen, in denen Mädchen winseln: »Bitte, bitte, ich möchte mit dir schlafen.« Oder nehmen Sie die

Stones. Stehen zwar unmittelbar vorm Renteneintrittsalter, kriegen aber immer noch beinahe jeden Wunsch erfüllt. So hat laut *Bild* der Autor Ben Schott in seinem »Sammelsurium« einmal zusammengestellt, welche Verpflegungsansprüche Popmusiker in ihre Verträge schreiben lassen. Die »Beach Boys« beispielsweise verlangten »1 kleines Schälchen weiße Pistazien«, Frank Sinatra wollte immer »24 eisgekühlte Riesengarnelen«, doch die »Rolling Stones« forderten zum Vernaschen natürlich »elegante, gepflegte Hostessen, die beim Servieren helfen«. Jaja, beim Servieren.

Jetzt die Neuigkeiten aus den Königshäusern. Prinz Harry, Dianas Jüngster, hat sich aus Anlass seines 21. Geburtstages sehr positiv über seine Stiefmutter Camilla geäußert (»Wir lieben sie sehr und kommen wirklich gut mit ihr klar«), auch mit seinem Bruder William, dem Thronfolger, versteht er sich bestens. Am niederländischen Hofe bringt Prinz Willem-Alexander nach *Echo der Frau* ein »großes Liebesopfer für seine Máxima«, das offensichtlich darin besteht, seine Gattin nicht zu einem dritten Kinde zu drängen, weil die sich mehr um die 120 000 holländischen Pfadfinder kümmern möchte. In Norwegen ist nach Darstellung von *Das Neue Blatt* Mette-Marit zu ihrer Mutter geflohen, weil die Kronprinzessin leider »schwanger, krank und mit den Nerven am Ende« ist. In Spanien haben die hübsche, zarte Letizia und ihre Schwiegermutter dermaßen Stress, dass sie nach den Beobachtungen von *Echo der Frau* in den Palastgängen »grußlos« aneinander vorbeigehen. Und am deutschen Königshof? Da passiert wenig. Nur seine Überheblichkeit Joseph I. hat beleidigt erklärt, er werde nicht mehr zur Verfügung stehen, außer für höchste Ämter.

Ein anderer von Stand, Prinz Ferfried von Hohenzollern (62), zeigt jetzt in *Bunte* die gemeinsame Wohnung mit viel Gold, Glitzer und Tand, in die er mit Tatjana Gsell (34, sieht aber älter aus) eingezogen ist. Frau Gsell kennt das Leben und weiß, was Männer wollen: »Wenn wir essen gehen, streiche ich ihm das Brot. Ich frage ihn, was er trinken will, und gebe Eiswürfel in seinen Wein. Ich schaue, dass es ihm gutgeht. Das ist meine Art. Das gefällt den Männern.«

Wohl wahr. Mao Tse-tung hätte sich aber mit Eiswürfeln und Butterstullen kaum zufriedengegeben. 1966 vergnügte er sich im abgeschirmten Regierungssitz »mit zwei Dutzend blutjungen Mädchen«. Der *stern* findet das so erregend, dass er darob ins Präsens narrativum fällt: »Dann wählt Mao die fünf hübschesten aus und zieht sich mit ihnen zurück. Mao steht auf Sex mit mehreren Frauen. Die Mädchen empfinden es als Ehre, sich dem ›Großen Vorsitzenden‹ hinzugeben.«

Mao. Die Stones. Der Sektenführer. Und wir? Wir müssen *Neue Welt* und *Das Neue Blatt* lesen (»Kronprinzessin Mary – Jetzt muss sie ganz tapfer sein«, »Udo Jürgens verlassen! Jetzt jammert er seiner Frau hinterher«). Neulich aber in der Reinigung hier bei uns in der Frankenallee stand diese umwerfende Kroatin oder jedenfalls Osteuropäerin neben uns. Kellerdunkle Augen, brauner Teint, rassige Nase, umwerfende Figur. Wir schauten sie gierig an und fragten: »Willst du mein Engel sein?« Sie hauchte: »Bescheuert, ey?« (25.9.2005)

## Große Nähe

ls Erstes aber wollen wir Ihnen, liebe Rita Süss-
muth (68), von Herzen Anerkennung aus-
sprechen. Wie Sie mit Sprache umgehen, das ist wirklich
einmalig. In *Bunte* sagen Sie wiederum herrlich verdreht
und verschwurbelt, was Sie von einer Bundeskanzlerin
Merkel erwarten: »Dass sie all ihre Stärken für unser
Land einsetzt und eine große persönliche Nähe zu den
Menschen praktiziert.«

Bleiben wir bei der Politik. Neulich stand ja im *Spiegel*, wie abhängig der Edmund Stoiber (64) von seinen
Beratern sei. So habe er bei einem Redaktionsbesuch
im *Münchner Merkur* von seinen Leuten so Zettelchen
zugeschoben bekommen: »Nicht vertiefen«, habe da
gestanden, oder »Jetzt Thema wechseln«. Ulkig, oder?
Na ja, egal, wir dürfen uns nicht verzetteln, wir müssen
vielmehr Mitleid aufbringen für Robbie Williams. Der
britische Sänger hat zwar einen mit 80 Millionen Pfund
dotierten Plattenvertrag, aber er bekennt im *stern*: »Ich
habe alles – außer Liebe.«

Was allerdings auch daran liegen mag, dass er in Los
Angeles lebt, diesem weltbekannten Natternnest, wo
nach Robbies Ansicht die Frauen »so gottverdammt
neurotisch sind«. Das scheint nicht ganz ohne Folgen
geblieben zu sein, zieht man das insgesamt leicht pro-
blematische Frauenbild des Sängers in Betracht. Auf die
Frage, was er täte, wäre er eine Frau, sagt er: »Ich kaufe
mir einen dicken Notizblock und schreibe alles mit, was
ich denke. Dann werde ich endlich kapieren, was in den

Köpfen von Frauen los ist, wenn sie wieder einen dieser beschissenen hysterischen Anfälle haben.« Sehr interessant, zu diesem Thema würde uns auch einiges einfallen, unglaubliche Dinge könnten wir Ihnen erzählen, aber Moment mal bitte. Soeben kommen unsere Redaktionsassistentinnen Katrin und Kerstin in ihren knallengen schwarzen Hosen ins Büro gestöckelt und halten uns einen Zettel hin: »Nicht vertiefen.«

Okay, dann wenden wir uns eben einem anderen Thema zu, zum Beispiel den Frauen. Wir lieben Frauen schon deshalb über alles, weil sie oft so rätselhaft sind. So sagt beispielsweise in *Das Goldene Blatt* die blinde Sängerin und Schauspielerin Joana Zimmer (22), der Mann ihrer Träume solle unter anderem dunkelhaarig sein. Und die wunderschöne Ex-Gymnastin Magdalena Brzeska (27), mit der sicherlich nicht nur Mathematiker

---

*Veronica Ferres gefällt uns, weil sie zu ihren Schwächen steht. Von* Bunte *gefragt, ob sie irgendwann schon einmal vor Scham am liebsten in den Erdboden versunken wäre, berichtet sie wahrheitsgemäß von einem Zusammentreffen mit dem Ehepaar Stoiber: »Nett, Sie kennenzulernen«, sagte Frau Stoiber, »meine Tochter heißt übrigens genauso wie Sie.« »Echt?«, staunte Frau Ferres nicht schlecht, »die heißt auch Ferres?« »Nein, Veronica.« (2. 10. 2005)*

---

gern eine Kurvendiskussion führen würden, äußert in der *Bild-Zeitung*: »Ich steh total auf sexy Unterwäsche«, und fügt hinzu: »BH muss nicht sein. Aber ohne Höschen gehe ich nicht aus dem Haus.«

Eine nicht neue, aber dennoch interessante These vertritt Paula Lambert in der Männerzeitschrift *GQ*.  Demnach hat jede Frau in ihrer Schwiegermutter deshalb eine natürliche Feindin, weil die Mütter, während die Ehefrauen ihre Männer über den Sex beherrschen, Macht über ihre Söhne verlieren: »Darum wünschen sie sich für ihre Söhne langweilige Blondinen in beigefarbenen Kostümen mit Perlenohrringen und hochgesteckten Haaren.«

Wie wir jetzt von Blondinen auf Hera Lind (48) kommen, wissen wir auch nicht. Wir waren allerdings in den vergangenen zwei Jahren extrem dankbar, dass uns diese Fröhlichkeitsterror verbreitende »Autorin« nicht von jedem zweiten Knallblatt-Titel angrinste. Jetzt aber scheint sie wieder ins Öffentliche zu drängen und empfiehlt allen Paaren, gemeinsam zu joggen und dabei die anstehenden Probleme durchzukeuchen, was beim Ehepaar Lind-Lainer zu besten Erfolgen geführt habe: »Wir sind nach wie vor sehr verliebt.« Das ist prima, Frau Lind, aber das behalten Sie demnächst bitte alles schön für sich selbst, beziehungsweise besprechen Sie es laufend mit ihrem Mann. Ihnen aber, Fernsehpfarrer Jürgen Fliege, der Sie in *Das Goldene Blatt* ankündigen, demnächst in Amerika in einer Predigerfernsehshow aufzutreten, rufen wir fragend nach: »Wollen Sie nicht gleich dort bleiben?«

Zum Schluss eine wichtige grundsätzliche und leider nach wie vor ungeklärte Frage: Was zählt mehr, Ruhm oder Glück? Wir kamen darauf, als wir in *Bunte* lasen, dass unser deutscher Physiknobelpreisträger Professor Theodor Hänsch Junggeselle ist. Auf die Frage nach Frauenkontakten sagt er: »Wenn man die Nächte in Labors verbringt, ist das natürlich schwierig.« Stimmt. Und man muss es ja auch mal so sehen: Millionen deutscher Männer finden ihr Glück nächtens bei Frauen, aber nur eine Handvoll bekommt einen Nobelpreis.

Wir aber streben nicht nach Ruhm, sondern gehen in Urlaub. Drei Wochen. Erst Berlin, dann Karibik. Dort

suchen wir dann (danke, Frau Süssmuth, für die un-
erwartete Anregung) eine große persönliche Nähe. Zu
Katrin und Kerstin. (16. 10. 2005)

## Merkel verbissen

atürlich war es herrlich, mit Katrin und Kerstin drei Wochen auf dieser Insel in der Karibik zu verbringen. Allerdings gab es dort keine deutschen Knallblätter, wir verpassten auf diese Weise die fünfte Hochzeit unseres Außenministers und das neue Eheglück von Uschi Glas. Beiden wünschen wir von Herzen gutes Gelingen. Sollte es wider Erwarten aber nicht klappen, so bitten wir um Diskretion. Wir finden es nämlich schlimm, wenn Paare nach der Trennung übereinander herziehen. Was andererseits aber manchmal auch verständlich ist, etwa wenn man in *Bunte* liest, wie der Sänger Peter Schilling (Major Tom) völlig aufgelöst über seine Noch-Gattin berichtet: »Sie flog mit ihrem Freund nach Ibiza in den Urlaub. Einige Tage später bekam ich von ihm die Hotel- und Flugrechnung zugeschickt. Und ich war so dumm und hab's auch noch bezahlt.« Das ist wirklich schade, lieber Peter Schilling, aber grämen Sie sich nicht lange, sondern trösten Sie sich mit dem Lebensmotto des möglichen neuen SPD-Vorsitzenden Matthias Platzeck: »Fröhlich geht alles besser als schlechtgelaunt.«

Ähnlich denkt in *Das Neue Blatt* auch die Schauspielerin Whoopi Goldberg, die heiter in sich hineinmampft: »Ich liebe Pasta, Sahnesaucen und Schokoeis. Mein Hintern wird zwar immer größer, aber ich will dagegen nichts mehr tun.« Auch Angela Merkel könnte gern etwas lockerer werden, denn manchmal wirkt sie leicht verbissen. Bei Ebay jedenfalls wurde jetzt nach *Bild*-Angaben ein gelber Textmarker mit dem Hinweis angeboten: »Hat ein paar Bissspuren, die wahrscheinlich von Frau Merkel sind.« Das Stück ging weg für einen Euro.

Auch nicht besonders hoch im Kurs stand jetzt Camilla bei ihrem Besuch in Amerika. »Die Fotos von ihr und dem britischen Thronfolger«, weiß *Neue Welt*, »standen nicht auf den Titelseiten, sondern irgendwo weit hinten. Das kränkte Camilla doch sehr!« Dabei hatte sie alles so gut vorbereitet. Mehr als tausend Roben hatten die Modeschöpfer Camilla zur Auswahl vorgelegt – »eine kaum glaubhafte Zahl«, findet selbst die in Modefragen unerschrockene *Bunte*, die sich im Übrigen abermals politischen Themen nicht verschließt und rückblickend über die arme Rita Süssmuth schreibt, dass Helmut Kohl sie immerfort demütigte und »sie bei einem Termin im Kanzleramt eine Dreiviertelstunde im Wartezimmer verharren musste, um dann nicht vorgelassen zu werden«. Das war ja nun echt nicht nett von Helmut Kohl, aber uns plagt eine ganz andere Sache. Wir wollen es offen aussprechen, es handelt sich um nackten Neid. Auf die Promis. Weil sie es so leicht haben. Mit den Frauen.

Nehmen Sie Fürst Albert von Monaco (47). Er ist ja nicht unsympathisch. Aber hätte er andere Eltern, würde ihn jedermann für einen freundlichen, leicht zur Korpulenz neigenden Sozialversicherungsfachangestellten mit Stirnglatze halten. Eine hübsche junge Frau würde in der S-Bahn vielleicht einen kleinen wohlwollenden Blick auf ihn werfen und sich dann sofort wieder in ihre *Brigitte* vertiefen und weiter das 28 Seiten starke Sonderheft »Wunderbare Weihnachtsplätzchen« studieren. Nun ist er aber der Fürst von Monaco. Und nur deshalb bricht die zum Niederknien supersüße Miss Germany Shermine Sharivar (53 Kilo, 1,74 Meter, Traummaße 88-65-88) in *Frau im Spiegel* gleich in jung-

mädchenhafte Schwerstbegeisterung aus: »Also, wenn man jemanden wie Fürst Albert trifft, dann ist das wie ein Traum. Gerade in meinem Fall. Wenn man als einfaches Mädchen und Studentin aus Aachen einen solchen Menschen kennenlernt, ist das wie ein Märchen.« Also nur wegen seiner Prominenz und vielleicht, weil er mit ihr im 61. Stock des Trump Towers Champagner getrunken hat, schmilzt das engelsgleiche Wesen gleich dahin, es ist wirklich ungerecht und gemein. Allerdings haben solche Promis vielleicht eine Sicherheit des Auftretens und eine gewisse Verwegenheit, die auch Gunter Sachs (72) an den Tag legte, als er mit seiner heutigen Ehefrau Mirja anbandelte. In *Das Neue Blatt* erinnert er sich: »Ich bin '69 mit ihr, sie war Fotomodell, nach Rio geflogen. Beim Aussteigen strich ich ihr übers Näschen und sagte: Mädchen, eines Tages heirate ich dich.« Natürlich haben wir das auch gleich versucht. Doch die Servierkraft im Restaurant des Bürgerhauses bei uns hier im armen Gallusviertel fauchte gleich los: »Nehmen Sie Ihre Finger aus meinem Gesicht.«

Gottlob bleiben uns ja noch Kerstin und Katrin. Die beiden sind wirklich sehr niedlich und nett. Manchmal kommen sie hier in der Redaktion auf den Schoß, und wir blättern zu dritt in *Bunte*. Dort faselt der Deutschland-Chef von Cartier etwas von der »Demokratisierung des Luxus«. Dann dürfen Katrin und Kerstin sich aus *Bunte* etwas zu Weihnachten aussuchen, etwa einen Panthère-Ring für 11 600 Euro oder einen Diamantenohrring (Preis auf Anfrage). Das dürfen die beiden ganz allein entscheiden. Wir nennen das den Luxus der Demokratisierung. (13. 11. 2005)

## Vater Merkel voll cool

Lange rätselten wir, warum es uns unmöglich ist, länger als zehn Minuten Herrn Reinhold Beckmann beim Verfertigen seiner TV-Sendung zuzuschauen. Jetzt wissen wir es. Er hatte diese Woche die Schauspielerin Diane Kruger zu Gast und fragte sie: »Warum hat Wolfgang Petersen dich ausgesucht?« Und Diane Kruger antwortete: »Da müssen Sie ihn selber fragen.« Jemanden aber zum Schein zu duzen, um offenbar darlegen zu wollen, dass man mit den Großen und Schönen dieser Welt auf einer Stufe steht, das ist klebrig, doof und ekelig.

Jetzt aber zu Ihnen, Frau Bundeskanzlerin, und erst einmal herzlichen Glückwunsch. Doch sagen Sie, hätten Sie nach der Wahl nicht ein ganz klitzekleines Glücksgefühl zum Ausdruck bringen können? So einen Juchzer oder Luftsprung oder nur ein riesengroßes Lächeln? Wie? Sie halten es da eher mit Ihrem Vater Horst, der der *Financial Times Deutschland* drei Minuten nach der Wahl sagte: »Nein, ich bin nicht stolz. In dieser Kategorie denke ich nicht. Ich nehme es einfach zur Kenntnis.« Voll cool, der Mann: Da ist seine Tochter, sein eigen Fleisch und Blut, mal eben die erste Kanzlerin der Bundesrepublik Deutschland geworden, und er nimmt es einfach zur Kenntnis. Dass aber Frau Merkels Gatte nicht zum Amtseid erschienen war, das irritierte vor allem die *Bild*-Zeitung, die sich bang fragte: »Wie funktioniert die Merkel-Ehe?« Um dann einigermaßen beruhigt zu antworten: »Angela Merkel und ihr Mann schlafen nicht in getrennten Betten!« Hut ab

vor so viel Recherche-Elan. Dieses Kompliment geht aber auch an *Neue Revue*. Das Blatt hat nicht nur die Konfektionsgröße der Kanzlerin ermittelt (42 bis 44), sondern weist auch auf sparsame Wesenszüge der Politikerin hin: »Benutzt nicht ganz runtergebrannte Adventskerzen vom Vorjahr.« Doch genug von deutscher Politik, blicken wir lieber nach Japan. Dort verwandelt sich eine Prinzessin gerade in ein Aschenputtel. Sayako (36), die schüchterne Tochter des Tenno, führte bislang im Palast ein seltsam ereignisarmes Leben: »Alles wurde ihr abgenommen«, weiß *Bunte*. »Ihre einzige Aufgabe war es, ihrem Vater, Kaiser Akihito, 71, die Zeitung zu bringen.« Jetzt aber hat sie doch noch einen abbekommen, lebt mit Mann und Schwiegermutter auf 60 Quadratmetern, muss »eine Haushaltsschule besuchen und den Führerschein machen«. Ja, diese Rückkehr aus dem Kosmos der Privilegien in die Welt der Normalos ist schon hart. Sie betrifft aber nicht nur Prinzessinnen, sondern auch abgewählte Außenminister wie Klaus Kinkel, der sich in *Bunte* an seine ersten Tage im wirklichen Leben erinnert: »Ich habe nicht einmal die Tür des ICE zum Aussteigen öffnen können und fuhr deswegen unfreiwillig eine Station weiter.«

Schön ist das nicht, doch gibt es Schlimmeres. Zum Beispiel die Trennung Til Schweigers von seiner Ehefrau Dana. In umfangreichen Interviews haben sie zu erkennen gegeben, dass sie sich wegen der Kinder auch weiterhin gut vertragen wollen. Als Grund gibt der Schauspieler in *Bunte* an, »dass wir zu wenig Zeit füreinander haben und zwei Leben nebeneinander herleben«. Doch er fügt hinzu: »Es gab Ausrutscher, die ich Dana gebeichtet habe.« In *Neue Revue* liest sich das noch ein bisserl heftiger: »Wie das Filmvölkchen so ist, manchmal wurden die Frauen bei einem Gläschen Champagner direkt darauf angesprochen: ›Sag mal, wie lange geht

das schon mit dir und dem Til?‹ Antwort: ›Äh.‹ Und hochroter Kopf.« Wer nun aber den Stab bricht über Til Schweiger, der ahnt vermutlich nicht, welche Chancen ein so prominenter und gutaussehender Mann hat. Ein Foto zeigt ihn, wie sich auf einem roten Sofa die hübsche Johanna Wokalek an ihn drängt. Sie hat astreine

*Was ist eigentlich bei der Motivwahl zu beachten, wenn man sich tätowieren lassen will? Diese Frage, die uns schon lange quält, richtet der* stern *an Lemmy Kilmister, der seit 30 Jahren in der Krachmacher-Band »Motörhead« spielt – »ein tätowierter Mann mit grimmigem Blick, der in seinem Leben so ziemlich jede nur denkbare Droge konsumiert haben dürfte«. Was rät er? »Nimm niemals Donald Duck als Motiv! Zwei Jahre – und du hasst ihn. Nimm irgendwas, an was du glaubst.« Okay, dann nehmen wir Angela Merkel und Robbie Williams. Frau Merkel, weil sie total süß aussieht, und Robbie Williams (31), weil er ganz anders ist, als alle denken.* Bunte *jedenfalls weiß: »Freunde beschreiben ihn als ungewöhnlich freundlich, bescheiden, fast schüchtern.« In einem gewissen Gegensatz dazu schreibt* Bild*, ein perfekter Abend sehe für den Sänger so aus: »Eine Flasche Tequila und zwei Stripperinnen.« Und die einzige Phrase, die er auf deutsch beherrsche, laute: »Alles fit im Schritt?« (9. 10. 2005)*

Beine und trägt ein Seidenkleid, das man schon wegen des Materials gern anfassen würde.

Auch Eros Ramazzotti hat als Schmusesänger natürlich allerbeste Chancen bei Mädels und Königinnen. In seinen Erinnerungen schreibt er: »Als die schwedische Königin mich nach einem Konzert kennenlernen wollte, hatte ich gerade Sex unter der Dusche mit einem wahnsinnig tollen Mädchen. Ich habe versucht, mich

möglichst zu beeilen. Als wir fertig waren, lief ich hin, um die Königin zu begrüßen.« Ja, oft ist es schon besser, man weiß gar nicht, was die Menschen, ehe man sie begrüßt, vorher in der Hand hatten. Übrigens hat Joseph Fischer nach den Beobachtungen von *Bild* bei der Vereidigung des neuen Kabinetts allen Ministern gratuliert, nur seinem Intimfeind Michael Glos gab er nicht die Hand. Der nahm es sportlich: »Ich bin darauf sogar ein bisschen stolz.« Aber Moment, jetzt will Redaktionsassistentin Kerstin uns endlich ihren neuen Bikini vorführen. Mein Gott, sieht sie umwerfend aus, so grazil und dennoch gerundet. Ein Kollege geht vorüber und fragt anerkennend: »Sind Sie nicht stolz auf Ihre Kerstin?« Wir aber cool: »Stolz? Wir nehmen es zur Kenntnis.« (27.11.2005)

## Warum so bescheiden?

Immer, wenn wir was zu lachen brauchen, machen wir den Stoiber. Wir können dessen Originalzitat längst auswendig und bitten Sie, liebe Leser, es jetzt einmal laut mitzulesen. Achtung, fertig, los: »Wenn Sie vom Hauptbahnhof in München, mit zehn Minuten, ohne dass Sie am Flughafen noch einchecken müssen, dann starten Sie im Grunde genommen am Flughafen, am, am Hauptbahnhof in München, starten Sie Ihren Flug. Zehn Minuten, schauen Sie sich mal die großen Flughäfen an, wenn Sie in Heathrow in London oder sonst wo, meine s-, ChaCharles de Gaulle, äh in Frankreich oder in äh, in, in, äh, in Rom, wenn Sie sich mal die Entfernungen ansehen ...« Wunderbar, Herr Stoiber, dieses Zitat ist nicht nur erheiternd, sondern es zeigt uns auch, dass Politik Menschenwerk ist. Aber war sie das nicht immer? Hatte nicht Bundeskanzler Dr. Helmut Kohl einst in einem Bonner Lokal zum Wirt gesprochen: »Ja, aber für mich ohne Knoblauch. Tu dem Rühe dafür die doppelte Menge drauf, damit er richtig schön stinkt und ihm alle seine Frauen weglaufen«? Doch, so war es, aber jetzt genug von Politik.

Es gibt nämlich Wichtigeres, zuvörderst die Frage, ob hinter Udo Jürgens' Scheidungsabsicht eine junge Frau (35) steckt, die von dem 71-Jährigen ein Baby bekommt. *Bunte* ging der Angelegenheit offensichtlich ungern nach, fühlte sich aber wohl gleichsam verpflichtet, Gerüchten nachzuspüren, »die dichter waren als das Schneetreiben in den Tiroler Alpen«. Udo Jürgens sagt

zu den Babygerüchten: »Ja, wieso weiß ich das nicht? Wieso habe ich davon noch nie was gehört?« Klingt überzeugend. Noch-Ehefrau Corinna lächelt *Bunte* dagegen vielsagend an: »Da müssen Sie die beiden schon selbst fragen.« Gegen die Wahrscheinlichkeit einer Beziehung zu der jungen Frau (35) spricht allerdings deren zwar sympathische, aber nicht ins Udo Jürgens-Beuteschema passende etwas üppigere Figürlichkeit.

Gut, am Aussehen lässt sich ja immer etwas ändern, und wer die Serie in *Revue* über den Chirurgen Mang liest, mag auf die Idee kommen, zum nächsten Fest ein kleines Operatiönchen zu verschenken. Der Effekt jedenfalls kann ganz enorm sein – wie bei der Frau, die einen neuen Busen bekam: »Sie trägt ein weißes, langes Nachthemd. Sie schluchzt. Ihr Mann will sie in den Arm nehmen, traut sich aber nicht – die frischen Narben. Er sagt: ›Aber Liebling, warum weinst du denn?‹ Seine Frau wischt sich die Tränen weg. Stockend haucht sie: ›Er ist so schön, so schön.‹«

Na prima. Natürlich gibt es auch Frauen, die keiner Nachbesserung bedürfen. So wie Sarah Kern. Sie hat, wie *Bunte* weiß, beste Chancen bei den Männern, aber das kommt natürlich auch viel von ihrer sagenhaften Bescheidenheit: »Das hört sich jetzt vielleicht eingebildet an, aber vermutlich liegt es an meiner klassischen Ausstrahlung: ein bisschen Catherine Deneuve in Jung, etwas Businessfrau mit kühler Eleganz, aber auch junges Mädchen, das ungeschminkt in der U-Bahn Charisma ausstrahlt.«

Muss ja eine Wahnsinnsfrau sein, wir würden uns gern mal in der U-Bahn von ihrem Charisma bestrahlen lassen, sind aber einerseits mit unserer neuen Redaktionsassistentin Slava (kommt irgendwo aus Osteuropa, dunkler Typ, superhübsch, tolle Beine, sanftes Wesen) aufs Angenehmste beschäftigt, müssen anderer-

seits aber auch noch Lothar Matthäus bedauern und Sie, liebe Ehepaare, vor dem Doppelkopfspielen warnen, und das dringend. Lothar Matthäus tut uns wegen seines Rückens leid, denn er äußert in *Bunte*: »Hier wird schmutzige Wäsche auf meinem Rücken gewaschen«, hoffentlich nicht im Kochwaschgang. Doch falls Sie verheiratet sein sollten und gelegentlich mit einem anderen Paar Doppelkopf spielen, dann seien Sie gewarnt, da besteht die Gefahr der Blitzliebe. Wir wissen das aus *Frau im Spiegel*: »Zwei Ehepaare treffen sich zehn Jahre lang zum Doppelkopf, und von einer Minute zur anderen – vielleicht während die Partner in der Küche sind, um Nachschub an Nüssen und Bier zu holen – kommt die Liebe über sie. Er greift nach ihrer Hand, sie sieht ihn an, Sekundenbruchteile, und alle vier haben ein Problem.« Sehen Sie, jetzt wissen Sie Bescheid, spielen Sie lieber Canasta, das ist sicherlich ungefährlicher.

Tja, für uns beginnt jetzt das Wochenende. Wir lehnen uns ein wenig zurück und machen Slava den Stoiber: »Wenn du jetzt schnell mit der Bahn, äh, der S-Bahn, äh, der Straßenbahn nach äh, sag schnell, nach Hause, dann kannst du den, wie heißt's noch, den äh, den Koffer, und dann pack ich den Dings, den Koffer von mir auch schnell, und dann am Flughafen, äh, in Heathrow in London oder sonst wo, meine s-, ChaCharles de Gaulle, äh in Frankreich, nee, in Frankfurt abfliegen, dann führen unsere Wege äh, nach äh, nach, nach, äh, nach Rom.« (15. 1. 2006)

## Wollten Sie was?

So ungern wir es tun, so dringend müssen wir uns jetzt doch einmal mit dem Seitensprung befassen. Denn uns dünkt, dass man sich des Themas nicht nur unter so negativen Vorzeichen annehmen muss wie Heiner Lauterbach, der laut *Revue* gesagt hat: »Wenn einer mit meiner Frau schläft, dann schlage ich ihm auf die Fresse.« Nein, direkt neben dem Beitrag »Gesichtshaare richtig entfernen« finden sich in *Frau im Spiegel* ausgesprochen ermutigende Worte: »Ein Seitensprung muss kein Symptom für eine ohnehin marode Beziehung sein.« Auch die Schauspielerin Iris Berben findet in *Revue* einen Fehltritt nicht so arg: »Weil ich dahinter auch eine Chance sehe: Dass man sich wieder mehr Gedanken macht, ob man selber derjenige ist, der ein Defizit in dem anderen entstehen lässt.« Woran es lag, dass der Schauspieler Dominic Raacke und seine Frau Kika auseinandergehen, weiß selbst *Bunte* nicht so genau. Doch auch diese Beziehung war ja einst glücklich, denn Herr Raacke schwärmte früher: »Kika ist eine Sexbombe. Das ist nicht nur Fassade. Das ist Vollmilchschokolade.«

Apropos »Fassade«: Wie steht es eigentlich mit jenem Dauerseitensprung, den man vielleicht auch als Doppelleben bezeichnen könnte? In dieser Angelegenheit müssen wir jetzt mit dir, König Juan Carlos von Spanien, mal ein ernsteres Wörtchen wechseln. Stimmt es, dass dir deine »persönliche Freiheit über alles geht«, wie

*7 Tage* unterstellt? Trifft es zu, dass du »nach Familienfeiern möglichst schnell das Weite« suchst? Dass du gar eine eigene Penthouse-Wohnung unterhältst? Dass dir in dieser Wohnung auch heute noch die Herzen der Frauen zufliegen? Soso, dann denke doch bitte mal daran, dass du immerhin schon 68 bist und *7 Tage* über deine Frau schreiben muss: »An ihrem Herzen nagt ein großer Kummer.« Höre mal, König, wir Männer müssen zu den Frauen lieb sein, wir dürfen ihnen keinen Schmerz bereiten – übrigens auch im eigenen Interesse. Denn es kann ja nicht lustig sein, als Mann im Alter allein dazustehen. Findet auch Udo Jürgens (71). Er geht zwar bald wieder auf Tournee, sicher werden ihm dann aus vielen weit geöffneten Blusen wieder viele Frauenherzen zufliegen, doch mit dem süßen Leben, das weiß er selbst, kann es nicht ewig so weitergehen: »Manchmal habe ich Beklemmungen, wenn ich über meine Perspektiven nachdenke, die ich als älterer, alleinstehender Herr habe.« Freilich haben manche alte Knaben ja auch Glück. Jean-Paul Belmondo ist 72, geht nach einem Schlaganfall am Stock, doch seine Ehegefährtin Nathalie (44), eine hübsche Ex-Tänzerin, kümmert sich auf den Fotos in *Revue* reizend um ihn. Und jetzt fragen wir Sie, Leser: Würde sich auch ein 44 Jahre alter Mann so liebevoll um seine 72 Jahre alte Frau kümmern?

Wir glauben, nein. Wir denken, Frauen sind die besseren Menschen. Aber wir können ja Bibi Johns fragen, die, wie Sie alle wissen, mit ihren 76 Jahren nicht nur klasse aussieht, sondern einen 40 (in Worten: vierzig) Jahre jüngeren Freund hat. Sie sagt in *Echo der Frau*: »Mein Liebster schenkt mir oft rote Rosen. Oder er legt mir kleine Zettelchen mit Liebesbotschaften auf den Tisch. Und so einen Mann sollte man gut festhalten.« Richtig.

Zwar nicht festhalten, aber doch heftig loben wollen

wir den Sänger Zoran Todorovich. Und zwar, weil er uns in *Bunte* einen wunderbaren Einblick in die Zickenkriege der Opernwelt vermittelt, und zwar anlässlich einer Begegnung von Anna Netrebko mit der echten Qualitätssängerin Edita Gruberová: »Da streckte Anna ihr die Hand entgegen: ›Ich bin Anna Netrebko.‹ – ›Ja, ja‹, sagte Edita ziemlich gelangweilt: ›Ist okay, wollten Sie was von mir?‹ – ›Sie waren phantastisch‹, sagte die Netrebko. ›Danke sehr‹, entgegnete Edita Gruberová und verschwand.«

Wir verschwinden jetzt auch gleich mit Slavka ins Wochenende, müssen aber noch kurz über Einbürgerungen reden. Dauernd sind die Zeitungen ja jetzt voll mit Berichten darüber, wie schwer es ist, eingebürgert zu werden, und welche Fragebögen da ausgefüllt werden müssen oder sollten. Aber bei Sportlern scheint es schnell und leicht zu gehen, wenn man Deutscher werden will. Das war uns 1996 schon bei den Olympischen Spielen aufgefallen, als unsere Spitzenkräfte Zoltan Lunka und Oktay Urkal hießen, Alfred Ter-Mkrtychan, Arawat Sabejew und Alina Astafei. Jetzt gibt es eine deutsche Eiskunsthoffnung, sie heißt Aljona Sawtschenko und wurde, reiner Zufall, sechs Tage vor der Europameisterschaft eingebürgert.

»Möchtest du eigentlich auch eingebürgert werden?«, fragen wir gerade unsere Redaktionsassistentin Slavka. Sie stammt aus Bulgarien, ist ganz zart, Konfektionsgröße 34, und superlieb. »Au ja«, ruft sie aus der Teeküche hier bei uns im 5. Stock, wo sie uns gerade einen Punsch kocht, »dann würde ich zu Udo Jürgens ziehen und ihm im Alter beistehen und ihm Champagner mit der Schnabeltasse einflößen.« Sehen Sie, Frauen sind eben wirklich die besseren Menschen. (29. 1. 2006)

193

# Es war bezaubernd

Lassen Sie uns über Geld reden. »Geld ist immer gut«, hat Heiner Müller gesagt, »Geld gibt Freiheit.« Ob »Deutschlands berühmtester Stimmungssänger« Tony Marshall (67) in diesem Sinne noch seine Freiheit genießt, wissen wir nicht, aus *Bild* erfahren wir aber, dass er hohe Schulden hatte: »Meine 47 Oldtimer und meine Villa in Florida musste ich verkaufen.« Doch falls Sie 1,5 Millionen Euro locker haben, können Sie des Sängers 16-Zimmer-Haus in Baden-Baden erwerben. Und sich ein bisserl wundern, dass man mit Liedzeilen wie »Wir singen trallala / Und tanzen hoppsassa / Wir wollen fröhlich sein / Und uns des Lebens freu'n« doch offensichtlich eine Menge Schotter machen kann.

Aber eigentlich wollten wir mit Ihnen etwas anderes besprechen, nämlich wie man sich am besten entschuldigt, wenn einen die Frau beim Seitensprung ertappt. Lars Brandt enthüllt im *stern*, wie sich sein Vater Willy Brandt aus der Affäre zog: »Weil er lieber schreibt als redet, verfasst der gelernte Journalist auf offiziellem Papier (schwarzlackierter Prägedruck: Der Bundeskanzler der Bundesrepublik Deutschland) ein knappes Schreiben an die Gemahlin, er ›habe einen Blackout gehabt‹.«

Kennen Sie übrigens den Ausdruck »One-Night-Stand«? Sie haben das Wort noch nicht gehört, die Sache aber wie Willy Brandt praktiziert? Gut. Und wie verhalten Sie sich nach einer solchen aufs Kurzfristige angelegten Begegnung? Melden Sie sich noch einmal beim Objekt Ihrer vorübergehenden Begierde oder

194

nicht? Die Autorin von *Frau im Spiegel* vertritt da eine entschiedene Ansicht: »Ich habe nie verstanden, warum Menschen, die Sex miteinander hatten, danach nicht wenigstens ein einziges Mal telefonieren können.« Das leuchtet ein. Wem aber ein Telefonat zu intim erscheine, solle wenigstens auf dem Anrufbeantworter eine Botschaft hinterlassen: »Es war bezaubernd, ich bin allerdings seit 30 Jahren verheiratet und möchte es bleiben.«

Also, das klingt ja noch einigermaßen charmant, aber schrecklich erscheint es uns, wenn ehemals Liebende übereinander so unangenehm sprechen wie Nick Solderblom, der in *Bunte* über die Bett-Qualitäten seiner Ex-Verlobten Nicolette Sheridan sagt: »Ich gebe ihr höchstens zwei von zehn Punkten.« Auch nicht besonders nett hat sich in *Frau im Spiegel* die schlanke, intellektuelle Millionen-Erbin Jemima Khan (31), die Freundin des hübschen Hugh Grant (45) geäußert: »Das Problem ist, dass Hugh immer mit recht geistlosen Mädchen unterwegs war.« Das hat natürlich Liz Hurley auf die Palme gebracht, die immerhin ein paar Jährchen mit Hugh verbracht hatte. Ein Freund: »Dass Jemima jünger, schöner und reicher ist als sie, macht sie fertig!« Tja, Frauen untereinander sind gelegentlich ein wenig missgünstig. Wie in *Revue* auch der »Mörtel« genannte Bauunternehmer Richard Lugner bestätigt, der sich diesmal für den Wiener Opernball Carmen Electra (Körbchengröße Irrsinn) eingekauft hat. Mörtel über seine Frau Mausi: »Diesmal ist sie nicht ganz glücklich mit der Wahl. Mein Mausi ist nicht so entzückt von vollbusigen Damen.«

Wir schon, wollen das aber nicht vertiefen, weil wir erst einmal die Redaktion von *Revue* dafür tadeln müssen, dass sie in einer Modekritik über das Abendkleid unserer Bundespräsidenten-Gattin Eva Luise Köhler

schreibt: »Wo gehts zum Sackhüpfen?«, und es doch eigentlich mit Apostroph heißen müsste: »Wo geht's zum Sackhüpfen?« Wir müssen dies also ebenso rügen wie die etwas anrüchige *Bild*-Schlagzeile über Henri Matisse: »Sein Pinsel machte die Frauen verrückt«, wenngleich wir nicht einen gewissen Neid auf den Maler verhehlen wollen, über den es heißt: »Mit einer Agentur schließt er einen Vertrag ab, der ihm pro Tag drei neue Modelle garantiert – die er nicht nur malt.«

Jetzt zu zwei ernsten und wichtigen Themen. Zunächst eine dringende Bitte an alle Muttis: Seid lieb zu

*Viele Menschen machen sich nicht klar, wie schwierig es sein kann, als Promi ein gleichsam öffentliches Dasein zu führen. Würden Sie als Frau beispielsweise gern zur Kenntnis nehmen, dass die Leser des Männer-Magazins* FHM *Sie echt abtörnend finden? So geschah es der Kabarettistin Désirée Nick (45), die im Ranking der unerotischsten Frauen nur noch von Herzogin Camilla übertrumpft wurde. Aber nicht nur die Öffentlichkeit schaut kritisch auf die Promis, auch die eigene Familie legt oft höchste Maßstäbe an, jedenfalls beim Talkmaster Jörg Thadeusz (37), der in* Revue *(früher* Neue Revue*) über seine Mutter berichtet: »Sie ruft gern nach den Sendungen an und sagt: Mein Gott, bist du fett geworden. Mein Vater versucht, Anzeichen eines erhöhten Alkoholkonsums zu entdecken.« (8. 1. 2006)*

euren Buben, büttebütte. Seid jedenfalls nicht so grausam zu ihnen wie des Ex-Eiskunstläufers Hans-Jürgen Bäumlers Mutti, die sich, wie er in Bild berichtet, recht hässlich benahm: »Meine Mutter hat ständig gefordert. Meine Mutter verlangte immer nur – und wenn was nicht klappte, dann gab es Zoff bis hin zu Handgreiflichkeiten.«

Ach, das mögen wir gar nicht lesen, das schmerzt richtig, wie kann diese Welt nur besser werden? Na klar, durch »55 Tipps für eine bessere Welt«, wie sie dem sonst doch eher leicht zynischen *stern* zu entnehmen sind. Besonders gefallen haben uns Tipp 10 (»Kaufen Sie öfters Kleidungsstücke aus Bio-Baumwolle«) und Tipp 24 (»Verbringen Sie Ihre Zeit mit jemandem aus einer anderen Generation«). Haben wir gleich in die Tat umgesetzt und unsere bulgarische Redaktions-assistentin Slavka hereingebeten. Sie ist 20, kommt also eindeutig aus einer anderen Generation, sie ist total hübsch, und für ihre Figur geben wir ihr zehn von zehn Punkten. Wir schenkten ihr einen neuen Bikini und taten noch ein weiteres gutes Werk: Er war aus reiner Bio-Baumwolle. (5. 2. 2006)

## So streichelt die Liebe

Wissen Sie, wer uns diese Woche besucht hat? Kerstin und Katrin, unsere beiden ehemaligen bildschönen Redaktionsassistentinnen, die jetzt in Dubai leben. Sie waren mit dem Lear-Jet ihres neuen Arbeitgebers nach Paris zum Shopping geflogen und schauten auf einen Kaffee bei uns in Frankfurt in der Hellerhofstraße im 5. Stock vorbei. Und wie sie so verschmitzt lächelnd, braungebrannt und gertenschlank auf ihren Stilettos mit Fersenriemchen im Türrahmen des Zimmers 524 standen und wir drei uns im reinsten Wiedersehensglück in die Arme fielen, da mussten wir an unseren Bundestrainer Jürgen Klinsmann denken, der einst sagte: »Das sind Gefühle, wo man schwer beschreiben kann.«

Da die Fußball-Weltmeisterschaft näherrückt, haben wir uns mit der Materie ein bisschen näher beschäftigt und etliche Zitate bedeutender Ballkünstler nachgeschlagen und überdacht. Wir schwanken aber noch sehr, ob wir den Wanderpokal für die ausgeprägteste Intelligenz-Abstinenz an Steffen Freund (Borussia Dortmund, Tottenham Hotspur) vergeben sollen oder an Andreas Brehme (unter anderem Lautern, Inter, Bayern). Bei Brehme gefällt uns besonders gut seine Selbsteinschätzung »Ich komme gut an bei die Frauen«. Steffen Freund dagegen brillierte mit seinen (erotischen?) Erinnerungen: »Es war ein wunderschöner Augenblick, als der Bundestrainer sagte: ›Komm, Steffen, zieh deine Sachen aus, jetzt geht's los.‹« Beide Zitate entnahmen

wir dem bei dtv erschienenen Bändchen *Die Kickerbibel* von Harald Braun. Wir haben vor, im Zuge der WM noch öfter daraus zu zitieren, müssen uns jetzt aber einem wichtigeren Thema zuwenden: Der Liebe in reifen Jahren.

Unser Altbundeskanzler ist von ihr befallen, nein, nicht Schröder, sondern Kohl (75). Er war mit seiner Lebensgefährtin Dr. Maike Richter (41) ja hier bei unserem Frankfurter Opernball, und die Psychologen von *Revue* beobachteten, dass sie ihm die Wange streichelte: »Nein, das war nicht nur ein nettes Tätscheln. So streichelt Liebe.« Und dieses Streicheln führt auch zu strahlenden Erfolgen: »In Helmut Kohls schönen dunklen Augen ist wieder Glanz. Er freut sich auf jeden neuen Tag.« Das freut auch uns. Erstens für Helmut Kohl. Zweitens aber auch als Signal an die Menschheit, dass Zweisamkeit eine Erfolgsgeschichte bleiben kann. Wir betonen dies auch deshalb, weil *Bild* leider verkündet: »Immer mehr Frauen sagen zu ihrem Mann: Tschüs Schatz, ich liebe jetzt eine Frau!«

Flavio Briatore tut dies schon lange, hat sich aber umorientiert. In *Bunte* sagt er: »Ich ziehe jetzt jüngere Mädchen vor, die bedanken sich wenigstens noch nach einem Dinner.« Im Übrigen spricht noch etwas anderes fürs junge Gemüse: »Frauen über 32 sind viel zu aggressiv.«

Interessant. Aber mit noch größerer Aufmerksamkeit lasen wir in *Bunte*, welche Wörter Frauen prinzipiell unangenehm finden: sexuell, geil, diskret, Seitensprung, Maschine. Magisch angezogen fühlen Frauen sich dagegen durch folgende Begriffe: Geborgenheit, Kunst, verlässlich, Küsse. Flechten Sie also, liebe Männer, demnächst diese Wörter möglichst oft in Ihre Konversation, alle Blusen, äh Herzen werden sich Ihnen öffnen.

Auch wir wollen offen sein: Wir sind ja ein riesengro-

ßer Fan vom Edi Stoiber. Als wir jetzt lasen, man könne auf den Auto-Navigator die Stimmen von Prominenten laden lassen, haben wir uns natürlich gleich für die Stoiber-Version entschieden. War aber leider ein Fehler. Denn Sie können sich denken, wie der Navigator jetzt spricht: »Demnächst bitte, äh, in die nächste, Dings, wie heißt's schnell, die nächste, äh, Spur wechseln und danach die, äh, äh, die, äh, Ausfahrt, äh, nehmen.«

Verständlicher drückt sich gottlob Ken Kercheval aus. Er hat mal in *Dallas* den Cliff Barnes gespielt. Heute ist er krank, dreimal geschieden und pleite. Aber in *Das Neue Blatt* trotzt er den Schicksalsschlägen: »Ich möchte eigentlich nur eins: mich nochmal so richtig verlieben, denn das Leben ist so langweilig ohne Liebe.«

Diese Aussage können wir genauso gut nachvollziehen wie das Zögern des Sängers Sasha: »Ich stehe im Supermarkt und überlege mir zehn Minuten lang, was an der Dose Tomaten für 1,19 Euro wohl besser ist als an der für 89 Cent. Und später haue ich irre Kohle für teures Männerspielzeug wie Flachbildschirme raus.« Bei uns ist es ähnlich. Pferdelederschuhe für 620 Euro sind gar kein Problem, aber wenn sich die Mädels nicht fürs Dinner zum Preis von 38 Euro bedanken, sind wir angesäuert.

Doch wir wollen an diesem herrlichen Sonntag zum Schluss einen versöhnlichen Akzent setzen. Dies geschieht am besten durch das Zitieren einer weiteren Fußballgröße. Diesmal haben wir uns für Oliver Kahn entschieden. Seit Jahren steht er seinen Mann erst im Tor und dann unter der Dusche. Das hat ihm zu der Erkenntnis verholfen: »Die Holländer sind vorne vom Feinsten bestückt.« (12. 3. 2006)

200

## Herrin und Hund

Männer, werden Sie gelegentlich von einer irren Lust getrieben, in wildes Bellen auszubrechen oder das Bein zu heben? Dann steht es möglicherweise schlecht um Ihre Partnerschaft. Gelernt haben wir das aus dem *stern*. In einem Beitrag über Rache beschreibt das Blatt die Gefühle der Lektorin Claudia Seemann (36). Sie sitzt dann neben ihrem Mann und denkt: »Wohl bekomm's, das Hundefutter.« Meist mischt sie ihm die Marke »Rinti« mit der Geschmacksrichtung »Wild« heimlich ins ungarische Gulasch, mit Innereien und Muskelfleisch. »Ich will Gerd ja gar nicht richtig schaden«, sagt sie, »es ist mehr eine klammheimliche Freude, ihm eins auszuwischen, ihm, der alles besser weiß, alles besser kann, der nichts oder nur wenig dabei findet, mich herabzusetzen.«

Ist das nicht furchtbar? Aber wie schön, dass diese fiese Methode noch nicht Schule gemacht hat. Joschka Fischers in *Bunte* gnadenlos abgebildeter Schmerbauch (der Ex-Außenminister soll inzwischen »etwa 130 Kilo« wiegen) ist sicherlich vollkommen hundefutterfrei zustande gekommen. Und gottlob klappt auch die Ehe der betagten Schauspielerin Zsa Zsa Gabor (87) mit Prinz Frédéric von Anhalt (61) offensichtlich aufs Beste. Der adoptierte Adelige, ein geborener Saunaclub-Besitzer, hat das Herz auf dem rechten Fleck: »Manchmal lege ich heimlich eine DVD mit einem ihrer Filme ein und erzähle ihr dann: Guck mal, das Fernsehen bringt einen deiner Filme. Dann ist sie sehr glücklich.«

Im Übrigen kann der deutsche liberale Softi vom

Prinzen noch viel lernen. Einmal beispielsweise, berichtet er in *Revue*, hatte in einem Restaurant jemand mit seiner Zsa Zsa geflirtet, Küsschen hier, Küsschen da. Das aber ließ sich der Rolexträger nicht bieten: »Ich habe den Typen am Kragen gepackt, über den Tisch gezogen und geschrien: Was soll das? Lass meine Frau in Ruhe! Dann habe ich meine Frau genommen und gesagt: Feierabend! Wir gehen jetzt nach Hause! Die Leute im Restaurant haben vor Begeisterung geklatscht.« Wir aber wollen dem Prinzen für eine andere Äußerung Beifall zollen. Im Umgang mit Frauen darf der Mann nie langweilig sein: »Frauen schmeißen Langweiler entweder raus oder sie gehen fremd.«

Andererseits wird ein allzu offensives Vorgehen der Männer von manchen Frauen auch als nicht so angenehm empfunden. Senta Berger etwa beanstandet in ihren in *Bild* besprochenen Memoiren das Verhalten eines namentlich nicht genannten deutschen Filmproduzenten, der lieber Masseur hätte werden sollen. Sie war erst 16, als er sagte: »Würden Sie sich bitte ausziehen, Senta, damit ich Ihre Figur begutachten kann?« Als sie im Badeanzug vor ihm stand, wollte er mehr und keuchte wie von Sinnen: »Babyfett, Baby, Babyfett.« Irre, oder? Jedenfalls schrie Senta, und der böse Babyfett-Fan ließ von ihr ab: »Zieh dich an, du blödes Stück. Du bist nichts für eine Karriere beim Film.«

Ob die junge, hübsche Französin Marie Cavallier (30) Karriere als dänische Prinzessin machen wird, ist unsicher. Ganz unbefangen hat die Freundin des Prinzen Joachim Interviews gegeben und unter anderem gesagt: »Rauchen finde ich ganz furchtbar.« Leider aber ist die mögliche Schwiegermutter Königin Margrethe Kettenraucherin.

 Ja, man sollte sein Wort sorgsam wägen. Wenn Silvio Berlusconi im *stern* mit den Worten zitiert wird »Nur

Napoleon hat noch mehr getan als ich. Aber ich bin größer als er«, dann klingt das doch etwas eingebildet. Und wenn *Der Spiegel* Edmund Stoibers Wortfindungsschwierigkeiten aufs Korn nimmt (»in die gludernde

---

*Jetzt noch schnell etwas anderes. Die kleine Notiz aus* Bild *liegt schon seit Wochen auf unserem Schreibtisch, wir hatten sie immer vergessen, aber jetzt ist es ja noch einmal recht kalt geworden. Also,* Bild *hatte lauter Fragen zum Winter gestellt, ob das Heizöl noch teurer werde und wie man am schnellsten die Autotür aufbekommt. Die interessanteste Frage aber lautete: »Kann Silikon im Busen gefrieren?« Das ist eine phantastische Frage. Sie, Leser, laufen durch die Welt, dumpf und ohne Empathie für die wachsende Zahl der Frauen mit verstärkter Balustrade, aber Sie kämen nie darauf, die Gefährdungen dieser Frauen durch den Winter zu hinterfragen.* Bild *aber tut es,* Bild *ist klasse. (26.2.2006)*

---

Lot, in die gludernde Glut, in die lodernde Flut«) und den Beitrag mit »Gestammelte Werke« überschreibt, dann ist das ja auch etwas spitz.

Na egal, interessanter ist es, wie die unterschiedlichen Blätter mit dem Umstand umgehen, dass Sabine Christiansen (71) wieder einen neuen Freund gefunden hat, einen Jeans-Produzenten aus Paris (»Er hat Charme, Erfolg und Geld«). *Revue* fragt: »Ist der Jeans-König endlich der Richtige?« Eine berechtigte Frage. *Bild* aber grummelt irgendwie vorwurfsvoll: »Sabine Christiansen – Warum immer reiche Männer?« Na, hört mal, Leute von *Bild*, ihr wäret doch die Ersten, die Frau Christiansen an den Pranger stelltet, hätte sie was mit einem Kraftfahrzeugmechaniker, die Schlagzeile sehen wir doch schon vor uns: »Sabine Christiansen – diesmal

will sie einen Kerl. Tagsüber Ölwechsel, abends Champagner neben der Talk-Lady.«

Ihnen aber, Männer, raten wir zu höchster Vorsicht vor Nachahmungstäterinnen. Seien Sie in der nächsten Zeit besonders lieb zu Ihrer Partnerin, zeigen Sie sich großzügig, spendieren Sie Blumen und Geschmeide, vor allem sagen Sie bitte um Himmels willen nichts Herabsetzendes. Sonst sind Sie reif für ein Gulasch mit »Rinti Bio + Geflügelherzen«. (2.4.2006)

## *Nicht der Pfarrer*

Heute wollen wir über Menschen sprechen, die unter einem harten Schicksal leiden. Zum Beispiel König Oyo Nyimba Kabemba Iguru Rukidi IV. Er sitzt seit zehn Jahren auf dem Thron im Königreich Toro, das zu Uganda gehört, aber er ist erst 13 Jahre alt und fragt in *Das Neue Blatt*: »Warum darf ich kein ganz normaler Junge sein?« Er hat zum Beispiel keinen besten Freund, weil er niemanden bevorzugen darf. Und natürlich war bereits seine Inauguration in einem Alter, in dem mancher Junge noch aufs Thrönchen geht, vom Chaos umweht: »Der Dreikäsehoch, der in festlicher Montur auf einen mit edlen Fellen bezogenen Thron gesetzt wurde, weinte bitterlich und wollte zu seiner Mama.«

Auch die Beichte der Ulrike Z. (45) in *Neue Welt* griff uns an unser stadtbekannt sensibles Herz: »Mein Mann weiß nicht, dass ich heimlich putzen gehe.« Sie tut es, weil sie sich sonst nichts leisten könnte, kauft sich dann schöne Kleidungsstücke, kann sie aber nur anziehen, wenn ihr Mann nicht daheim ist, was fast so sonderbar ist wie George Clooneys Lebensgeschichte. Jeder weiß, dass er der sexyste Mann auf Erden ist und, sobald er einfach nur eine Straße entlanggeht, alle Frauen kreischen: »Ja, das ist er! George, es ist George! George!« Doch leider muss der Frauenschwarm in *Echo der Frau* zugeben: »In der Liebe bin ich immer der Verlierer. Ich habe in meinen Beziehungen stets versagt. Und zwar mit jedem Typ von Frau.« Ja, Schönheit, Ruhm und Geld versperren oft den Blick auf die wahren menschlichen

Dramen, auch Eros Ramazzotti, dem sich doch gewiss viele Frauenblusen öffnen, blickt im *stern* eher pessimistisch und verunsichert auf die Liebe: »Eigentlich habe ich verdammt viel Schiss davor, mich zu verknallen. Man wird zum Idioten, wenn man sich verliebt.«

Einspruch! Sich zu verlieben zählt zum Schönsten auf der Welt, und dass dies auch in reiferen Jahren noch möglich ist, zeigt uns gerade Sabine Christiansen (48), die an der Seite ihres französischen »Jeans-Millionärs« (53) auf den Fotos in Bild ausgesprochen happy wirkt. Und was das Schönste an dieser Liebe ist, hat *Bild* wunderbar auf den Punkt gebracht: »Er, der Franzose, kannte die TV-Christiansen nicht. Da war nur die Sabine, die vor ihm saß, nicht das berühmte Fernsehgesicht.« Hoffentlich kümmert Frau Christiansen sich um diese neue Liebe so sorgsam wie der Schauspieler Francis Fulton-Smith, der in *Frau im Spiegel* über sich und seine Gattin sülzt: »Wir definieren Liebe als Pflänzchen, das man hegen und pflegen muss. Man muss dem anderen gegenüber respektvoll und offen sein.« Richtig, und weil dies so ist, wollen wir auch gegenüber dir, Landwirtschaftsminister Horst Seehofer, kein Blatt vor den Mund nehmen. Wir waren sehr enttäuscht, Seehofer, als wir über dich im *stern* lesen mussten: »Einmal habe eine Sekretärin zu ihm gesagt, er müsse auch mal seine Mitarbeiter loben, und da habe der nur erwidert: ›Wieso denn? Ich bin doch nicht der Pfarrer!‹«

Wo wir gerade bei der Politik sind, ein Wort an dich, Edmund Stoiber. Deine Wortfindungsschwierigkeiten und diese Sätze, die irgendwo anfangen und nirgends enden, sind doch gar nicht so schlimm. Jedenfalls nicht, wenn man sie mit der surrealen Wirrnis vergleicht, die Joseph Blatter, der Fußballfunktionär, im *stern* der Stehplatz-Problematik widmet: »Auf Stehplätzen, jeder sitzt, er kann ja mal aufstehen, weil so viele Emotionen drin

sind, aber dann setzen sie sich wieder hin, und dann, dann kann auch ruhig eine ganze Familie in den Fußball kommen, mit Vater und Kinder, und die Mutter, die Mutter kann zu Hause bleiben, wenn sie will, oder auch mitgehen, und der Vater bringt die Kinder gesund wieder zurück, emm, nein, ich meine, es ist eine Frage der Erziehung.«

Jetzt haben wir aber noch gar nicht über *Das-Goldene-Blatt*-Leser Wilfried Kamp (56) und unsere neue Redaktionsassistentin Dorota (21) aus Polen geredet. Herrn Kamps Beschwerden bestehen darin, dass er sich heftig in seine Schwiegertochter verliebt hat. Da ist der Mann 56, aber er reagiert wie ein 16-Jähriger: »Wenn sie sich an mich drückt, werde ich rot im Gesicht und kann im ersten Moment kaum noch sprechen.« Und wenn jetzt nochmal jemand behauptet, Männer seien nicht sensibel und selbstkritisch, so sei Leser Wilfried Kamp hoch gepriesen, denn er sagt in seiner Fleischesnot: »Ich fühle mich elend.«

Als sich aber Dorota bei uns vorstellte – und Sie müssen wissen, sie hat echt die tollste Figur, die eine 1,77 Meter große gertenschlanke, durchtrainierte junge Frau mit sagenhafter Körbchengröße haben kann, und überdies das bezauberndste Lächeln –, da geriet unsere Syntax auf Achterbahnkurs: »Bitte nehmen Sie doch Sitzplatz, wer sitzt, kann auch aufstehen, kann im Zimmer herumgehen und sich zeigen und neigen, weil so viele Emotionen drin sind.« Da unterbrach uns Dorota freundlich, aber bestimmt: »Sie reden ja wie Joseph Blatter, auf Wiedersehen.« (9. 4. 2006)

## Harry säuft

Boris Becker kann nicht nur geschickt mit Bällen umgehen, der vorbestrafte Ex-Tennisspieler ist auch ein philosophischer Kopf. In *Bunte* sagt er: »Wenn du zu allen nett bist, dann wird nichts aus dir.« Dies nehmen wir uns für heute zu Herzen und sind als Erstes zu dir ein wenig unnett, liebe deutsche Frau. Sag mal, was müssen wir da in *Bild* aus den Worten des Boxers Wladimir Klitschko erfahren? Du schickst ihm Videoaufnahmen oder DVDs mit Aufnahmen von dir, und »das sind dann manchmal auch eindeutige Angebote – mit Handynummer und so«. Also, deutsche Frau, ts, ts, ts, so geht das nicht. Und auch dich, Schauspielerin Hannelore Elsner, die du in *Bunte* prahlst: »Ich kann jederzeit alle möglichen Männer kennenlernen«, mahnen wir zur Mäßigung. Vor allem aber waren wir doch ein wenig verwundert über Nora Tschirners Auffassung von Partnerschaft. Die Schauspielerin und MTV-Moderatorin über ihren Freund im *stern*: »Wenn ich mich mal drei Wochen nicht melde, soll er das nicht persönlich nehmen.«

Aber wir wollen ja nicht nur zu Frauen nicht nett sein. Auch Männer wie der schwedische König Carl Gustaf müssen leider eine Rüge kassieren. Denn in *Bunte*, König, hast du über den Grund, warum deine Ehe mit unserer deutschen Silvia schon so lange dauert, uncharmant geantwortet: »Harte Arbeit.« Und dann wollen wir dich, Frédéric Prinz von Anhalt, fragen: Musste das sein? Musstest du als adoptierter

Prinz wiederum jemanden adoptieren, der aber, wie die Rotlichtexperten von *Bunte* wissen, ein vorbestrafter Bordellbesitzer sei und sich jetzt Eberhardt Edward von Anhalt Herzog zu Sachsen und Westfalen Graf von Askanien nennen dürfe? Immerhin zeigte sich das neue Familienmitglied spendabel. Für seine Mama Zsa Zsa Gabor (104) ließ er beziehungsreich »einen Hannoveraner-Hengst aus Deutschland einfliegen«. Und Papa bekam einen Rolls-Royce im Wert von etwa 320 000 Euro, was der Adoptivsohn fein begründen konnte: »In anderen Familien schenkt man sich Socken – bei uns ist alles etwas anders.« Der richtige Eduard Prinz von Anhalt (64) schüttelt sich: »Für die Menschen in Sachsen-Anhalt ist es grauenhaft, dass so einer mit ihrem Namen rumläuft.«

Ähnlichen Adelsstolz scheint der König von Schweden gegenüber seinem möglichen Schwiegersohn Daniel Westling zu empfinden. Ihn stört, weiß der *stern*, dass der junge Fitness-Trainer weder Smalltalk noch Englisch beherrscht, doch Tochter Victoria muss ja, wie jeder zustimmen wird, der Stimme ihres Herzens folgen. Immerhin sagt Daniels früherer Mannschaftskapitän, der mögliche spätere Prinzgemahl sei »ein durchtrainierter Junge bar jeder Bosheit«. Und ein Mitglied seines Fitnessclubs liefert sogar ein Riesenargument: »Ich verstehe, warum die Kronprinzessin sich gerade Daniel ausgesucht hat. Ich habe mit ihm geduscht, und ich muss sagen: ›Er ist ein wohlausgestatteter Mann.‹«

Na, das scheint ja ein echter Glücksphall zu sein, vielleicht erreichen die beiden eine ähnliche Harmonie wie Heidi Klum und ihr Ehemann Seal. *Das Neue Blatt* weiß, dass der amerikanische Sänger jetzt Deutsch lernt. Ein Wort kann er schon: »Schatz.« Sie aber nennt ihn auf die differenzierteste Weise »Schatzi«: »In unserem Haus hört man den ganzen Tag Schatzi, Schatzi, Schatz.« Na,

das ist ja jedenfalls besser, als wenn man den ganzen Tag gaga und plemplem hört.

Jetzt aber zu einer feuchteren Angelegenheit: »Darf ein Prinz so trinken?«, fragt *Bunte* seine Leser, zeigt mehrere Hickehackevoll-Fotos des Charles-Sohnes Harry (21) und stellt kühl fest: »Harry säuft.« Doch dann schildern die Kinderpsychologen des Blattes das traurige Schicksal jedes Zweitgeborenen in Herrschafts-häusern, die niemand ernsthaft braucht: »Er ist doch ein Kind. Mehr noch: einsamer Halbwaise, lebendig begraben im Hofstaat, mutterlos, stiefbemuttert von Camilla, nur selten Vaterliebe spürend.«

Zum Schluss eine Geschichte aus *Bild*, die wir auf-greifen, um unsere weiblichen Leser zu mehr Offensiv-geist zu ermutigen. Vor vielen Jahren saß die Schwedin Suzanne im Flugzeug neben einem Amerikaner, der klagte: »Mir sind europäische Frauen zu behaart.« Wie verhielt sich jetzt die Schwedin? »Als Antwort griff sie seine Hand, führte sie auf ihr Bein.« Mag es an dieser überraschenden Geste gelegen haben, mag den Ame-rikaner die makellose, haarfreie Glätte von Suzannes Schenkel überzeugt haben – er heiratete sie. Jetzt aber steht die Scheidung an, und Suzanne bekommt »1 Mil-liarde Dollar und 1 Schloss als Abfindung«.

Die Queen braucht keine neuen Schlösser, sie hat schon genügend. Dass sie aber auch über Humor ver-fügt, lernen wir aus *Revue*: Auf den Bahamas rührte einmal ihr Gastgeber mit einem Bleistift seinen Cock-tail um. Da hat die Königin gesagt: »Das ist in unserer Gegenwart ja ganz in Ordnung, aber was würden Sie in gehobener Gesellschaft tun?« (30. 4. 2006)

## Das ist meine Couch

Männer, euch ist hoffentlich klar, dass die Weltmeisterschaft eine Zeit der Gefährdung ist. Nein? Dann habt ihr mal wieder nicht zur Kenntnis genommen, was *Frau im Spiegel* aus Frauenperspektive über den Gatten schreibt: »In der Halbzeit aber schaut man ihn dann mit anderen Augen an. Gnadenlos vergleicht man die knackigen Hinterteile und die flachen Bäuche der Fußballer mit dem plumpen Körper des Angetrauten, der sich auf die Toilette schleppt, in ausgebeulter Jogginghose, die die überflüssigen Pfunde nicht mehr kaschieren kann.«

Also reißt euch ein bisschen zusammen, Männer, und tauscht die Jogging- in eine kurze Hose, weil nach einer Umfrage des Magazins *Men's Health* (beknackter Titel) die Mehrzahl der Frauen Männer in kurzen Hosen knackig findet. Gleichzeitig wurde herausgefunden, dass 74 Prozent der Frauen sich angewidert abwenden würden, wenn ein Mann beim Kennenlernen eine Alkoholfahne hätte. Und die anderen 26 Prozent? Fänden das klasse? Frauen sind seltsam.

Na egal, wir wollten heute eigentlich über Fotos sprechen und den Augenblick, zu dem sie in der Öffentlichkeit auftauchen. Da lässt sich beispielsweise Paul McCartney scheiden, und just in der Geldrausrückverhandlungsphase wird bekannt, dass seine Gattin vor Urzeiten (1988) mit einem anderen Mann für den Bildband *Die Freuden der Liebe* in offenster Weise Modell gelegen hatte. Und ihr damaliger Partner erinnert sich heute in *Bild*: »Es machte ihr echt Spaß. Als ihr Sahne

aus dem Mund auf den Busen kleckerte, forderte sie mich auf: ›Sei ein Gentleman, leck es ab.‹«

Auch die Existenz anderer Fotos erstaunte uns diese Woche. Da wird das Ende der Ehe des niedersächsischen Ministerpräsidenten bekannt, traurig genug, doch Christian Wulff (47) überlässt nichts dem Zufall, wartet nicht ab, bis ein Paparazzo verschwommen aufnimmt, wie seine neue Freundin (32) zu ihm ins Auto steigt. Nein, »schon verteilte sein Büro Fotos von ihr, die er selbst in Auftrag gegeben haben soll«, schreibt *Revue*. Und was zeigen diese Fotos? Eine sympathische

---

*Auch Männer sind manchmal seltsam. So sollte man doch denken, dass Boxer keinen Spaß daran haben, Schläge einzustecken. Die »schonungslose Beichte« einer Domina in* Bild *enthüllt dagegen bei »einem bekannten Boxer« einen sonderbaren Hang zum Masochismus: »Dem musste ich immer die Fahne seines Heimatlandes ins Gesicht peitschen.« Politiker dagegen dürsteten nach Flüssigem: »Ein Bundestagsabgeordneter war ganz einfach glücklich zu machen: Er saß auf dem Boden, trank Sekt aus meinem Schuh. Danach leckte er die Absätze ab.« (19. 3. 2006)*

---

blonde 32-Jährige vor einem Laptop (sie ist auf der Höhe der Zeit und nicht dumm), im Hintergrund ein Regal mit vielen Büchern (sie kann lesen). Tja, Christian Wulff, das hast du ziemlich gut gemacht, aber wir würden dich, wohnten wir in Niedersachsen, dennoch nicht wählen, nicht wegen der jungen Frau (32), sondern weil uns Menschen immer suspekt sind, die wie du ganz tief und rau und gequetscht aus dem Hals sprechen.

 Keine Ahnung, wie Roberto Blancos dicke Tochter Patricia (34) spricht, aber was sie in *Neue Welt* sagt, ist

hoch interessant. Den Gute-Laune-Bomber beschreibt sie als Despoten, »der ständig andere Frauen hatte, für den seine Kinder nur an zehnter Stelle kommen« und der sogar ausgeprägtes Revierverteidigungsverhalten zeigte: »Das ist meine Couch, da darfst du nicht sitzen!« Und wollte die Familie ihn mal auf seinen unehelichen Sohn ansprechen – »sofort wurden wir von ihm niedergebrüllt«. Unerfreulich. Wenden wir uns einem schöneren Thema zu, den Vorzügen der Polinnen. Lukas Podolski schwärmt in *Bild*: »Polnische Frauen sind fröhlicher, herzlicher, locker und besitzen mehr erotische Ausstrahlung.« Und der gleichfalls in Polen geborene Michael Delura ergänzt: »Polnische Frauen sind viel erotischer als deutsche. Außerdem gibt es viel zu viele übergewichtige Frauen in Deutschland!« Eine Frechheit! Da erzählen wir aus Rache einen Polen-Witz aus *Bild*: »Wie übersetzt ein Pole BMW? Bald mein Wagen.« Sollten Sie aber, Männer, Ihr neues polnisches Aupair-Mädchen Dorota mit den markanten Kurven und dem supernetten Lachen so dermaßen reizend finden, dass Sie sie immer unbedingt zum Bus begleiten wollen, so bedenken Sie bitte, welch wundervolle Wirkung eine treue, stabile Beziehung entfalten kann. Sie verlängert das Leben, weiß *Bunte* – »bei Frauen um zwei, bei Männern um sieben Jahre«. In lebensverkürzende Wallungen versetzten uns dagegen die in *Das Neue Blatt* dokumentierten Fotos eines abermals öffentlich urinierenden Ernst August: »Da steht der Prinz doch tatsächlich in aller Öffentlichkeit an Bord eines Motorschnellboots – und pinkelt, breitbeinig wie ein Cowboy, auch vor den Augen seiner Freunde, ins türkisblaue Mittelmeer.« Eine sofort durchgeführte (kein Witz) repräsentative Umfrage ergab: 82 Prozent aller Frauen, aber nur

67 Prozent aller Männer fanden: »So etwas ist einfach primitiv.«

Doch wir haben jetzt etwas anderes vor. Ein guter Freund, der seine Lebensdauer gern um sieben Jahre verlängern will, hat uns gefragt, ob wir sein Au-pair-Mädchen Dorota (19) nicht als Redaktionsassistentin übernehmen könnten. Klar doch. Sie ist wirklich total süß, wir führten sie in unser Büro und sagten: »Da ist unsere Couch, da darfst du sitzen.« Das unterscheidet uns eben von Roberto Blanco. (18.6.2006)

## Dick, aber untreu

iese Woche wurde klar dominiert von Ottfried Fischer. Zuerst erschienen Fotos des dicken Schauspielers, auf denen er gottlob angezogen war,
während eine junge Dame im Bikini einen appetitlichen
Körper präsentierte. Später gestand Ottfried alles seiner
Frau, die in Interviews erzählte, sie werde ihn nicht zu-
rücknehmen, auch wenn er im Prinzip ein herzensguter
Kerl sei, aber diese Lügerei könne sie nicht akzeptieren,
dann wurde bekannt, dass die Geliebte im Sex-Club gearbeitet hat, worüber Ottfried vor Aufregung einen Unfall erlitt, aber noch täglich über seinen Seelenzustand
mit *Bild* sprechen konnte. Wir aber finden, irgendwer
muss auch dicke, untreue Schauspieler vor sich selber
schützen. Du, Ottfried, solltest auf Tauchstation gehen,
kein Wort (»Nachts gestand er seine Liebe zum Bikini-
Mädchen«) mehr öffentlich sagen, deine Frau nimmt
dich dann irgendwann wieder zurück, und wir können
uns auf wichtige Dinge konzentrieren wie die von *Bild*
aufgeworfene grundsätzliche Frage »Können Männer
nicht treu sein?«

So schlimm ist das gar nicht, sagt Sexualforscher
(Sexualforscher, hüstel, sind wir das nicht alle?) Prof.
Starke, »die allermeisten sind treu«. Und springen
schöne Männer öfter zur Seite? Nein, im Gegenteil. Die
unattraktiven »suchen häufiger Gelegenheit, ihr Selbstbewusstsein aufzupolieren«.

Übrigens werden 90 Prozent aller Ehen in Deutschland, weiß *Revue*, »zwischen Menschen geschlossen, die

nicht mehr als 30 Kilometer voneinander entfernt geboren wurden«. Das klingt total unwahrscheinlich, wir wollen es *Revue* aber trotzdem glauben, denn das Blatt kennt sich aus, sogar am thailändischen Königshofe. Wussten Sie, dass in Thailand die Verfassung geändert wurde, damit dort Prinzessin Chakri einst Königin werden kann, weil der Kronprinz ein Tunichtgut ist und neulich erst wieder unangenehm auffiel? Sehen Sie, wussten Sie nicht: »Bei einem Treffen ehemaliger Cambridge- und Oxford-Studenten ließ er seinen weißen Pudel, den er überall hin mitnimmt, auf dem Tisch herumlaufen. Der Hund naschte prompt den Teller des US-Botschafters leer.« Ähnlich interessante Informationen bieten aber auch andere Blätter. *Frau im Spiegel* etwa schreibt, dass ein Online-Baby-Bekleidungsshop dem Baby von Angelina Jolie und Brad Pitt einen mit Diamanten besetzten Schnuller im Wert von 13 500 Euro geschenkt habe. Und in *Bunte* wird die Schauspielerin Judi Dench mit einem lustigen Erlebnis zitiert: »Ich erinnere mich noch gut daran, wie ich mir einmal die Hände in einem Theater am Broadway wusch und meine Kollegin zu mir sagte: ›Judi, du weißt schon, dass in dieses Waschbecken Marlon Brando regelmäßig hineingepinkelt hat?‹«

Aber nochmal zurück zum Protokoll. Als jetzt der thailändische König Bhumibol mit nicht weniger als 23 Monarchen sein Thronjubiläum feierte, staunten die ausländischen Potentaten laut *Bunte* nicht schlecht über das Hofzeremoniell, »bei dem die Diener Getränke und Speisen auf den Knien rutschend servieren – selbst wenn die Gäste am Bistrotisch stehen«. *7 Tage* aber stellt fest, dass Mary von Dänemark ihre Schärpe beim 60. Geburtstag des schwedischen Königs ganz zu Recht als Einzige von links nach rechts getragen habe, weil die Elefantenordenschärpe als höchste Auszeichnung

Dänemarks »zwingend« von der linken Schulter zur rechten Hüfte reichen muss. Sehen Sie, jetzt wissen Sie Bescheid, falls Sie mal den Elefantenorden bekommen, können Sie die Schärpe gleich richtig drapieren, wir wollen nur schnell noch Carola P., Hausfrau, zurufen, dass uns ihre Jammerklage »Unser Hund hat ein Nachbarkind gebissen« übertrieben vorkommt. Wäre es Ihnen lieber, wenn ein Nachbarkind Ihren Hund gebissen hätte?

So. Jetzt schauen wir uns noch das Fußballspiel an und fahren dann nach Prag. Diese WM-Begeisterung ist ja schon klasse. Bei uns in Frankfurt herrscht super Stimmung, viele schöne Frauen sind in der Stadt. Gestern fiel uns in der Freßgass' eine bildschöne Argentinierin auf, sie trug nur ein Fähnchen. Frauen sind auch lustiger beim Feiern und stecken Niederlagen besser weg, schreibt *Frau im Spiegel*. Männer suchen nach Schuldigen. »Nach einer Niederlage trotten die Frauen mit feuchten Augen in die Küche, machen noch die Spülmaschine an, haben die Sache dann fast schon vergessen, setzen alle Hoffnungen auf das nächste Mal.«

Wir aber setzen all unsere Hoffnung auf Prag. Wir nehmen dort gern die Dienste dieser Internet-Agentur in Anspruch: »Lassen Sie sich von einer der unseren eleganten Betreuerinnen in Prag begleiten und geniessen Sie sich zusammen die Szenerie und die Atmosphaere. Sie werden die Damen kennenzulernen, die sehr zuverlaessig, entspannt und intelligent sind und die Ihnen einen interessanteren und belehrenderen Aufenthalt in unserer Hauptstadt gewaehrleisten werden.« Mmhh. Klingt irgendwie gut: Sich zusammen genießen. Wird gemacht. Olé-Olé-Olé-Olé. (25. 6. 2006)

217

## Ich bin über 70

Sollten Sie, liebe Herren Leser, sich in ein Bikini-Mädchen verlieben, und sollte dann die *Bild-Zeitung* groß über diese Affäre berichten, Ihre Gattin Ihnen das *Consilium abeundi* erteilen und Sie dann doch wieder gnädig aufnehmen, sollten Sie sich also unter der Aufmerksamkeit der ganzen Nation der Lächerlichkeit preisgegeben haben – was tun Sie dann? Hoffentlich das Gleiche, das *Neue Welt* jetzt dem dicken Schauspieler Otti Fischer empfiehlt: »Enthaltsamkeit. Abspecken. Demut.«

Kein schlechtes Motto. Und dir, liebe Frau von Otti Fischer, die du ja sicherlich arg gelitten hast wegen der Untreue deines dicken Mannes, dir wollen wir Trost spenden mit Hilfe des Montblanc-Chefs Wolf Heinrichsdorff (61). Der sagt in *Bunte*: »Es ist besser, heute als morgen enttäuscht zu werden. So spare ich mir einen Tag und kann mich neuen Dingen zuwenden.«

Leider war ja nicht nur die Beziehung zwischen Otti und Frau gefährdet, die Partnerschaft von Birgit Schrowange (48) und Markus Lanz (37) ist regelrecht auseinandergebrochen. Was *Revue* leicht resignativ mit den Worten kommentiert: »Ältere Frau, junger Mann – es ging mal wieder schief.« Doch in der Tat: Älterer Mann, jüngere Frau, das geht schon besser, wie man ja auch bei Franz Beckenbauer (60) und seiner Heidi (39) sieht. Aber warum hat der Franz ausgerechnet jetzt, nach etlichen Jahren, die Mutter seiner Kinder (5 und 2) geheiratet? *Das Neue Blatt* glaubt etwas naiv: »Jetzt erfüllte er den letzten Wunsch seiner geliebten Mutter.« Doch

218

*Revue* weiß es besser – wegen seiner Werbepartner: »Ein 60-Jähriger, der mit der Mutter seiner Kinder in ›wilder Ehe‹ lebe, käme auf Dauer gerade in katholischen Bundesländern nicht glaubwürdig und seriös rüber.« Zweitens ist der Franz »gleich nach der WM« zur Audienz beim Papst angemeldet. Und da wollte er nicht mit der Freundin auftauchen. Ja, es ist schon gut, dass es Journalisten gibt wie die von *Revue*, die hart recherchieren. Manche Kollegen aber stellen auch ziemlich doofe Fragen, wie die von der *Berliner Morgenpost*, die von der Schauspielerin Judi Dench wissen wollen: »Würden Sie sich immer noch ausziehen?« Doch Judi antwortet trocken: »Man würde mich wohl kaum fragen. Ich bin über 70.«

Wo wir gerade bei älteren Damen sind: Wäre es gemein zu schreiben, dass sich unser Schmerz über Sabine Christiansens angekündigten Rückzug ins Private in Grenzen hielte? Tatsächlich? Gut, dann schweigen wir, zitieren aber *Bunte*: »Sie hält Hof wie eine Königin, mokierte sich mancher der empfindlichen Münchner Society-Gäste, von denen sich viele auffallend schnell wieder verabschiedeten – nicht unbedingt bei Christiansen persönlich, die dafür einfach zu beschäftigt schien. Mit Wichtigerem. Mit Wichtigeren.«

Wichtig ist auch, dass im Fernsehen gute Gags gebracht werden. Stefan Raab zum Beispiel ist gar nicht unser Fall, aber hier hat er einmal nicht versagt: »Paris Hilton war zu Gast. Die heißt so, weil sie in Paris im Hilton gezeugt wurde, oder? Man kann bei so was auch Pech haben und Chemnitz Novotel heißen.«

Von Chemnitz zu Angela Merkel. Wussten Sie, dass die Kanzlerin manchmal überdeutlich wird? So lernen wir es aus *Bild*. Als Peter Struck (er war schließlich mal Verteidigungsminister) sich verteidigte und seinen Satz, Gerhard Schröder sei entscheidungsfreudiger gewesen

als die Kanzlerin, den Medien in die Schuhe schieben wollte, habe Angela Merkel gesagt: »Das ist mir scheiß-egal.« Aber ist Peer Steinbrück besser? Laut *stern* hat er seine Genossin Andrea Nahles neulich angefaucht: »Ich sehe das doch deinem Gesicht an, dass du das alles zum Kotzen findest.«

David Beckham fand es nicht nur, er tat es auch. Und zwar öffentlich. *Bild* fotografierte seinen Schwall

---

*Manchmal erschrecken wir bei der Lektüre der* Bild-Zeitung *und denken: Das kann man doch nicht machen, solche Über-schriften übertreten doch die Grenzen des guten Geschmacks. So ging es uns am Mittwoch, als wir lasen: »Lesbe (taubstumm) sticht Lesbe (taubstumm) nieder, weil sie sie mit einem Mann (auch taubstumm) betrogen hat.« Doch dann fiel unser Blick auf die Dachzeile, und wir mussten zugeben, dass die Über-schriftenmacher von* Bild *doch kleine Künstler sind, denn über all diesem taubstummen Niederstechen stand: »Deutschlands stillster Prozess.« (14. 5. 2006)*

---

und fragte nach den Gründen: »Hatte er englisches Bier getrunken? Dachte er an die Kreditkarten-Abrechnung seiner Frau?«

David Beckhams Gattin heißt Victoria, sang früher bei den Spice Girls und sieht entsetzlich diätgequält und schönheitsoperiert aus. Welch eine Traumfrau ist dagegen doch Eva Padberg (26), das Model aus den neu-en Bundesländern, dünn, groß, schön und auch noch total natürlich und supernett. Sie könnte an jedem Fin-ger einen Verehrer haben, doch sie sagt in *Revue*, dass sie ihren Freund liebe, seit sie 14 war: »Niklas ist mein erster Freund. Und ich hätte nichts dagegen, wenn er mein einziger Mann bliebe.« Und etwas total Süßes fügt

sie auch noch hinzu: »Eigentlich bin ich erst zu 45 Prozent erwachsen.«

Kommt uns bekannt vor. Vor allem bei jungem Gemüse regredieren wir Männer immer besonders heftig und werden irgendwie postpubertär. Und wenn Sie denken, wir kämen jetzt auf unsere Redaktionsassistentin, so haben Sie recht. Sie heißt Jitka, stammt aus Tschechien und ist mit ihren blonden Haaren und knallblauen Augen fast so hübsch wie Eva Padberg. Mit ihr kämen wir extrem gern ins Sextelfinale. (2. 7. 2006)

## Mit 27 noch allein

Leser! Sie müssen sich schon allmählich entscheiden, was Sie wollen. Einerseits nämlich schlägt Leser S. Volkmann vor: »Machen Sie doch mal ein Redaktionsassistentinnentreffen! Laden Sie einfach all die nicht nur Ihnen ans Herz gewachsenen jungen Frauen ein und veranstalten Sie ein angemessenes Fest«, bei der Organisation des Festes bietet Leser S. Volkmann sogar seine Mitarbeit an. Andererseits nölen J. Gropp und E. Stolte aus Kiel: »Der Artikel von Peter Lückemeier ist Ihrer Zeitung nicht würdig! Wir hoffen, dass es die Redaktionsassistentin nicht wirklich gibt.« Aber hallo, J. Gropp und E. Stolte aus Kiel, natürlich gibt es die Redaktionsassistentin! Sie heißt derzeit Jitka, kommt aus Tschechien und sieht so was von klasse aus, wir könnten Sie Ihnen schildern, da würden Sie staunen, aber bitte sehr, Sie wollen ja solche nichtswürdigen Details nicht wissen.

Dann beschäftigen wir uns eben mit etwas weniger Erfreulichem, zum Beispiel mit dem Schicksal der Jacqueline B. (27), die unter der Überschrift »Mit 27 noch allein« an *Echo der Frau schreibt*: »Ich weiß nicht mal, wie ein Zungenkuss geht. Peinlich, oder?« Ja, in der Tat, liebe Jacqueline, das ist wirklich oberpeinlich, unsere Jitka mit ihrem Zungenpiercing könnte dir da sicherlich ein paar gute Tipps geben, aber das erlauben unsere Leser aus Kiel ja nicht.

Werfen wir also lieber einen Blick durchs Fenster zum Hof, denn im Vereinigten Königreich gibt die Lage

einmal mehr Anlass zur Sorge. Nur 15 Monate nach der Hochzeit hängt bei Charles und Camilla, weiß *Bild*, der Haussegen schief: Der Thronfolger verlange von seiner Gattin, mehr Termine wahrzunehmen, die aber habe sich so bockig gezeigt, dass Charles ausflippte: »Bei einem Tobsuchtsanfall machte Charles aus einem wertvollen antiken Stuhl Kleinholz.« Glauben Sie das? Irgendwie schwer vorstellbar, aber manchmal reicht die Phantasie einfach nicht weit genug. Auch *Revue* sagt ja zur Ex-Geliebten des dicken Ottfried Fischer: »Man kann sich den gemütlichen Otti eigentlich gar nicht als feurigen Liebhaber vorstellen. War er das denn?« Doch die Dame sagt in schönster Offenheit: »Doch, Otti ist sogar sehr leidenschaftlich. Und zärtlich. Wir hatten wunderschönen Sex.« Na, das wird die Gattin vom Otti ja sicherlich gern lesen, aber auch in diese Richtung scheut die Ex-Geliebte das offene Wort nicht: »Seine Frau liebt ihn längst nicht mehr. Das zeigen die gemeinsamen Fotos. Ein reines Tätscheln und Foto-Lächeln.«

Na gut, Fotos können aber auch ganz schön in die Irre führen. Im *stern* zum Beispiel wirken auf dem Bild, das in seinem Apartment aufgenommen wurde, Fürst Albert (48) von Monaco und seine südafrikanische Freundin Charlene Wittstock (28) total verliebt und vertraut. Doch im Interview sagt der Fürst dann etwas, das der jungen Frau furchtbar weh tun muss: »Ja, ich werde heiraten. Auch wenn die ideale Frau nicht existiert.« Nun muss man natürlich wissen, dass Albert ein Mama-Söhnchen war, dagegen kann keine Frau ankommen: »Meine Mutter lehrte mich, meine Gefühle auszudrücken. Ihre bloße Anwesenheit inspirierte mich. Die Erinnerung an ihr Lächeln ist eine Quelle der Gelassenheit für mich.« Klingt irgendwie nach einem Fall für die Couch, aber darüber wollen wir nicht rechten, wollen vielmehr die Männer insgesamt ein wenig

in Schutz nehmen. Denn die Ansprüche, die an dieses eigentlich doch schwache Geschlecht gestellt werden, nehmen zu, da brauchen Sie bloß ein wenig in *Bunte* zu blättern. Erst sagt dort »TV-Star« Caroline Beil (39): »Ein Mann muss Selbstvertrauen haben, gradlinig sein, klug, sportlich, humorvoll und offensiv. Geschniegelte Weicheier sind nichts für mich.« Und ein paar Seiten weiter prahlt Ivana Trump (57), die sich den 35 Jahre alten Liebhaber Rossano hält: »Ein älterer Mann würde bei meinem Lebenstempo tot umfallen.« Über ihren Lover aber sagt sie kalt: »Ich genieße jeden Tag mit Rossano, und wenn das nicht mehr so sein sollte, dann werde ich es sicherlich ändern.«

Schreck lass nach, da kriecht es einem ja kalt den Rücken hinunter. Wie schön, dass es auch noch Paare gibt, die sich in romantischer Liebe ein Leben lang den Tag versülzen wollen. So wie Nicole Kidman und Keith Urban. Sie haben geheiratet und verbringen derzeit ihre Flitterwochen auf Bora Bora, Tahiti. Nach den Recherchen von *Frau im Spiegel* sind sie dort von unfassbarem Luxus umgeben: »Samt Sterne-Verpflegung und Sicherheitsdienst werden mal eben 12 100 Dollar pro Nacht fällig.« Die Suiten, die sie gemietet haben, befinden sich über dem Wasser und »haben einen Glastisch, bei dem man die Platte abnehmen und durch das so entstehende Loch die Fische füttern kann«.

Ist ja spitze, ey, da müssen wir auch hin, da verjubeln wir unsere anstehende Gehaltserhöhung (plus 8,5 Prozent, aber hallo) und nehmen …, ja wen nehmen wir denn mit? Klar, oder? Aber sagen Sie das bitte nicht weiter an J. Gropp und E. Stolte aus Kiel. (9.7.2006)

224

# Toller Jahrgang

Sollten Sie, liebe Leserinnen und Leser, größere Kinder haben, so behandeln Sie Ihre Brut bitte gut. Vor allem die Väter dürfen sich dabei getrost Vorbilder suchen. Wie den Vater des jetzt leider verstorbenen Rudi Carrell. Sein Papa, schreibt *Bild*, war auch ein Künstler und betrog praktisch an jedem Ort, in dem er auftrat, seine Frau. »Als wir auf Tournee waren«, wird Rudi zitiert, »kam er einmal morgens singend in die Hotelhalle, sah mich, drückte mir einen Zettel in die Hand

---

*Schadet oder nützt Sex vor dem Spiel? Ronaldo (29) hat diese Frage im brasilianischen Magazin* Veja *klar beantwortet: »Niemand hat direkt vor dem Spiel Sex. Das geht auch gar nicht.« Solche Enthaltsamkeit freilich kann Nebenwirkungen zeigen. Schon im Jahre 2000 scherzte Harald Schmidt: »Die schwedische Nationalmannschaft verzichtet bei der Fußball-Europameisterschaft auf Sex. Deswegen ist es zu so vielen Lattenschüssen gekommen.« (4. 6. 2006)*

---

und flüsterte in mein Ohr: ›Ich hatte diese Nacht eine 1936er Nymphomanin, toller Jahrgang – hier hast du die Telefonnummer.‹«

Wäre doch auch nur Charles so locker, dann bräuchte er sich keine Sorgen mehr zu machen um seinen Harry (21). Der treibt es nach Darstellung von *Das Neue Blatt* recht wild, die schon 41 Jahre alte Cathy Davies zum

Beispiel behauptet lüstern: »Ich habe Harrys Gesicht abgeschleckt, bis es ganz wund war.« Und die »Erotik-Masseuse« Maya (21) berichtet: »Wenn Harry im ›Bijou‹ ist, benimmt er sich wie ein Kind im Süßigkeitenladen – er nascht an allen Frauen.« Und wie reagiert Charles? Freut er sich mit dem Sohnemann, wie Rudi Carrells Vater es getan hätte? Von wegen. Das Palastpersonal flüsterte ins Ohr von *Das Neue Blatt*: »Er ist am Ende seiner Kräfte. Er kann einfach nicht mehr.«

Hoffentlich zeigt Roberto Blanco sich da etwas robuster, denn seine dicke Tochter Patricia hat ihm in *Das Neue Blatt* einen sehr offenen Brief geschrieben, der zwar mit »Hallo, Papi!« beginnt, aber mit »Patricia Blanco« unterschrieben ist. Wir persönlich wären ja nie auf die Idee gekommen, einen Brief an unseren Vater mit vollem Namen zu unterzeichnen, aber daran zeigt sich das Ausmaß der Zerrüttung in der Familie des Gute-Laune-Bombers. Konkret beanstandet die Stimmungs-kanonentochter: »Du bist zu feige, deine Fehler ein-zugestehen.« Und im nebenstehenden Interview greint sie überdies: »Die vielen Frauen – so etwas tut ein guter Vater und Ehemann doch nicht.«

Auch Rudi Carrell war kein treuer Gatte, aber in der vorab in *Bild* teilweise abgedruckten Biographie über ihn bekommen die Schilderungen seiner Eskapaden einen heiteren Unterton: »Als ich Mitte der sechziger Jahre Holland verlassen habe, stand ich mit einem Kollegen vor der Holland-Karte, und ich habe zu ihm gesagt: ›Wenn ich bei jedem Ort, in dem ich eine Frau hatte, ein kleines Fähnchen reinstecken würde, dann könnte ich auch gleich eine holländische Fahne über die ganze Karte hängen.‹«

Boah, Männer, wir wissen, was jetzt in Ihnen vor sich geht. Im Geiste stehen Sie vor der Deutschland-Karte  und sehen Ihre Fähnchen nur in Blasberg, Ehrenzipfel,

Niedergeilbach, Tuntenhausen, Poppeln, Titisee-Neustadt, Hodenhagen und Geilenkirchen. Dieses große Land und nur acht Fähnchen – Sie sind deprimiert. Wir verstehen Sie. Aber Sie tragen natürlich auch selber Schuld. Sie hätten ja auch ein berühmter Rennfahrer werden können wie der Niki Lauda (57). Der hat bestimmt viele Fähnchen in der österreichischen Landkarte stecken – und eine Freundin (27), die ihn so liebt, dass sie ihm ihre Niere gespendet hat, Wahnsinn. Aber dennoch bleibt es sonderbar, wie gleichsam mechanisch Männer doch selbst über solche geglückten Partnerschaften reden. Lauda in *Bunte*: »Ein Schuss genau ins Richtige.« Im selben Blatt äußert sich auch der schon dreimal verheiratete Sepp Blatter leicht beamtenmäßig über seine Freundin Ilona: »Erst heute morgen habe ich ihr gesagt, dass noch nie eine Frau einen so hohen Stellenwert in meinem Leben hatte wie sie.«

Einen hohen Stellenwert schien im Leben Helmut Kohls (76) ja seine neue Gefährtin Maike Richter (42) einzunehmen, wir freuten uns darob nicht wenig und gönnten dem Altkanzler von Herzen sein Glück. Nun aber hat *Revue* das Paar beim WM-Finale auf der Ehrentribüne beobachtet: »Doch wo war das sanfte Glühen, das beide verband? Wo dieses stille Verstehen? Plötzlich scheint es, als müsse Maike um seine Aufmerksamkeit buhlen. Wenn sie mit ihm redet, guckt er wie auf eine Fremde.« Das klingt ja furchtbar. Zumal Vertraute Kohls sagen: »Ja, die Beziehung hat sich abgekühlt.« Aber hoffen wir mal, dass die Geschichte nicht stimmt. Schließlich hatte in *Das Neue Blatt* ja auch eine Verwandte behauptet, Franz Beckenbauers Verhältnis zu seiner Heidi stimme nicht mehr: »Seit einem halben Jahr ist klar, dass zwischen Franz und Heidi nichts mehr läuft.« Und bald darauf haben die beiden geheiratet.

So. Wir gehen in Urlaub. Nicht in Dauerurlaub wie

Klinsmann, nur drei Wochen. Aber wir freuen uns sehr und sind so gut gelaunt, dass wir Sie, liebe Leserinnen, um einen Gefallen bitten möchten. Wenn Ihr Mann sich jetzt abends öfter in sein Arbeitszimmer zurückzieht und immerzu neue Fähnchen in die Deutschland-Karte steckt, dann denken Sie sich dabei: »Der will doch nur spielen.« Wie? Ob wir allein in Urlaub fahren? Nee, mit einer 1986er Assistentin. Toller Jahrgang. (16. 7. 2006)

# Schön dumm

ürfen wir gleich mit einer schwierigen Frage beginnen? Danke. Also, Barbara Herzsprung (knapp 52), die Frau des Schauspielers Bernd Herzsprung, hat sich liften lassen und sieht jetzt glatt zwei Monate jünger aus. Sie ließ sich operieren, ohne ihren Gatten davon zu informieren. *Bunte* will wissen, warum. Frau Herzsprung aber sagt: »Warum soll ich denn meinen Mann fragen, wenn ich mich liften lassen will? Das geht ganz allein mich etwas an.« Jetzt die Frage: Hat Frau Herzsprung recht? Einerseits schon, klar, es ist ihr Gesicht. Aber gibt es nicht auch missglückte Schönheitsoperationen? Kann nicht manche streng geliftete Frau nur noch lächeln, indem sie das Bein anwinkelt und den Arm hinterm Kopf verschränkt? Sollte der Ehemann von diesen Risiken nicht vorher wissen? Wie denken Sie darüber? Bitte besprechen Sie dies mit Ihrem Partner, wir haben keine Zeit dazu, wir denken weiter über die Frauen nach.

Wie unendlich hart diese Frauen doch sein können. Denken Sie nur an Anna Kournikova, den kurvigen Tennisstar – superhübsch, aber voll die Zicke: »Ich bin wie ein teures Menü«, soll sie zu einem Verehrer gesagt haben, »du kannst es dir anschauen, aber du kannst es dir nicht leisten.« Sind alle Frauen so eingebildet? Nein, gottlob nicht. Ulrike Sommer, die nur ganz wenig füllige Frau des DGB-Chefs, zeigt in *Revue* liebenswürdige Selbstironie. Auf die Frage, ob der Gewerkschaftsboss gelegentlich im Haushalt helfe, sagt sie prustend vor

Lachen: »Der Sommer kocht phantastisch. Das sehen Sie doch auch an meiner Figur.«

Tadellos gewachsen ist Michaela Z. (37), die als »Ottis Bikini-Mädchen« zu Kurzzeitruhm kam. In *Bild* zeigt sie jetzt nicht nur ihre sehr erfreuliche Bauch-Brust-Partie, sondern kündigt an, ein Buch zu schreiben. Über Otti. Ein Enthüllungsbuch. Nun möchte man sich den extrem korpulenten Schauspieler ja nur ungern enthüllt vorstellen, erfährt aber schon jetzt in *Bild*: »Fast vier Monate lebten wir wie ein Ehepaar. Wir gingen händchenhaltend durch Bamberg, saßen küssend in Lokalen.«

Da wundert man sich doch sehr, dass Ottis Gattin ihn zurückgenommen hat, ist zugleich aber darüber froh, denn bei Fischers sind die Konflikte nicht so eskaliert wie bei den McCartneys. Sir Pauls Leibwächter haben kürzlich ja sogar die Polizei gerufen, weil Gattin Heather nach *Bunte*-Beobachtungen drei halbleere Flaschen Allzweckreiniger aus seinem Landhaus mitgenommen hatte. Du liebe Güte, ist das nicht schlimm? Einst lebte sie in Saus und Braus an der Seite eines reichen Mannes, jetzt entwendet sie seinen Allzweckreiniger.

Jetzt zu den Männern. Neid ist uns eigentlich fremd. Aber als *Bild* jetzt in Wort und Fotos dokumentierte, dass Robbie Williams nur an einem sehr hübschen Mädchen vorbeizugehen braucht, sie nett anlächelt – und schon strahlt sie ihn begeistert an, aber damit nicht genug: Kurz darauf lässt das Minirock-Mädel sich von Robbies Bodyguard etwas ins Öhrchen flüstern, nickt, geht zum Fahrstuhl und bleibt drei Stunden in seiner Suite. Da wird man als Normalo doch verrückt vor Neid, oder? Gut, bei uns im Urlaub lief's jetzt auch nicht so schlecht, aber das ist ja nicht unser Thema. Vielmehr wollen wir einen Gedanken verschwenden auf das Pech der Verena K., der Lebensgefährtin des Tor-

warts Kahn. Verena hatte einen jungen Mann für den Neffen des schwerreichen Reeders Niarchos gehalten, hatte mit ihm herumgemacht und also ihren Torwartfreund Kahn verraten. Schlimm genug für Kahn, *Revue* schreibt, sein Antlitz sei »eine zerklüftete Landschaft aus Zorn und Verletztheit«, doch auch Verena steht schön dumm da, denn der Reedersneffe entpuppte sich als Arbeitsloser mit Ein-Zimmer-Apartment. Offensichtlich also ist Verena ähnlich intelligent wie ihr Vorbild Paris Hilton. Die wurde kürzlich gefragt, wie sie Tony Blair finde, fragte aber zurück: »Wer ist das?«

So doof werden Sie, liebe Leserinnen, niemals sein. Im Gegenteil, Ihre soziale Intelligenz wird durch *Revue* und Zsa Zsa Gabor (104) jetzt noch gesteigert. Die hat nämlich lebensklug geäußert: »Versöhne dich mit einem Mann nie an einem Sonntag. Da haben die Juweliere geschlossen.«

Zum Schluss ein Wort über Boris Becker. Der Mann scheint geradezu kathartisch geläutert. Nicht nur kümmert er sich um sein süßes uneheliches Töchterchen Anna, nicht nur sagt er wunderschöne Dinge wie: »Ich bin generell fasziniert von dem Wesen Frau.« Nein, er hat jetzt auch eine fein differenzierte Einstellung zum Sex: »Wir wollen es alle, wir brauchen es alle. Aber noch mehr geht es mir darum, Werte zu vermitteln.«

Ja, Spitze! Supi! Werte! Wir riefen gleich nach unserer neuen Redaktionsassistentin Betti (sehr zierlicher Hardbody, aber gut proportioniert): »Betti, kannste mal bitte kommen, wollen wir uns gegenseitig mal ein paar Werte vermitteln?« Sie kam sofort. Es wurde sehr wertvoll. (13.8.2006)

## Treu wie Gold, Schatzi

Viele denken ja, Angela Merkel sei etwas kühl. Franz Müntefering zum Beispiel sagt im *stern*, privat treffe er sich nicht mit Frau Merkel, und die Frage »Wann bieten Sie ihr das Du an?« beantwortet er mit sauerländischer Lakonie: »Da habe ich kein Bedürfnis.« Wesentlich freundlicher äußert sich die CDU-Bundestagsabgeordnete Katherina Reiche in *Neue Welt*. Als sie ein Kind

---

*Liebe Leute von der CSU! Was ihr in der letzten Zeit veranstaltet, ist ja wirklich klasse, vielen Dank, dagegen kann ja kein Herzblatt anstinken. Die Stoiber-Absäge-Aktion an sich war ja schon beste Unterhaltung. Aber wie ihr dann auch noch über den Seehofer hergefallen seid und aus Gründen der intellektuellen Redlichkeit und politischen Gerechtigkeit mal eben klarstellen musstet, dass der Herr Seehofer von seiner Geliebten (zierlich) ein Baby erwartet (vierter Monat) – Gruß und Dank! Und sagt mal, ihr Gaudiburschen, was habt ihr denn noch so auf Lager? Hoher CSU-Politiker beim Knutschen mit Landrätin Pauli erwischt? Obszöne Anrufe aus dem Wirtschaftsministerium heimlich mitgeschnitten? Versteckte Beckstein illegalen Ausländer? (21. 1. 2007)*

---

bekam, hielt sich Frau Merkel gerade in St. Petersburg auf und schickte ihr trotzdem eine Glückwunsch-SMS: »Das fand ich rührend.«

Wir wenden uns jetzt von Frau Merkel ab und dem

Miracoli-Würzmischungskomplex zu. Hätten Sie vor etwa 40 Jahren eine Packung Miracoli gekauft und beim Anrichten der Sauce festgestellt, dass die Würzmischung fehlte, dann wäre es gut möglich gewesen, dass Karl Dall sie im Supermarkt aus der Packung entwendet hätte. Warum er aus etwa 40 Packungen Miracoli das Tütchen mit der Würzmischung stahl, das wird leider im Interview mit dem *stern* nicht deutlich. Verkaufte er die Tütchen? War er vorübergehend würzmischungsabhängig? Warum vergriff er sich nicht am berüchtigten Miracoli-Tütenparmesan? Das sind Fragen, liebe Kollegen vom *stern*, die ihr hättet stellen sollen. Aber auch so ist das Gespräch durchaus interessant, etwa wenn Karl Dall übers Tanzengehen spricht: »Das war die einzige Möglichkeit, in einer vertikalen Begegnung ein horizontales Unterfangen vorzubereiten.«

Der reife Mann freilich sollte sich vorher überlegen, ob dieses Unterfangen nicht auch eher unangenehme Folgen zeitigen kann. Der Schauspieler Claus Theo Gärtner (63) zum Beispiel hat ja eine 36 Jahre jüngere Freundin und sagt in *Frau im Spiegel* ganz offen: »Ich weiß, dass ich eine sehr, sehr junge Frau an meiner Seite habe, und wir werden ja oft auch für Vater und Tochter gehalten.« Puh, das muss schon unangenehm sein, uns wäre das extrem peinlich, deswegen lassen wir uns öffentlich neuerdings nur noch mit Frauen über 30 blicken, innerredaktionell ist das natürlich anders. Aber jetzt haben wir in diesem Zusammenhang mal eine wichtige Frage an die Männer. Claus Theo Gärtner erzählt nämlich, dass eines Tages bei seiner damaligen Gattin Brigitte eine Frau angerufen habe: »Im Hintergrund schrie ein Kind, und die Dame behauptete, es sei von mir.« Jetzt die Frage an Sie, Männer: Wie verhalten Sie sich, wenn Ihre Gattin Ihnen von einem solchen An-

ruf berichtet? Sagen Sie: »Wie hieß denn die Anruferin?«
Dann haben Sie schon verloren. Die einzig richtige Antwort lautet: »Das kann gar nicht sein, Schatzi, ich bin
doch treu wie Gold.«

Jetzt ein Wort an dich, TV-Moderatorin Kim Fisher
(37). Du hast *Frau im Spiegel* ein Interview gegeben und
eigentlich lauter vernünftige Sachen gesagt – bis auf die
Stelle mit der Cellulite: »Frauen haben das Problem,
dass sie sich unnötig den Kopf zerbrechen. Dabei sehen
Männer bei Frauen gar nicht jeden Makel, es ist ihnen
egal, ob man Cellulite hat.« Tja, liebe TV-Moderatorin,
so kann man sich irren. Bei unserer Assistentin Betti
fiele uns jeder körperliche Makel sofort auf, aber sie hat
eben keinen, ihr Body ist perfekt! Frei von jeder Ver-
dicklichung zeigt sich auch Kate, die Freundin Prinz
Williams. Im Bikini sieht sie viel besser aus als angezogen, aber das ist ja oft so. Ansonsten wollen wir jetzt mal
der Zeitschrift *7 Tage* einen Glückwunsch aussprechen.
Das Blatt hat eindeutig den besten Überschriften-Ap-
parat der Woche gebastelt, und zwar über die schöne
spanische Prinzessin Letizia: »Mit jedem Tag wird sie
unglücklicher. Sie hat ihr Lachen verloren – und wiegt
nur noch 43 Kilo. Die Königsfamilie scheint das aber
nicht zu interessieren.«

Was uns in diesen Tagen so fasziniert, das ist die Möglichkeit, in unserem Lande einfach abzutauchen. Da
hat Patrick Süskind mit seinem *Parfum* den zweiterfolg-
reichsten deutschen Roman nach *Im Westen nichts Neues*
geschrieben, das Buch wurde soeben verfilmt, alle Welt
spricht darüber, doch nirgendwo taucht ein Interview
mit ihm auf, das letzte Foto stammt von 1986. Wieso
entgeht Dieter Bohlen der Knallpresse nie, wie schafft
Patrick Süskind die totale Abschottung? Immerhin hat
*Revue* über ihn herausgefunden, er sei 1,85 Meter groß,
habe wenig Haar, einen zwölf Jahre alten Sohn und eine

Freundin. »Es weiß auch kein Mensch, was er mit seinem vielen Geld macht.«

Wären wir so erfolgreich und so reich, wir wüssten schon, was wir täten. Statt samstags in unserem kargen Büro die Knallpresse zu studieren, lägen wir neben Betti an der Copacabana und würden ihren perfekten meeresfeuchten Körper mit Miracoli-Würzmischung bestäuben. Und danach alles abschlecken. (17.9.2006)

## Total niedlich

Ehe wir unsere traurige Lage schildern, mal eine Frage: Wenn Sie Angela Merkel wären, würden Sie sich über einen Medienpreis freuen, der den Namen »Goldene Henne« trägt? Wir auch nicht, aber Freude ist derzeit sowieso kein Begriff, der uns nahe wäre. Heinz-Dieter ist nämlich zurück. Sie erinnern sich, unser dicklicher, unangenehmer Redaktionsassistent. Hat sich aufgrund des Gleichbehandlungsgesetzes per Einstweiliger Verfügung eingeklagt. Wir mussten unsere schöne, geschmeidige, lustige Betti wegschicken. Sie war natürlich sauer, aber wir haben alles auf die große Koalition geschoben. Und versucht, uns mit der Knallblattlektüre abzulenken.

Immer mehr Titel schreiben jetzt von einer Krise zwischen Charles und Camilla. *Bunte* weiß, die Frau des Thronfolgers wird »immer zickiger«, *7 Tage* fragt, ob sie Charles mit seinem besten Freund betrogen hat, wogegen *Das Neue Blatt* glasklar herausgefunden hat, dass Charles innerhalb von sechs Monaten 73-mal heimlich in der Wohnung seiner Privatsekretärin (44, sieht aber älter aus) zu Besuch war. Folgerichtig habe Camilla vor Eifersucht getobt: »Sie war hysterischer als Diana in ihren besten Zeiten.«

Wieso wir jetzt von Camilla auf die Grünen-Parteivorsitzende und Emotionstante Claudia Roth (66) kommen, wissen wir auch nicht. Ach doch. In *Bunte* zitiert sie ihre Mutter mit den Worten: »Mir geht es nicht gut, wenn es dem Nächsten schlecht geht.« Und fügt mit geradezu Rita-Süssmuthschem Tremolo hinzu: »Dieses Denken ist tief in mir verwurzelt.« Das ist prima, liebe Claudia Roth. Wenn du also nicht willst, dass es uns schlecht geht, dann sieh doch bitte künftig davon ab, schwülstige Interviews zu geben, in einem roten Dirndl auf dem Oktoberfest bierselig in die Kamera zu prosten und jetzt unter dem seltsamen Titel *Das Politische ist privat – Erinnerungen für die Zukunft* sogar noch ein Buch zu schreiben (die Idee hatte Michel Friedman, jaja, das glauben wir aufs Wort). Aber andererseits – wenn wir es recht bedenken, kann das Werk eigentlich ganz lustig sein, jedenfalls voller unfreiwilliger Komik stecken, vielleicht werden wir es doch kaufen.

Aber sag einmal, *Bunte*, warum sollen wir eigentlich 2,50 Euro für dich ausgeben, wenn du so ungenau recherchierst wie im Falle der Udo-Jürgens-Scheidung? »Ob ein oder zwei Millionen oder wie viel sonst geflossen sind und in welcher Währung (Euro oder Schweizer Franken), spielt keine Rolle.«

Beim Bandleader James Last kam es, wie er in *Bild* berichtet, nicht zur Scheidung, aber nicht etwa deshalb, weil er brav gewesen wäre, sondern weil seine Gattin angesichts vieler hübscher Frauen vorbildliche Toleranz zeigte: »Meine Frau Waltraud ahnte das wohl, und natürlich klatschte sie dazu nicht gerade Beifall, aber sie wollte es auch gar nicht genau wissen.« Wir ahnen mal wieder, was Sie, Männer, jetzt denken: »Herrjemine, warum bin ich nicht ins Musikgeschäft eingestiegen!« In der Tat ist es ja wirklich unfassbar, welch tolle Chancen Bandleader und Sänger so haben. Selbst Schlagerfuzzy Andy Borg berichtet in *Neue Welt* über seine weiblichen Fans: »Früher haben sie mir BHs und Telefonnummern auf die Bühne geworfen.«

Ein richtiges Groupie war Uschi Obermaier nicht, dennoch hatte sie was mit vielen Musikern. Für die jüngeren Leser: Uschi Obermaier sah total niedlich aus, ungefähr wie Nastassja Kinski. Oder unsere Betti, schluchz. Sie lebte in einer Kommune, ließ ihren wunderschönen Körper nackt fotografieren und war der heimliche Traum jedes Spießers. Inzwischen 60 und noch immer attraktiv, hat sie in *Bild* jetzt aus ihrem Leben erzählt. Zum Beispiel über Mick Jagger: »Nee, von Liebe sprachen wir nie. Wir hatten Sex. Wenn er um die Ecke war, hatte er sofort eine andere.« Über ihr Alter sagt sie heute ganz offen: »60 – das ist natürlich schon eine knallharte Geschichte. Die Zahl ist erschreckend.« Gut, einerseits stimmt's ja. Andererseits, liebe Uschi Obermaier, schau dir die Uschi Glas an. Die ist schon 61, wirkt aber durchs Lifting glatt wie 59 und sagt in *Revue* treffend, bei manchen Männern denke sie als Frau schon mal: »Na, der könnte auch mal ein paar Kilo abnehmen.« Doch Vorsicht, zwei Geschichten geben zu denken. Die erste handelt von Ute A.s Mann. Dem hatte Ute A., wie sie ans *Echo der Frau* schreibt, immer nahegelegt, etwas gegen seinen Bauch zu unternehmen. Tatsächlich ging er dann ins Fitness-Studio. Warum? Weil er eine Geliebte hat. Und dann zweitens die Sache mit Christian Dior, dem bekannten Modeschöpfer. »Jahrzehntelang«, wissen die warmen Brüder von *Das Goldene Blatt*, »fand der Franzose nicht den richtigen Mann«, dann traf er den hübschen Jacques. Für den wollte er abnehmen. Aber Dior speckte so heftig ab, dass er völlig entkräftet zusammenbrach: »Herzstillstand mit nur 52 Jahren!« Also dann, Männer, doch lieber herzhaft schlemmen. Auch wenn Sie dann so doof aussehen wie unser Heinz-Dieter. (24. 9. 2006)

## Der ist wabbelig

Das Leben ist schön. Zurück aus Wien, dieser herrlichsten Stadt, erwartete uns im Büro nicht nur eine superhübsche Schweizer Redaktionsassistentin mit extrem langen Beinen, reizendem Lächeln und dem phantasieanregenden Vornamen Regula, irgendwie erinnerte sie in ihrer schlanken, aber wohlproportionierten Optik an Michelle Hunziker. Unser dicklicher Redaktionsassistent Heinz-Dieter war in die Teeküche des Herausgeber-Casinos versetzt worden – danke, liebe

---

*Einer verblichenen Lieben widmet sich* Revue. *Das Blatt analysiert die Beziehung Christian Wulffs, des niedersächsischen Ministerpräsidenten, mit der unangenehm tief im Rachen sitzenden Quäkstimme zu Frau und Geliebter: »In Christian Wulffs Leben steckt so viel harmonischer Schwung, ein Zauber des Neubeginns, der für alles Weitere offen scheint.« Über seine 15 Jahre jüngere Geliebte: »Ja, Bettina schmückt ihn. So groß, so schlank, im roten Ball-Dress ganz elfenhafte Schönheit.« Seine Noch-Gattin aber muss sich in den Sattel schwingen und sich mit anderen Zuneigungen zufriedengeben: »Die Liebe zu einem Pferd ist eine besondere, sehr tiefe Liebe.« (18. 2. 2007)*

---

Verlagsgeschäftsführung. Wir nahmen Platz an unserem mit Blumen überreich dekorierten Schreibtisch, Regula reichte Darjeeling und hatte die Knallblätter schon sorgsam mit diesen gelben Haftzetteln präpa-

239

riert, sodass wir schnell die interessantesten Stellen fanden.

Es waren lauter positive Dinge, die auch manchem Klischee widersprachen. Normalerweise denkt man ja zum Beispiel, die Berufswirklichkeit sei von harten Auseinandersetzungen geprägt, von schlimmsten Chef-Untergebenen-Beziehungen. Aber in Wahrheit gibt es immer wieder Vorgesetzte, die einen geradezu liebevollen Umgang mit ihrem Büropersonal pflegen. Geradezu vorbildlich verhält sich da Günter Verheugen, unser deutscher EU-Kommissar, er geht mit seiner Stabschefin sogar Hand in Hand spazieren. Er nimmt sich dafür sogar eigens Urlaub. Seine Gattin bestätigt in *Bunte*: »Ich wusste, dass mein Mann diesen Urlaub macht.« Das rührte uns so, dass wir nach Regulas schöner Hand griffen. Natürlich rein kameradschaftlich, sozusagen kollegial.

Regula machte uns mit der freien Hand dann darauf aufmerksam, dass in den Blättern noch weitere positive Sachen stehen. Zum Beispiel ist sehr der Einsatz der Schauspielerin Anja Kruse (50) zu loben, die in *Bild* ihre Schönheit auch mit etwas radikaleren Mitteln verteidigt: »Ich schmiere mir Hämorrhoiden-Creme ins Gesicht.« Und dann sind die Männer ja bei weitem nicht so furchtbar, wie es immer behauptet wird. Der Schauspieler Vadim Glowna etwa berichtet in *Bunte* über Romy Schneider: »Romy kratzte manchmal nachts an meiner Hoteltür und bat, ich solle doch zu ihr kommen.« Und hat er die Situation ausgenutzt? Aber von wegen: »Ich habe sie dann in den Arm genommen und in den Schlaf gewiegt. Sie war so ein einsamer, verzweifelter Mensch.« Rührend.

Auch die wunderschöne Michelle Hunziker hatte einst einen Freund, der Millionen von Männern zum Vorbild dienen könnte. Vorab muss man wissen, dass

Michelle extrem gern gekrault wird, sie nennt das »kitty-kitty«. Und was tat ihr grundguter Freund? »Roberto und ich sind mal mit dem Campingbus von Brescia nach Sizilien gefahren; acht Stunden lang hat er mich da gekrault.«

Acht Stunden! Aber auch Michelle selbst zeigt äußerst angenehme Vorlieben, die sie bei uns Männern jetzt noch begehrenswerter erscheinen lassen. Über den Körper ihres Ex-Gatten Eros Ramazzotti sagt sie nämlich in *Bild*: »Ich liebte Eros' Bauch. Er hat immer drüber gejammert: ›Der ist wabbelig, ich muss abnehmen.‹ Ich hab zu ihm gesagt: ›Wenn der Bauch weg ist, verlass ich dich.‹«

Ja, Männer, wir haben volles Verständnis dafür, dass Sie das eben Ihrer Gattin überlaut vorgelesen haben. Und sagen Sie ihr bitte auch, dass es auf äußere Schönheit viel weniger ankommt als auf einen Humor, wie ihn schon Herr Waalkes senior, also der Vater des Komikers Otto (58), im *stern* an den Tag legte: »Mein Vater lag auf dem Sterbebett, meine Mutter, mein Bruder und ich standen um ihn rum. Plötzlich ächzte und stöhnte er, wir dachten: Jetzt geht es zu Ende. Und er? Grinste und machte: Hähä – war nur ein Scherz.«

Was immer man gegen das Dauerscherzkekshafte der Existenz des Komikers Otto vorbringen kann, eines muss man ihm lassen: Trotz seines Erfolgs ist er nicht so eitel geworden wie viele Schauspieler. Über die sagt Udo Kier in *Bunte*: »Die guten Schauspieler sind meistens die nettesten Kollegen. Ich kenne aber Stars, die so in sich selbst verliebt sind, dass sie nach dem Abendessen sagen: Jetzt schauen wir uns einen Film mit mir an.«

Ein Film, der uns im Urlaub besonders gut gefiel, war *Der Teufel trägt Prada*. Darin spielt ja, wie Sie wissen, Meryl Streep die gefürchtete Chefredakteurin des weltwichtigsten Modemagazins. Für diese Figur gibt es ein

reales Vorbild, die Chefredakteurin der amerikanischen *Vogue*, Anna Wintour, die auf dem Foto in *Revue* auf etwas geliftete Weise recht attraktiv ausschaut. Dort steht auch, dass sie im richtigen Leben eine echte Zimtzicke sein muss, und »der Chef einer weltbekannten Modemarke« wird mit den Worten zitiert: »Ich hasse diese Frau«, um kurz darauf auf sie zuzustürzen: »Anna, Anna, geliebte Anna, du machst mich so glücklich.«

Regula, die immer noch unsere Hand hält, würde nie so zickig sein, das spüren wir. Soeben murmelt sie müde etwas wie »kitty-kitty«. Na gut. Kann sie haben. Auf Wiedersehen in acht Stunden. (22. 10. 2006)

## Am Fenster

Lassen Sie uns ein bisschen über Politik sprechen. Wir beneiden Politiker nicht wenig, denn ihr Schaffen verleiht ihnen ein Selbstbewusstsein, das wir Normalos nie erwerben werden. Nehmen Sie Otto Schily (74). Der *stern* schreibt über den früheren Innenminister, er tauche selten im Bundestag, aber häufig im Bistro »Einstein« auf, wo er am liebsten auf dem Promi-Platz sitze: »Ist der belegt, steuert er auch schon mal auf den ahnungslos Speisenden zu und raunzt: ›Sie sitzen an meinem Tisch.‹« So etwas würden wir uns nie trauen, aber immerhin haben wir in Anfällen von Masochismus die Lebenserinnerungen von Konrad Adenauer, Helmut Kohl und Bill Clinton gelesen. Unter uns gesagt: entsetzlich langweilig und null lustig. Als wir jetzt aber in den Auszug der Memoiren Gerhard Schröders in *Bild* hineinschauten, mussten wir schon nach fünf Minuten herzhaft lachen, das war allerfeinstes Politbiedermeier, aber lesen Sie selbst: »Als Joschka wieder draußen war und auch Heye sich verabschiedet hatte, trat ich wie immer, wenn ich eine unübersichtliche Lage zu bedenken hatte, an das bodentiefe Fenster, durch das eine späte Sonne ihre letzten Strahlen schickte.«

Ja, auch wir würden gern an unser bodentiefes Fenster treten und Arm in Arm mit unserer schönen Assistentin Regula (Schweizerin, hat aber trotzdem Humor) auf die Bäume in der Frankenallee blicken mit ihren vom Herbst hübsch und zart angefärbten Blättern; in  Wahrheit blicken wir in die Knallblätter auf unserem

Schreibtisch, und was wir lesen, ist nicht immer gut. Beispielsweise muss *Bild* über den »Knödel-König« Otto Eckart (»Pfanni«) berichten: »Jetzt ließ er sich nach 15 Jahren Ehe von seiner Exsekretärin und Ehefrau scheiden. Die Nachfolgerin ist seine neue Sekretärin und 30 Jahre jünger.« Die Details aus dem Krieg zwischen Paul McCartney und seiner Frau Heather (»Paul ist knauserig und so spannend wie ein Graubrot«) ersparen wir Ihnen, und ob der Umstand, dass Gina Lollobrigida (79) ihre 34 Jahre jüngere Pflegeversicherung heiratet, wirklich eine gute Nachricht ist, wissen wir nicht recht. Aber niemand scheint den jungen Spanier (45) zu diesem Antikenprojekt gezwungen zu haben, und die Lollo kann in *Bunte* prahlen: »Javier hat mir nie den geringsten Anlass gegeben, eifersüchtig zu sein.« Da hat er sich klüger verhalten als Michael Douglas. In einem Interview hatte er neulich von Eva Longorias Po geschwärmt, worauf seine Gattin Catherine Zeta-Jones mal kurz ausrastete. Ein Freund in *Bunte*: »Catherine hat ihn alles Mögliche genannt und richtig fertiggemacht. Erst sein Schwur, er fände keine so sexy wie sie, beruhigte sie.«

Im Übrigen wollen wir jetzt Peter Kraus loben. Weniger für seine Sangeskunst als für seinen Erfindungsgeist. Ehe der noch immer attraktive Sänger mit seinen 67 wieder auf Tournee geht, verkündet er nämlich in *Revue*: »Ich bin doch der Groupie-Erfinder. Groupies gab es zu meiner Anfangszeit zum ersten Mal in Deutschland.« Und in *Bunte* erinnert sich der Rock-'n'-Roller an seinen schärfsten Auto-Sex: »Eines dieser Mädchen hatte sich heimlich in den Kofferraum meines 3-Liter-Austin-Healeys gezwängt, während ich auf der Berliner Avus meinen persönlichen Streckenrekord aufstellte. Sie schrie wie am Spieß, als ich eine Vollbremsung machte.«

Sollten Sie übrigens mal bei einem festlichen Dinner neben der schwedischen Königin Silvia sitzen, aus lauter Begeisterung mit Ihrem Fotohandy ein Bild von ihr knipsen und fragen: »Königliche Hoheit, wie macht sich denn so Ihr neuer Premierminister Reinfeldt?«, dann haben Sie laut *Bunte* gleich drei Fehler gemacht: Man darf keine Aufnahmen machen, wenn die Königin isst, man darf ihr niemals eine politische Frage stellen und sie erst recht nicht als »Königliche Hoheit« anreden, sie heißt nämlich »Majestät«. Ja, hier lernen Sie was fürs Leben.

Wir aber haben gelernt, wie man auf schlichte Fragen kluge Antworten geben kann. So will *Frau im Spiegel* vom Komiker Otto wissen: »Was würde Ihr 18-jähriger Sohn Benjamin aus Ihrer ersten Ehe zu einem Geschwisterchen sagen?« Otto: »Ich glaube, er würde es in dem zarten Alter duzen.« Bei der nächsten Frage – »Sie haben mal gesagt, Sie wollen von allen geliebt werden. Woher kommt das Bedürfnis?« – würde sich mancher natürlich aufs Glatteis führen lassen und was von seiner Kindheit herumsülzen, nicht aber Otto: »Aus Erfahrung. Es ist nicht so angenehm, gehasst zu werden.«

Wohl wahr, Altbundeskanzler Schröder kann davon sicherlich ein Liedchen singen. Übrigens hat er uns letzte Woche besucht. Anfangs war er etwas ruppig und schnarrte: »Darf ich denn auch einmal reden, oder wollen Sie mich ständig unterbrechen?« Aber als er unsere schöne Regula sah, wurde er sanftmütig und freundlich. Wir traten dann an unser bodentiefes Fenster, standen dort zu dritt Arm in Arm und schauten der lieben Sonne nach, die eben blutrot am Abendhimmel ihre letzten Strahlen in diese gute Welt sandte. (29.10.2006)

245

# K wie Kotzbrocken

s sind diesmal vor allem ernste Themen, mit denen wir uns beschäftigen müssen. Als Erstes möchten wir Sie, Carola W. aus Euskirchen, doch sehr dringend bitten, von der Zusendung weiterer Ganzkörpernacktfotos (gefühlte Konfektionsgröße 44) abzusehen, es ist zwecklos! Und dann müssen wir Sie, liebe Leser, leider darüber informieren, dass Steffi Grafs Ehe in Gefahr ist. Warum? Liegt doch auf der Hand: Ihr Andre spielt jetzt nicht mehr Tennis und nervt, »aus Langeweile bringt er sogar die Mülltonne selbst raus«. Und auch Steffi sagt in *Das Neue Blatt*: »Er muss lernen, etwas mit seiner Zeit anzufangen.«

Dann könnte er sich ja mal bei Chris de Burgh Anregungen holen. Der Sänger hat nämlich heilende Hände, wie er in *Das Goldene Blatt* bestätigt: »In Indien habe ich jemand getroffen, der nicht gehen konnte. Ich habe ihn mit meinen Händen berührt, und er konnte plötzlich aufstehen.«

Wir fahren fort mit ernsten Themen und widmen uns dem Komplex Partnerschaft. Nun ist es auch zwischen Reese Witherspoon und ihrem Schauspielerkollegen Ryan Phillippe aus. Doch das hatten wir lange vorausgeahnt, denn während er um jede Rolle kämpfen muss, bekommt sie für einen Film nach *Bunte*-Angaben eine Gage von 15 Millionen Dollar. Wie er darunter gelitten haben muss, wurde aus einem bitteren Satz deutlich, mit dem er ihr bei einer Veranstaltung den Vortritt ließ: »Nach dir, Darling, du bringst ja auch mehr Geld nach

246

Hause.« Ja, diese Partnerschaften sind eine schwierige Sache. Noch immer denken die Männer, auch die modernen, sie müssten mehr Geld verdienen als ihre Gattinnen, eigentlich komisch.

Schon plausibler erscheinen Trennungen wegen des Altersunterschieds oder wegen Untreue. Die Schauspielerin Hannelore Hoger (65), die im Fernsehen die resolute Bella Block darstellt, war im richtigen Leben mit dem 25 Jahre jüngeren Siegfried Gerlich liiert. Jetzt aber hat er sich einer 34 Jahre alten Frau zugewendet. Für Hannelore Hoger muss das schmerzlich sein, aber es gefällt uns, wie sie darauf reagiert. Während andere *Bunte* ihr Herz ausschütten würden, antwortet sie den investigativen Reportern des Blattes kühl: »Sie können schreiben, was Sie wollen. Ich äußere mich zu der Angelegenheit nicht. Und jetzt bin ich müde und gehe ins Bett.« Wir rufen Bravo und sehen uns in dieser Zustimmung auch durch Uwe Seeler gestützt, der in *Das Goldene Blatt* über Niederlagen äußert: »Den Kopf hochnehmen und weitermachen. Schlappohren hängen lassen ist schlecht, damit kommt man nicht weiter.« Und dies wollen wir auch dir zurufen, Volksmusik-Einheizer Karl Moik, der du nach deinem erzwungenen Abschied vom Fernsehen in *Neue Welt* greinst: »Ich bin ein Rentner mit Wehmut im Herzen. Und einer, der früher das Sagen hatte und heute nur noch Befehle ausführt. Von der Frau und den Enkeln.« Ach Gottchen, dann lerne doch von Chris de Burgh das Handauflegen, vielleicht kannst du den einen oder anderen Volksmusikstar auf diese Weise zum Verstummen bringen, einfach die Hand auf den Mund, vielen Dank.

Jetzt nochmal zurück zu den Trennungen. Jeder denkt ja, in der gescheiterten Ehe Paul McCartneys sei Heather Mills die Schuldige. Wenn wir allerdings im *stern* lesen, was Marianne Faithfull über den jungen Paul und

dessen bockiges Verhalten gegenüber seiner damaligen Freundin Jane berichtet, dann kommen uns Zweifel: »An einem Abend habe es einen Streit um ein offenes Fenster gegeben. Paul, erzählt Faithfull, stand auf, um es zu öffnen, dann kam Jane und schloss es wieder. Das ging den ganzen Abend so, und niemand sprach dabei ein Wort.« Nee, dann lieber ein bisschen neurotisch. So wie Woody Allen, der im *Tagesspiegel* bekennt: »Ich bin ein wenig klaustrophobisch und habe ein wenig Platzangst. Ich bin ein bisschen depressiv und pessimistisch. Bis in meine Vierziger habe ich beim Einschlafen das Licht angelassen.« Okay, klingt ein wenig abgedreht. Ist aber immer noch besser, als schlechte Manieren zu haben wie der SPD-Politiker Ludwig Stiegler, über den *Bunte* berichtet, dass er »die vom Chauffeur offengehaltene Beifahrertür zuknallte und sich vornehm auf dem Rücksitz niederließ«.

Ja, man muss sich die Männer sehr genau anschauen. Fernsehmoderatorin Marijke Amado hat in *Das Goldene Blatt* ihr Misstrauen in Versalien gepackt: BINK steht am Anfang für Blendendes Aussehen, Intelligenz, Natürliches Auftreten und Kavalier der alten Schule. Bald jedoch, meint sie, »entpuppt sich das B als blöd, das I als intrigant, das N als nichtsnutzig und das K als Kotzbrocken.«

Na ja, ist vielleicht doch etwas übertrieben. Gibt es nicht auch bessere Männer? So wie uns? Vorhin kam unsere rassige tschechische Assistentin Jitka mit den Superkurven ins Büro und klagte über leises Stechen in der Herzgegend. Da haben wir ihr natürlich liebevoll die Hand aufgelegt. Nach zwei Stunden war es gut. (12.11.2006)

## Tu ich begehren

as Gerede über eine gewisse Bildungsferne in Deutschland können wir nicht mehr hören. Auch die Klage, wir seien längst kein Volk von Denkern und Dichtern mehr, ist doch Unfug. Nehmen Sie die *Bild-Zeitung*. Täglich beweist dort das Volk, dass es denken und dichten kann, denn neben dem aktuellen Miezenfoto auf Seite 1 steht etwas Selbstgereimtes von Lesern. Und das ist meist nicht von schlechten Eltern, wie die wunderbar sensiblen Verse von Leser Hans Günther Wallitzer aus Windsbach (Bayern) beweisen: »Ich kann mich nicht dagegen wehren, dich super Girl tu ich begehren.«

Klasse, das macht uns Mut, jetzt noch ein wenig gemeinsam mit Ihnen, Leser, über die Liebe nachzudenken. Wir glauben, es täte den Menschen gut, sich an bedeutenden Vorbildern zu orientieren, etwa an Claudia Schiffer und ihrem Gatten Matthew Vaughn. In *Frau im Spiegel* sagt sie über ihn: »Ich dachte, es gibt keinen Traummann – bis ich Matthew traf.« Und er über sie: »Als ich sie kennenlernte, dachte ich, ich würde ständig nur ihre äußere Schönheit bewundern. Doch dann merkte ich, dass sie in ihrem Inneren noch viel schöner ist.«

Ja, wären nur Prinz Ferfried von Hohenzollern (63) und seine vielfach schönheitsoperierte Freundin Tatjana Gsell (35, wirkt aber älter) mit ähnlicher Liebesbegeisterung an ihre Beziehung gegangen, wäre sie jetzt vielleicht nicht zerbrochen. Offensichtlich hat es an des

Prinzen Engagement gemangelt, er gibt in *Bunte* anstandslos zu: »Sie braucht einen Mann, der ihr unwahrscheinlich viel Liebe gibt, sie ständig umarmt, pausenlos Händchen hält.«

Vielleicht sollte der Prinz sich ein Beispiel nehmen am Chef (54) von Karin S. (43), die in *Echo der Frau* berichtet: »Beim Herbstfest unserer Großmetzgerei bin ich in den Armen vom Chef (54) gelandet, und er hat mich heftig geküsst.« Allerdings hat auch die Frau des Großmetzgers alles mitangesehen, und Karin S. ist das jetzt peinlich, was man ja auch wieder verstehen kann. Wir raten zu Ruhe und Zurückhaltung, würden jedenfalls nicht sofort wieder in der Großmetzgerei die Sau rauslassen und empfehlen dies auch im vermuteten Einvernehmen mit Désirée Nick. In *Revue* stellt sie treffend fest, das sicherste Mittel, einen Mann in die Flucht zu schlagen, sei der Satz: »Ich will bis ans Lebensende mit dir zusammensein, heiraten und Kinder kriegen.« Natürlich sind die Frauen dabei gut beraten, sich erst einmal den Richtigen auszusuchen. Wenn etwa der brandenburgische Ministerpräsident Matthias Platzeck auf die Frage von *Neue Welt*: »Haben Sie schon einmal einen Mitarbeiter angeschrien?«, antwortet: »Nö, das glaube ich nicht«, dann spricht das unbedingt für ihn.

Dass Frauen es allerdings selbst mit schwierigen Männern ein Leben lang aushalten können, zeigt das Beispiel Fritz Muliars. Er sagt in *Das Goldene Blatt* von sich selbst: »Ich bin größenwahnsinnig, grantig und nicht leicht zu ertragen«, weshalb der Krach mit der Gattin programmiert ist. Aber, und das ist jetzt ganz wichtig: Er kann sich auch entschuldigen. Dies tut er nonverbal, indem er aus Radieschen kleine Herzchen schnitzt und sie liebevoll auf ihrem Teller mit der Eierspeise verteilt.

Ja, das sind etwas schwierige, aber doch funktionierende, von Zuneigung getragene Beziehungen. Anders

ging es da freilich im Hause des Anwalts W. (66) zu, dessen unziemliche Nähe zu seiner Schwiegermutter (69) vor dem Landgericht Stuttgart verhandelt wird, Sie erinnern sich. *Bild* bringt die Sache mal wieder wunderbar auf den Punkt: »Mit Schwiegermutter in den Swingerklub. Als Lohn zahlte ihr der feine Anwalt ein Gebiss.« Nun fragte der Richter die Schwiegermutter, ob sie es nicht seltsam gefunden habe, dass ihr Schwiegersohn sie aufforderte, ihn in den Sexclub zu begleiten. Sie aber antwortete irgendwie resignativ: »Der Herr W. ist so. Der kam auch oft mit offener Hose ins Zimmer.« Kinder, ist das peinlich. Wer aber die Nase rümpft, möge zuvor in sich gehen und sich fragen, ob auch er wirklich alles über sich in der Zeitung lesen möchte, das er so in seinem Leben schon angestellt hat. Sehen Sie, jetzt sind Sie ganz still geworden.

Was uns Zeit gibt, das intelligenteste Zitat der Woche wiederzugeben. »Ist Ihre Mutter mehr Mutter oder mehr Freundin für Sie?«, fragte *Revue* die TV-Moderatorin Tita (doofer Vorname) von Hardenberg. Sie sagte: »Mehr Mutter.« Und das Blatt setzte konsequent nach: »Warum nicht Freundin?« Doch Tita von Hardenberg konterte: »Mütter und Töchter sollten ihre eigenen Freundinnen haben.«

So ist es. Auch Männer sollten ihre eigenen Freundinnen haben. Oder Assistentinnen. Wir haben unserer hübschen Jitka aus Tschechien ja jetzt ein Gedicht geschenkt: »Wunderbar sind deine Locken, doch noch schöner deine Glocken.« Sie fand das sehr chauvinistisch und kündigte fristlos. Seitdem machen wir uns Vorwürfe und haben bei *Bild*-Leser Hans Günther Wallitzer sofort einen Reimkurs gebucht. (19.11.2006)

# Eine Nase am Tag

Unverhofft begegneten uns in den Knallblättern in dieser Woche Menschen aus einer fernen, fast verwehten Erinnerung. *Revue* zeigte uns Caroline Rocher im Bikini. Und sie sah mit ihrer Wespentaille, dem muskulösen Bäuchlein und dem hübschen Brustansatz so appetitlich aus, dass man nicht verstehen mag, warum Boris Becker sich je von ihr trennen konnte. *Echo der Frau* durften wir entnehmen, dass es die Kelly Family noch immer zu geben scheint und dass sich ihr Anblick als mobile Altkleidersammlung überhaupt nicht verändert hat. In *Das Neue Blatt* aber stießen wir auf ein Foto von Monica Lewinsky. Einst war sie doch eine so lebensfrohe Praktikantin – wenn sie zu Präsident Clinton in sein eiförmiges Büro ging, waren dessen Sorgen doch gleich, hihi, »wie weggeblasen«. Heute aber trägt sie eine doofe Ballonmütze und unförmige Kleidung, und *Das Neue Blatt* kommentiert gnadenlos: »Ungeschminkt und aus dem Leim gegangen, huscht sie durch die Stadt. Sie ist arbeitslos.«

Ein hartes Schicksal. Aber versetzen Sie sich bitte mal in die Lage eines amerikanischen Vaters, dessen smarter, netter Sohn ihm und der Mama erzählt, nächste Woche werde er ein Mädchen mitbringen, das er ganz doll lieb habe. »Na prima«, sagt dann vielleicht der Vater, »wunderbar, wie heißt sie denn?« Und wenn der Sohn dann antwortet: »Monica Lewinsky«, würde der Vater sich wahrscheinlich verschlucken und einen Hustenanfall hinlegen und krächzen: »Du bist ja wohl nicht ganz gescheit. Die setzt aber nicht den Fuß über meine Schwelle.« Und wie um abzulenken und dem Gespräch eine ins Heitere weisende Alltäglichkeit zu geben, würde der Vater vielleicht noch hinzufügen: »Sag mal, Sohn, hast du eigentlich schon alle Weihnachtsgeschenke?« Das gäbe dem jungen Mann die Möglichkeit, auf das Antikenprojekt der deutschen Volksmusik, auf Maria (112) und Margot (91) Hellwig, hinzuweisen. Mutter und Tochter haben sich nicht nur in ihre allerschärfsten Dirndl gequetscht, sondern backen auf nicht weniger als acht Fotos in *Neue Welt* Plätzchen, herzen ein unschuldiges Baby und schmiegen sich an die erschrocken wirkende Husky-Hündin Lilly. Weihnachtsstress? Aber doch nicht im Hause der jodelnden Hundeerschreckerinnen. Sie haben nämlich ein tolles System: »Die Wunschzettel sind im September fertig, bis Ende November sind alle Geschenke besorgt.« Na klasse. Übrigens scheint sich am Tatendrang der beiden unermüdlichen Omis auch der Schönheitschirurg Professor Werner Mang ein Scheibchen abschnippeln zu wollen, denn er verkündet in *Frau im Spiegel*: »Ich arbeite, solange ich kann. Eine Nase am Tag – das werde ich auch mit 80 schon noch schaffen!« In diesem Zusammenhang dürfen wir erwähnen, dass die goudablonde niederländische Moderatorin Linda de Mol im *stern* über die Deutschen sagt: »Ihr seid einfach nicht so spontan, nicht so mutig. Da sind die Holländer anders. Wir sind direkter. Wir stellen und beantworten jede Frage.« Da kontert der Mann vom *stern* beinhart: »Prima. Warum haben Sie sich liften lassen?«

Aber jetzt ein Vorwurf an Sie, Leser. Ihre soziale Kälte ist ja wirklich unfassbar. Seit Jahren betrachten Sie die Bilder der winkenden Grimaldis auf dem Palast-Balkon in Monaco. Seit Jahren sehen Sie dort die Kinder Carolines, die hübsche Tochter Charlotte, die wohlgeratenen Söhne Pierre und Andrea, schließlich die siebenjährige

253

Alexandra, die ganz nach ihrem etwas ruppigen Vater, dem deutschen Prinzen Ernst August, zu geraten scheint (bohrt öffentlich in der Nase, pfeift auf zwei Fingern). Doch nie haben Sie, Leser, anders als *Das Neue Blatt* der armen Kinder zweiter Klasse gedacht, nie fiel Ihnen auf, dass Stéphanies Kleine nicht auf den Balkon durften, weil ihr Vater ein, pfui, Bürgerlicher ist.

Statt sich um die armen Kindlein zu grämen, schwelgen Sie lieber mit *Bunte* im Glücksdelir und stammeln halbblaut die Worte mit, die das Gefühlsblatt in die Welt stöhnt: »Liebe ist anarchistisch, wundervoll und gefährlich.« *Bunte* belegt die taifunartige Kraft dieses Gefühls unter anderen mit Sabine Christiansen, Nina Ruge und Ministerpräsident Christian Wulff, die alle aus Liebe etwas scheinbar Unvernünftiges taten. Und falls Sie, Leser, nicht mehr an die Macht der Liebe glauben, dann lesen Sie, was der Schauspieler Max Tidof in *Revue* über seine Gattin sagt: »Ich fand Lisa am Anfang ganz einfach doof.« Doch heute strahlt er: »Ich mag die einfach. Mich interessiert keine andere Frau mehr seit 18 Jahren. Nicht mal zum Gucken.«

So weit sind wir schon lange. Als sich neulich zwei ältere Damen in scharfen Dirndln bei uns als Redaktionsassistentinnen vorstellten, nahmen wir keine Rücksicht auf das Äußere. Seither füttern uns Margot (91) und Maria (112) mit ihren Keksen. Sie singen Weihnachtslieder, der erschrockene Husky heult dazu, das Baby quietscht, und unsere ganze Redaktion klatscht so fröhlich im Rhythmus mit, dass es eine einzige große und tiefe Freude ist. (3. 12. 2006)

## Putzfrau gegen Sex

Endlich einmal erhebt ein prominenter Schlagersänger seine Stimme. Nicht um zu singen, sondern um der
Wahrheit zu ihrem Recht zu verhelfen. »Ich bin sehr oft
fremdgegangen«, grölt Stimmungskanone Tony Marshall (68) ins *Echo der Frau*. Aber im Lande des Getrennt-
müllsammelns schafft der deutsche Mann es auch,
Wichtiges und Minderwichtiges auseinanderzuhalten:
»Ich konnte früher Sex und Liebe gut voneinander
trennen. Gefühle hatte ich immer nur für meine Frau.«
Na prima, das wird die jetzt gern lesen. Bedenklicher
stimmte uns, was *Das Neue Blatt* aus dem fernen Amerika berichtet. Dort tauchten in den *New York Daily
News* zwar nicht die Namen von Heidi Klum und ihrem
Gatten Seal auf, doch das Blatt stellte die böse Frage:
»Welcher perfekte Ehemann schlief mit einer 19-Jäh-
rigen, während seine berühmte Frau das dritte Kind
erwartet?« Doch *Das Neue Blatt* berichtet über solchen
Klatsch nicht nur, es ordnet ihn auch gleich richtig ein:
»Für Heidi müssen die Gerüchte schlimm sein. Doch
sie weiß, dass sie Seal vertrauen kann.«

Wussten Sie eigentlich, dass Barbara Becker, die Ex-
Frau des vorbestraften Ex-Tennisspielers Boris Becker,
eine Schwester hat? Wir auch nicht, sie heißt Hannah,
betreibt im Stuttgarter Süden einen Zeitungskiosk, hält
vom Prominentenleben gar nichts, hat aber auf Herrn
Beckers Partys schon Mehmet Scholl oder Andre Agassi
kennengelernt. Das fand sie zwar toll, fügt aber in *Das
Neue Blatt* über die Promis hinzu: »Die kochen auch alle

nur mit Wasser.« Stimmt das? Nö. Denn *Echo der Frau* berichtet über Kirk Douglas, der gestern seinen 90. feierte: »Bei den Damen kommt er immer noch gut an.« Und der 103 Jahre alte Johannes Heesters sagt in *Bild* nicht nur: »Ich weiß, dass Simone mir treu ist«, sondern beeilt sich zu ergänzen: »Und ich kann das auch von mir sagen.«

Wir dagegen dürfen sagen, dass wir unserem Abo von *Das Neue Blatt* treu bleiben werden, weil dort Frau Anna Berg immer diese super Ratschläge erteilt. Diesmal gibt sie Frau Carla S. (52) aus Ravensbrück recht, die sich darüber beklagt, dass ihr Mann sie seit der Geburt des Enkels immer mit »Oma« anredet, auch in Gegenwart Dritter. Und was sagt die kluge Anna Berg dazu? Sie weiß, dass solche Umgangsformen die Gefahr bergen, »dass die erotische Anziehungskraft auf Dauer nachlässt«. Vielleicht könnte man ja sogar argwöhnen, dass diese Adhäsionskraft längst nachgelassen hat, spricht ein Mann seine Frau mit »Oma« an.

Aber nichts gegen Omis. Sie sind wichtig und wertvoll, man muss sie ganz doll liebhaben. So wie die Volksmusik-Ikonen Maria (112) und Margot (91) Hellwig, die das Backen ihrer weihnachtlichen Allgemeinplätzchen in diversen Zeitschriften so heftig fortsetzen, dass die Stützstrümpfe quietschen. Über die charakterliche Beschaffenheit der alten Dame, die mit ihrem Schwiegersohn in den Swinger-Club ging, wollen wir uns nicht auslassen, wohl aber deren Tochter preisen. Die sagt in *Bild* auf die Frage, ob auch sie ihren Gatten in die Clubs begleitete: »Nein. Obwohl er gesagt hat: ›Wenn du da mit hingehst, bekommst du eine Putzfrau.‹« Ein seltsamer Tausch.

Im Übrigen wollen wir *Bunte* loben. Das Blatt war in den letzten Wochen recht langweilig, bietet diesmal aber ein paar gute Geschichten und Formulierungen.

Etwas drastisch, aber letztlich treffend beschreibt *Bunte* das Aussehen des Blue-Eyes-Interpreten Axel Schulz nach seinem Boxkampf: »Seine Frau hielt einen Mann in den Armen, dessen Gesicht aussah wie Hackfleisch.« Auch das Gespräch mit George Clooney hat uns gefallen, denn der Schauspieler sagt auf die Frage, ob auch er wie so viele seiner Kollegen ein Kind adoptieren wolle: »Das habe ich fest vor. Und zwar ein Girl. Sie sollte 24 Jahre alt sein und jede Menge Geld haben.«

Immer wieder lesenswert ist auch, wie Harald Schmidt die Hautunreinheiten seiner Jugendjahre als Karrierestimulans beschreibt: »Bei mir hieß es: Geh bloß nicht vor die Tür, wenn Sperrmüll abgeholt wird.« Inzwischen ist sein Leben die reinste Viel-Chancen-Tournee, vor allem bei »Bibliothekarinnen mit so einer Attraktivität auf den zweiten Blick, die auch Spaß haben am sanften Gequältwerden«. Und schließlich reichen wir hier auch noch eine geldwerte Lebensweisheit von Nadja Tiller an unsere geschätzten Leserinnen weiter: »Mich stören einige Dinge an Walter, aber ich sage es ihm nicht.« Wollen Sie sich das, liebe Leserinnen, in der Adventszeit auch einmal ganz fest vornehmen?

Schön. Dann hätten wir schon mal eine Sorge weniger und können uns jetzt endlich der jungen Dame zuwenden, die schon geraume Zeit draußen vor unserem Büro wartet. Ausgesprochen angenehme Erscheinung, zierlich, aber athletisch, etwa 24, wohlproportioniert, intelligente Augen. Sie wollte von uns adoptiert werden. Das mussten wir ablehnen. Selbstlos wie wir sind, haben wir sie aber an George Clooney verwiesen. (10. 12. 2006)

257

## Boah ey, halb chinesisch

Hören Sie mal, Leser M. Feldkamp, wenn Ihnen die Herzblatt-Geschichten und die Redaktionsassistentin nicht gefallen, ist das ja in Ordnung. Aber müssen Sie gleich so militant werden und per E-Mail fordern: »Schmeißen Sie Lückemeier raus!«? Geht doch auch freundlicher, oder? Gut, danke. Denn wenn man wie wir seit 1993 Woche um Woche Blätter wie *Das Goldene Blatt* oder *7 Tage* studieren muss, wird man oft von Verzweiflungsattacken geritten. In dieser Woche grinst uns beispielsweise in *7 Tage* auf sechs Fotos Carolin Reiber (81) frech in den ekelhaftesten Modeoutfits entgegen, und die Überschrift lautet auch noch »Eine Portion Eleganz gehört dazu«. Über solchen Bildern versänken wir beinahe in Schwermut, wären wir nicht in *Tempo* auf diesen wunderbaren Lauschangriff gestoßen, als das Magazin den sogenannten Partykönig Michael Ammer bei seinen belanglosen, aber voll halbidiotischen Gesprächen verfolgte. Es geht um die neue Freundin von Boris Becker.

»Janine: Die ist doch irgendwie was mit chinesisch.
Ammer: Echt?
Janine: Die ist Halbchinesin.
Ammer: Bitte?
Janine: Die ist doch Halbchinesin?
Natalie: Ja.
Ammer: Boah, also dieser Boris Becker, echt hart, mit Halbchinesinnen, ey.«

Boah ey, und dann diese Supergeschichte in *7 Tage*

über Prinz Bernhards uneheliche, in Kalifornien lebende Tochter Alicia von Bielefeld! Mit deren Mutter hatte der voll halbseidene Gatte Königin Julianas von 1948 bis 1956 ein Liebesverhältnis. Dass der Mann, der sie immer besuchte und den sie Papa nannte, mit der niederländischen Königin verheiratet war, erfuhr sie mit 17. Aber was für eine großartige Frau war Juliana doch! Als der mit allen Duftwassern gewaschene Bernhard ihr seinen Fehltritt gebeichtet hatte, durfte die uneheliche Tochter mit der Königsfamilie in den Italienurlaub. Noch im Nachhinein, liebe Königin Juliana, verneigen wir uns vor deiner, boah ey, Größe und Toleranz.

Und noch eine andere Frau wollen wir loben. Es handelt sich um die Gemahlin des Schauspielers Oliver Mommsen (37). Er berichtet in *Revue*, dass er einmal an Weihnachten zu einem Kumpel abhaute und erst am nächsten Morgen nach Hause kam: »Meine Mutter hat mich ignoriert und nur gezischt: ›Arsch.‹ Bei meiner Frau hab' ich so ein kleines Zucken im Mundwinkel bemerkt und dachte: ›Ja, da hab' ich noch eine Chance. Sie akzeptiert, dass ich meine Freiheiten brauche.‹«

Ja, die Welt sähe besser aus, wären mehr Frauen so versöhnungsbereit. Auch Estefania Küster (27), die sich wegen dessen, boah ey, Untreue von Dieter Bohlen trennte, gefällt uns, wenn sie in *Bunte* angibt: »Ich würde niemals etwas Schlechtes über Dieter sagen. Wir hatten auch schöne Zeiten miteinander.« Und auch die Ex-Geliebte vom dicken Otti Fischer, der sie ja nie mehr angerufen hat, seit beider Affäre publik wurde, schwärmt in *Bunte* heute noch von ihm: »Bei ihm konnte ich mich total fallenlassen.« Naja, ist ja auch kein Wunder, er ist ja so schön weich.

Sollte es Sie interessieren, wie es am britischen Hofe weitergeht, so gibt *Revue* darauf Antwort. Im Jahr 2013 feiert Charles das Renteneintrittsalter, ein Jahr zuvor

wird sein Sohn William 30. Die Queen wird sich bis zu diesem Zeitpunkt »mit eiserner Disziplin« quälen, und Charles ist dann »vielleicht sogar froh, ein Leben im Ruhestand führen zu können«. Und daran sieht man wieder einmal, wie schwer es der Thronfolger hat: Er bereitet sich ein ganzes Leben lang auf einen Job vor, der ihm nicht einmal sicher ist.

Sollten Sie selbst, Leser, der Rente entgegensehen, dann beginnt ja ein schwieriger Lebensabschnitt. Für diese Lebensphase sollten Sie sich Vorbilder suchen, etwa den scheidenden WDR-Intendanten Fritz Pleitgen. Zwar gesteht er in *Bunte*, er sei zu allem fähig, außer zu Hausarbeit. Aber sonst wendet er sich mit beeindruckenden Worten an seine Frau: »Ich werde für dich die größte Überraschung deines Lebens sein. Ich werde völlig entspannt sein, schöne Dinge machen, werde für dich da sein, wir werden reisen.«

Das ist prima, lieber Fritz Pleitgen, sicherlich ist Ihre Frau aber auch nicht so verrückt wie die Sängerin Gloria Estefan. In *Revue* schildert sie ihr Abtrockenverhalten nach dem Duschen: Erst das Gesicht, dann den Rücken, das linke Bein abwärts und so fort, immer in derselben Reihenfolge. »Wenn ich dabei gestört werde, zum Beispiel zum Telefon muss, springe ich danach wieder unter die Dusche und mache das von vorn.«

Wir aber dürfen Ihnen, liebe Leserinnen und Leser, einen guten Rutsch und dann ein vergnügliches neues Jahr wünschen. Wir feiern mit Jana aus Tschechien, wollen aber, sonst schimpft Leser M. Feldkamp, über ihre Figur nix verlauten lassen. Höchstens: Boah ey. (31.12.2006)

## *Total vibriert*

Das Leben ist ziemlich schön, oder? Wir jedenfalls sind vergnügt, denn in der Knallpresse gibt es wieder viele gute Geschichten, zum Beispiel die über Uschi Obermaier. Für die Jüngeren: Uschi Obermaier sah einst total süß aus, so eine gertenschlanke Mischung aus Nastassja Kinski und unserer neuen kroatischen Redaktionsassistentin Marija (23). Jedenfalls waren 1968ff. alle Männer, vor allem die Spießer, scharf auf Uschi und beneideten die Männer der Kommune 1, in der es angeblich wild durcheinanderging, was in Wirklichkeit aber eigentlich recht harmlos war. Jedenfalls ließ die Uschi nichts anbrennen oder abblitzen und erinnert sich in *Bild* auch dankbar an den Gitarrengott Jimi Hendrix: »Seine Sprache war nur noch ein leises Atmen in meinem Ohr, und mein Körper hat sofort total vibriert. Wir rauchten was und waren wie zwei Katzen miteinander.« Und bei Mick Jagger schmolz sie »vor seiner Sinnlichkeit förmlich dahin. An mir gefielen ihm ausgerechnet meine Bauchmuskeln.« Was heißt hier »ausgerechnet«? Bauchmuskeln bei Frauen sind wirklich total toll, das kann Heidi Klum sicherlich auch bestätigen. Deren Schönheitsrezept ist übrigens ganz einfach, wie sie im *Tagesspiegel* verriet: »Ich glaube an gute Gesichtspflege, gute Ernährung und gute Laune.«

Das tun wir auch, aber nochmal zurück zur Geschichte der O. Die Uschi hatte ja auch mehrere Jahre was mit dem Keith Richards von den Stones: »Er war der ehrenwerteste von allen bösen Buben, die ich kannte.« Beson-

ders interessant aber scheint uns mal wieder, was Uschi aus der Welt der Musiker erzählen kann. Keith Richards zum Beispiel reagierte auf Avancen mit stoischer Ruhe, »während sich die Frauen die Kleider runterrissen oder sich vor ihm zu Boden warfen. Keith ließ das kalt.«

Wir ahnen, Männer, dass Sie diesmal wieder mit nacktem Neid registrieren, aber wir sagen kalt, da hätten Sie halt Musiker werden müssen, dann würden sich selbst vor Ihnen die Frauen zu Boden werfen und sich die Kleider herunterreißen, aber wir können Sie hier nicht dauernd betütteln, wir müssen die Knallblätter lesen, was zum Beispiel sagt in *Revue* Thomas Gottschalk über den Papst? »Der Mann interessiert mich natürlich schon aufgrund der Art und Weise, wie er sich anzieht. Da bin ich etwas neidisch auf diesen weißen, knöchellangen Mantel.«

Ansonsten haben wir Ihnen lauter gute Dinge mitzuteilen. Prinzessin Victoria von Schweden hat erstmals öffentlich ihren Freund geküsst, Landrätin Pauli, die wo gegen den Stoiber Edmund stänkert, hat »weder ein Problem mit Alkohol noch mit Männern«, Dieter Bohlens Ex Estefania hat möglicherweise einen neuen Freund (dessen Name wie aus einem schlechten Roman klingt: Pino Persico), und Fürst Albert hat mit seiner südafrikanischen Schwimmerin einen Liebesurlaub in Kitzbühel verbracht. Die *Bunte*-Reporter gerieten über Charlene so aus dem Häuschen, dass ihnen die Syntax verrutschte: »Immer schaut sie einem in die Augen, nie verhuscht, bescheiden, über den Dingen stehend, niemals genervt, in sich ruhend, findet alles spannend.«

Na prima, sollte es, liebe Leser, in Ihrer Beziehung aber mal nicht so gut klappen, dann ziehen Sie vielleicht auseinander. Viele Paare leiden unter Alltagsproblemen wie Rülpsen oder Ordnungsfimmel. So klagt der Sänger Sasha in *Bunte*: »Ich gieße mir Wasser ein und trinke.

Rühre ich dann das Glas fünf Minuten nicht an, ist es weg und abgespült.« Sehen Sie, hätte jeder seine eigene Wohnung, würde das kaum vorkommen. Überdies fanden Psychologen heraus: »Wer mit räumlichem Abstand liebt, ist seinem Partner näher.« Und laut *Revue* drückt der amerikanische Psychologe mit dem wenig vertrauenerweckenden Namen David Schnarch es so aus: In der Liebe müsse man auch »Fremdheit pflegen«. Aber eine Garantie fürs Glück ist das natürlich auch nicht. Zehn Jahre lang viermal die Woche kam Omar Sharif in Andréa Férreols Wohnung, wie sie in *Neue Welt* berichtet, um sie dort zu lieben. Doch auf die Frage: »Hat er auch Sie betrogen?«, antwortet sie: »Da bin ich ganz sicher. Ein Mann wie Omar Sharif fragt nicht nach Erlaubnis. Er tut es eben.«

Im Übrigen sind wir und unsere Assistentinnen von der *taz* gelobt worden, echt: »Nur naive Feministinnen« würden sich an unseren Redaktionsassistentinnen stören, stand da, »in Wahrheit entlarvt Lückemeier in der bewusst ironischen Übersteigerung den alltäglichen Sexismus und den inhaltsentleerten Körperfetischismus eines Teils unserer Gesellschaft.« Äh, wie? Ach so, ja. Genau. Endlich hat es mal jemand kapiert. »Marija, wo bleibt der Champagner?«, rufen wir überglücklich, und schon kommt die schöne junge Kroatin mit ihren schwarzen Löckchen und ihrem Schürzchen und dem Röckchen und den Gläschen, und da fühlen wir uns super und stoßen an auf das Wohl der *taz*. (14. 1. 2007)

## Wie ein Pferd

he wir es vergessen, möchten wir schnell *Bunte* loben. Das Blatt umschreibt Dinge, die andere Menschen platt und grob aussprechen würden, wieder einmal wunderbar zurückhaltend, zum Beispiel so: »Angela Merkel als modischen Trendsetter darzustellen wäre übertrieben.« Das war nett, ebenso gut gefiel uns die Seite über Dinge, auf die die Society wartet. So muss man sich auf die IWC Portugieser Tourbillon aus Rotgold für 82 700 Euro nur fünf Monate freuen, während es zwei Jahre dauert, ehe Markus Lüpertz einen in Öl malt, was aber schon für 150 000 Steine zu haben ist.

Unsere schöne Assistentin Marija aus Kroatien gibt ja auch furchtbar viel Geld aus, wenn sie während der Arbeitszeit shoppen geht. Gestern kaufte sie mit unserer Credit Card einen Halb-Cup-Body aus Seide mit Strassbesatz (75 Doppel-D) für 795 Euro, brachte uns zum Trost aber die Zeitschrift *Galore* mit. Darin wird der Journalist Sven Michaelsen interviewt, der seinerseits für den *stern* mehr als 500 Interviews geführt hat und ausgesprochen interessante Dinge sagt. Wussten Sie beispielsweise, dass Peter Handke unfassbar eitel ist? Er »verteilt in seinem Haus Gegenstände, die in seinen letzten Romanen vorkommen. Wenn Sie das nicht bemerken, stehen Sie nach 20 Minuten wieder vor der Tür – ohne zu wissen, warum.« Und natürlich kann man sich denken, dass es schwierig sein muss, sich mit Claudia Schiffer angeregt zu unterhalten, aber es tut doch

gut, dies aus Michaelsens berufenem Munde bestätigt

zu hören: »Egal, was und wie Sie fragen – da kommt nichts.« Und warum ist Martin Walser »der freundlichste und langmütigste Fragenbeantworter«? Weil er früher selber Journalist war und einmal von Herbert von Karajan »mit klirrender Herablassung behandelt wurde«. Aber es ist doch wohl gleichgültig, mit welcher Kleidung man bei seinem Gesprächspartner auftaucht? Denkste. »Es gibt da schon Empfindlichkeiten. Wenn Sie Jil Sander interviewen, sollten Sie nichts von Wolfgang Joop tragen. Frau Sander verachtet diesen Mann zutiefst.«

Interessant, was? Auch im aktuellen *stern* findet sich ein ganz munteres Interview mit Familienministerin Ursula von der Leyen, die allerdings überaus zurückhaltend auftritt: »Ich werde jetzt mit Ihnen nicht über das Privatleben von Horst Seehofer reden.« Warum eigentlich nicht? Ist doch viel interessanter als die Frage, ob Frau von der Leyen früher »ein wilder Feger« war, worüber sie gleichfalls »nicht öffentlich sprechen« möchte. Immerhin äußert sie sich öffentlich darüber, wann ihr ein Mann attraktiv erscheint: »Natürlich spielt das Aussehen eine gewisse Rolle, als Einstieg sozusagen. Entscheidend ist aber der Moment, wenn er den Mund aufmacht. Ich will wissen, wie er tickt, wie er denkt, wie er fühlt.« Etwas offener gibt sich da schon die Kabarettistin Désirée Nick (46). Sonst lästert sie ja gern, aber jetzt hat sie einen ehemaligen Tänzer mit dem hübschen Operetten-Namen Oleksi Bessmertni (35) lieben gelernt und schwärmt in *Revue*: »Er hat einen Körper wie Apollo. Für meinen Blutdruck ist er wie Champagner.« Übrigens druckt dasselbe Blatt ein anmutiges Foto Helmut Kohls (76) neben seiner Lebensgefährtin Maike Richter (42) ab: »Er lächelt beseelt, sie schaut ihn bewundernd an.« Das Bild ist von unten fotografiert, und unwillkürlich fragt man sich, ob die junge Frau

volumenmäßig drei- oder viermal in Helmut Kohl auf-
gehen könnte.

*Bunte* aber wollte wissen, wie Alvaro »Doda« Affonso
de Miranda Neto (34) eigentlich seine milliardenschwere
heutige Gattin Athina Onassis (22) kennengelernt habe.
Und jetzt halten Sie Ihr Taschentuch bereit! Rührungs-
hammer! Tränenalarm! »Eines Tages war ich so nieder-

---

*Wir blicken derzeit etwas ernster in die Welt als sonst. Der*
*erste Grund liegt darin, dass wir in der Fastenzeit Verzicht üben*
*und deshalb unserer wunderschönen Redaktionsassistentin Ma-*
*rija sechs Wochen freigegeben haben. Sie zeigt sicherlich längst*
*ihren makellosen Körper der lieben Sonne über Acapulco, wir*
*vermissen sie so sehr. Den zweiten Grund aber bieten die Herz-*
*blätter, die in dieser Woche vornehmlich schlechte Nachrichten*
*verbreiten. Zum Beispiel* Bunte *über die hübsche Sängerin*
*Yvonne Catterfeld, sie »stürzte ins Karriere-Tief«, ihre Tour-*
*nee musste wegen schleppenden Vorverkaufs abgesagt werden.*
*Wir aber wollen der jungen Frau mit dem süßen Gesicht Mut*
*machen und rufen ihr zu: Halte durch, Yvonne. Und nimm dir*
*ein Beispiel an Herbert Grönemeyer, dessen Sangeskarriere*
*extrem schleppend anlief und der sich, wie der* stern *enthüllt,*
*oft rüde Kommentare anhören musste. Einen Kritiker erinner-*
*te seine Stimme an »trockenen Reizhusten«. Und bei einem*
*Konzert in Köln rief ein besonders unhöflicher Besucher schon*
*nach den ersten Takten: »Geh nach Hause, du schwule Sau.«*
*(25. 2. 2007)*

---

geschlagen, weil ich meine Tochter Viviane vermisste,
die mit ihrer Mutter zurück nach Brasilien gegangen
war, dass ich in der Sattelkammer zu weinen anfing.«
Und da kam Athina hinein, und das Glück begann,
wir schluchzen hemmungslos und lenken uns mit den

tröstlichen Worten ab, mit der auch in *Bunte* die Schauspielerin Cosma Shiva Hagen uns unattraktive Männer aufrichtet: »Hübsche Männer finde ich grässlich.«

Ist Prinz William hübsch? Wir würden sagen: ja. Aber Petra und Tamara, die beiden Töchter des Formel-1-Tycoons Bernie Ecclestone (76), flippen in *Welt am Sonntag* regelrecht aus, als das Blatt fragt, ob alle englischen Mädchen für den Enkel der Queen schwärmen: »Waaaas? Noooo! Also wirklich nicht. Der sieht aus wie ein Pferd. Er könnte doch längst arbeiten oder wenigstens irgendwas mit Charity tun. Ich könnte nie mit einem Mann zusammensein, der nichts macht, außer wie ein Pferd zu gucken.«

Das war jetzt ziemlich uncharmant, aber Moment mal, Marija führt gerade den neuen Halb-Cup-Body aus Seide mit Strassbesatz (75 Doppel-D) vor, da betritt Jil Sander unser Büro, und wir entdecken an Marijas Dessous das Label Joop! »Zieh sofort das Ding aus«, zischten wir. Das war dann ein erfreulicher Anblick. Auch Jil Sander war sehr beeindruckt. (11. 2. 2007)

## Er war so peinlich

Ist Ihr Leben derzeit auch so unangenehm wie unseres? Noch immer räkelt sich unsere schöne Assistentin Marija mit ihrem kroatischen Luxuskörper unter der Sonne Acapulcos und schickt uns dann und wann Strandfotos per SMS. Das allein ist hart genug. Aber auf dem letzten Bild war am Rande ganz eindeutig eine Männerhand auf ihrer Schulter erkennbar. Grrr!

Um unseren Neid und unsere Eifersucht noch zu steigern, stießen wir in *7 Tage* auch noch auf die Nachricht, dass der Playboy-Erfinder Hugh Hefner (80) zum dritten Mal heiratet, nämlich seine Gespielin Holly Madison (27, der Name wahrscheinlich ebenso getunt wie ihre Brüste). Das mit der Hochzeit ginge ja noch, wenn das Blatt nicht schriebe, Hugh »lebte bislang mit Holly und zwei weiteren Freundinnen zusammen«. Und bei Wikipedia ist zu lesen, dass er bis März 2005 sogar »mit sieben Frauen im Alter von 18 bis 28 Jahren« Tisch und Bett teilte. Also, das ist doch eine echte Sauerei. Was wollen diese alten Knaben nur mit den jungen Dingern, wir verstehen das nicht.

Manchmal freilich ist es auch nicht die schiere Fleischeslust, die alte Herren zur Jugend zieht. Bei Alfred Hitchcock war es wohl mehr die Macht. Seine schöne Darstellerin Tippi Hedren aus dem Klassiker *Die Vögel* (1963) analysiert in *Das Goldene Blatt* die seltsame Seelenarchitektur des Regisseurs: »Seine Vorliebe für Blondinen resultierte aus dem Drang eines kleinen, unattraktiven, dicklichen Mannes mit einem Min-

derwertigkeitskomplex, uns, die kühlen, unnahbaren Blonden, zu beherrschen. Das gelang ihm ja meistens auch vorzüglich.« Sehr viel angenehmer ist da doch der schleswig-holsteinische Ministerpräsident Peter Harry Carstensen (60). Er scheint auch gar kein Machtmensch zu sein, denn auf die Frage von *Bunte*, ob er weiter gehende Ambitionen hege, antwortet er gemütlich: »Nein. Kanzlerin kann ich nicht werden, und der Papst kommt schon aus Deutschland.«

Weniger nett ist offenbar der Schriftsteller Franz Xaver Kroetz (61), der sich erst in eine 45 Jahre alte Hotelbesitzerin verliebte, sich dann aber abrupt von ihr trennte. Nun hat die Hotelbesitzerin alles an *Bunte* verpetzt und gibt sich auch sonst kämpferisch. Wenn er jetzt vor ihr sitzen würde? »Dann würde ich ihm einen Schweinsbraten um die Ohren hauen.«

Weniger militant gibt sich wieder einmal Hansi Hinterseer, die Oberschmalzbacke der Volksmusik. Alle naselang gibt es in der Doofpresse so viele Berichte über seine Treue zu Gattin Romana, dass man beginnt, an eben jener Treue zu zweifeln. Aber *Das Neue Blatt* darf jetzt sogar aus einem Brief Romanas an ihren Gatten zitieren: »Für jede einzelne Stunde mit Dir bin ich dankbar. Jeder Tag mit Dir macht süchtig.« Also, das ist jetzt vielleicht doch ein bisserl übertrieben, oder? Wir persönlich sind ja zum Beispiel von unserer Redaktionsassistentin Marija auch immer ehrlich begeistert gewesen, vor allem wenn sie im Büro ihren Bikini trug, aber dass wir nun für jede einzelne Stunde nachgerade dankbar gewesen wären – nee, man soll gerade in Liebesdingen immer aufrichtig bleiben. So, wie es in *Bunte* die Berliner Steuerberaterin Birgit Diehn tut.

Sie hat soeben den Schlagersänger Christian Anders (62) geheiratet, über den ja jeder denkt: Rad ab. Aber lesen Sie selbst, Frau Diehn ist herrlich ehrlich. In einem

Berliner Lokal hatte sie ihn kennengelernt. Er gleich: »Meine Wohnung ist um die Ecke. Willst du nicht mitkommen?« Sie ließ ihn stehen: »Christian Anders? Das ging gar nicht! Sein Ruf, seine unsäglichen Lieder, sein Aussehen. Ich war entsetzt, dass er es auch nur gewagt hatte, mich anzubaggern.«

Doch der Mann, der mehr als 20 Millionen Platten verkaufte, gab nicht auf, sondern kam unter dem Vorwand, eine steuerliche Beratung zu brauchen, in Frau Diehns Büro: »Ich bin sofort mit ihm ins nächste Café gegangen aus lauter Angst, dass irgendein wichtiger Mandant auftaucht. Meine beiden Söhne haben anfangs genauso reagiert wie ich. Sie fanden Christian einfach nur peinlich.« Wie aber hat er es dann geschafft? Nun, steter Tropfen höhlt den Widerstand: »Er war immer da, höflich, reizend, zuvorkommend.« Im Übrigen kann man Christian Anders als erfahrenen Ehemann ja sicherlich empfehlen. Er bestreitet in *Bunte* jedenfalls nicht, mit rund 2000 Frauen im Bett gewesen zu sein.

Mein Gott, Hugh Hefner lebt mit sieben Frauen auf einmal zusammen, Christian Anders hat 2000 beglückt, und wir? Wir sind assistentinnenseelenlos allein, fahren jetzt aber zum Landeskriminalamt nach Wiesbaden, lassen dort das Foto mit der Hand auf Marijas Schulter analysieren, und wenn es sich um die Hand eines älteren Lüstlings vom Typ Christian Anders handelt, fliegen wir nach Acapulco und hauen ihm 2000 Schweinsbraten um die Ohren. (11.3.2007)

## Danach blieb sie stumm

uf einem Parkplatz! An einem der banalstmöglichen Plätze dieser Welt soll eine Jahrhundertliebe beendet worden sein. Zwischen parkenden Autos nahm Kate Middleton (25) auf dem Handy den Anruf entgegen, mit dem Prinz William (24) eine Beziehung beendete, die auf dem Thron hätte gekrönt werden können. Was war da eigentlich los? Der *stern* kennt sich mal wieder überhaupt nicht aus, stochert gefühlsmäßig voll im Nebel, findet aber immerhin eine ganz nette Formulierung: »Ein letztes Gespräch, und sie war vom Windsor verweht.«

Gottlob gibt es *Bunte*. Das Blatt hat eine jener unverzichtbaren Zeugen aufgetrieben, die nie ihr Plappermäulchen halten können – so genannte Freundinnen, die über Kate und das Abschiedstelefonat wissen: »Danach blieb sie stumm. Tief verletzt erschien sie uns, ihr Herz war gebrochen.« Hatte sie nichts ahnen können? Oh doch, der Prinz war immer öfter feiernd mit seinen Kumpels zusammengeblieben, hatte tief in Gläser und Ausschnitte geschaut. Und im Februar küsst William eine gewisse Tess, die in *Bunte* sagt: »Aber ohne Zunge.« Kate ist dennoch fassungslos. Dann aber vor kurzem druckt die *Sun* ein sonderbares Foto. Irritierend daran ist gar nicht der Umstand, dass die rechte Hand des künftigen Königs von England den Busen einer Brasilianerin umfasst, sondern dass er dies mit bewusstem Blick in eine Kamera tut. Diese Büstenhalterei geschieht mit einer gleichsam kühlen Mechanik, sie ist auch gar

nicht lustbetont, sondern irgendwie nur prollig. Es ist eines jener Fotos, für die sensiblere Naturen sich schämen würden, wenn ihre Oma sie betrachtet, aber Willies Gesichtsausdruck ist leer und mechanistisch. Wie soll er später Kinderkliniken eröffnen und verdiente Altenpflegerinnen mit Orden auszeichnen, wenn das Volk weiß, dass er früher ein primitiver Grapscher war? Da hilft nur eines: Er muss sich veredeln durch eine neue Partnerin, engelsgleich und reinen Herzens. Möglicherweise ist das eine junge Dame mit einem Namen, den Loriot erfunden haben könnte: Isabella Anstruther-Gough-Calthorpe. Während Sie, Leserinnen, jetzt Ihren Mann bitten, diesen Namen dreimal laut und fehlerfrei nachzusprechen, können Sie bitte über eine wichtige Frage nachdenken: Wären Sie die sitzengelassene Kate und Buchverlage und Magazine würden Ihnen für die Vermarktung Ihrer Geschichte 7,5 Millionen Euro anbieten, würden Sie dann Ihre Diskretion aufgeben? Tatsächlich nicht? Das ehrt Sie aber, das zeigt wahre Charakterstärke.

Über die muss auch Prinzessin Sissy zu Bensheim und Steinfurt verfügen, geborene Schauspielertochter Böhm, denn gegenwärtig trennt sie sich von ihrem fünften Gatten. *Bunte* zählt auf, was sie mit jedem Einzelnen erlebte, wir aber beschränken uns auf die Wiedergabe ihrer Erfahrungen mit dem Sänger Büse: »Büse hatte nicht nur einen Basset-Hund, der im Bett schlief und pupste, sondern stand bei seinen weltweiten Auftritten nicht nur auf der Bühne seinen Mann.« Trotz dieser und anderer nicht so tollen Sachen, die sie mit Männern erlebte, hat sie ihren Lebensoptimismus nicht verloren und sagt: »Männer sind etwas Großartiges.«

 Gewiss, fügen wir hinzu, aber freilich nur dann, wenn sie auch gebildet sind. Wäre der Leser aus Dü-

ren etwas schlauer, hätte er nicht den *Playboy* um Rat fragen müssen. Er hat auf einer Vernissage eine verheiratete Frau kennengelernt, die beiden schreiben sich seither leidenschaftliche E-Mails. Doch »als sie mich nun fragte, ob ich ihr Cicisbeo sein möchte, war ich ratlos. Was ist das?« Schau mal, lieber ungebildeter Mann aus Düren, ein Cicisbeo (mit zwei Mal »tschi« und Betonung auf dem e) war an italienischen Höfen der Begleiter und Gesellschafter der Frau, wenn deren Gatte abwesend war. Der *Playboy* wird noch deutlicher:

*Seit einiger Zeit schreibt in* Bild *ja ein neuer Klatschreporter. Er heißt »*Bild*-Kolumnist Körzdörfer« und wählt seine Worte so erregt, als habe er immer einen Finger in der Steckdose. Zum Beispiel über unseren deutschen Oscar-Gewinner, der genau so heißt, wie Mark Twain sich den Namen eines Deutschen vorgestellt hätte, nämlich Florian Henckel von Donnersmarck: »Ich bin so begeistert von diesem selbstbewussten, demütigen Kino-Visionär, dass ich ihm als Alter (52!) das Du anbiete.« Und wenig später gerät* Bild*-Kolumnist Körzdörfer endgültig in Verzückung: »Ein Deutscher lebt seinen Traum. Dank seiner Vision. Weil er an sich selbst glaubte. Und sich nicht beirren ließ durch Zweifel. Solche Menschen braucht Deutschland.« Richtig, Körzdörfer, alter* Bild*-Kolumnist, klasse ausgedrückt, solche Kolumnisten braucht Deutschland. Wir sind so begeistert, Körzdörfer, dass wir dir hiermit das Sie anbieten. (4.3.2007)*

»Was Ihre Bekannte Ihnen anbietet, ist unverbindlicher Sex.« Wir wünschen dem ungebildeten Dürener sehr viel Vergnügen und hoffen, dass sich die Dame auf die Dauer nicht als so zickig erweist wie Victoria Beckham. Die wurde auf dem Wilshire Boulevard in Los Angeles von einem freundlichen Mann angespro-

chen: »Entschuldigen Sie, aber: Herzlich willkommen in Amerika.« Gott sei Dank war *Revue* dabei und beobachtete: »Statt eines Lächelns schenkte sie ihm einen eiskalten Blick. Und ihr Bodyguard blaffte ihn an: ›Wer hat Ihnen erlaubt, sie anzusprechen? Das ist Mrs. Beckham!‹« Die wir übrigens genauso wenig ansprechend finden wie die Mädels aus dem *Playboy*. Eine seltsam sterile Erotik scheint einem da entgegen, es sind sozusagen polierte Frauen, herzlos. Um wie viel lebhafter und interessanter sind da doch Wesen wie unsere neue bulgarische Assistentin Snejanka, hübsch, zart, voller Seele und Glut. Aber die Witze im Playboy sind ganz gut: »›Für dich zählt immer nur Fußball‹, zürnt die Frau. ›Du weißt ja noch nicht mal, wann wir geheiratet haben.‹ ›Doch, doch‹, entgegnet der Gatte, ›das war, als wir gegen Bremen 4:2 verloren haben.‹« (22.4.2007)

## Kohl isst rohe Butter

oeben serviert uns unsere bulgarische Redaktionsassistentin Snejanka eine Packung Butter, und wir beginnen mit einem Geständnis. Die Sache ist uns so peinlich, dass wir uns nie geoutet hätten, würde uns nicht ein Größerer den Mut dazu verleihen. Also, es ist so: In Stress-Situationen essen wir Butter. Schmeckt total gut und beruhigt die Seele. Das Gleiche tut offenbar auch Helmut Kohl. Jedenfalls, wenn man dem ehemaligen schwedischen Premier Göran Persson Glauben schenkt. Im Fernsehen seines Heimatlandes hat er über das Essverhalten des damaligen Bundeskanzlers bei einer erregten Debatte über den Euro berichtet: »Dann setzte er sich hin und begann, Butter zu essen. Massenweise Butter. Erst einen Teller, auf dem wohl zehn Stückchen zu je zehn Gramm lagen. Der war schnell weg. Dann noch einen. Erst danach beruhigte er sich langsam.«

Echt interessant. Wenn Sie uns jetzt bitte noch, sehr geehrter Helmut Kohl, verraten könnten, ob Sie die Butter zu lutschen oder zu kauen pflegen, dann wäre alles in Butter und wir könnten uns einem weniger fetten Thema zuwenden, den Frauen. Nur 59 Prozent der deutschen Frauen sind zu dick, aber 75 Prozent der Männer, hat *Vanity Fair* ermittelt, was sich ja furchtbar anhört und sicherlich viel an dieser Butteresserei liegt. Gottlob nicht übergewichtig sind die beiden Freundinnen, die sich derzeit Oliver Kahn (37) hält, der Fußballtorwart.

Seine Neue sieht auf ihre dunkle Art ziemlich gut

275

aus und war mal Miss Tirol. *Revue* stellt die Frage: »Warum fliegt er nur auf Disco-Girls?« Wir aber antworten: Doofe Frage, alle Männer jenseits der 37 fliegen auf Disco-Girls, auf wen denn sonst? Meinst du, *Revue*, wir hätten unsere Snejanka bei der Vorlesung »Elektronisch angeregte Zustände großer Moleküle« kennengelernt? Oder Jack Nicholson (70) hätte seine 2000 Frauen mit heiteren Vorträgen über Laserstrahlauftragsschweißen von Gitterstrukturen verführt?

Nichts da: Männer wollen Disco-Girls, und Disco-Girls wollen Männer, die ihnen etwas bieten können. Wie der jetzt wieder freie Prinz William von England. Der junge Mann ist 24, er sieht ganz nett aus, er hat Geld und kann eine Frau zur Königin machen. Alles also spricht dafür, dass er in seinem Herzen denkt, was der Sänger Abi Ofarim heute in *Neue Welt* offen ausspricht: »Das Wort Treue gibt es in meinem Lebenslexikon nicht. Ich habe zu allen Frauen immer gesagt: ›Genießt jede Sekunde mit mir. Wer weiß, was morgen ist.‹« Übrigens war Abi Ofarim in seinen reichen Tagen sehr unreif. Einmal verschenkte er seinen Jaguar, nur weil der zwei Pannen hatte. Als sehr viel anmutiger muss dagegen Robbie Williams' Verhalten gelten. Weil seine Freunde die Zufahrt seines Nachbarn in Los Angeles zugeparkt hatten, stellte er ihm am nächsten Tag als Entschuldigung einen neuen Bentley (250 000 Euro) vor die Tür.

Aber während Sie, Leser, jetzt primitiv neidisch sind, stellen wir warmherzig und sensibel die Frage: Wie mag es wohl Kate Middleton gehen, der sitzengelassenen Ex des Prinzen William. *Bunte* urteilt hart und glaubt nicht, dass die hübsche, jetzt so gedemütigte junge Frau wieder einen adäquaten Partner finden wird: »Wer hat das Selbstbewusstsein, mit einem – brutal gesagt – Auslaufmodell durchs Leben gehen zu wollen?«

Also, liebe *Bunte*, das ist dann doch ein wenig weit gegangen, Auslaufmodell. Das kannst du nur büßen, indem du möglichst rasch recherchierst, wer der deutsche

---

*Nicht ganz leicht muss auch die Kindheit von Heide Simonis und ihren beiden Schwestern gewesen sein. Die spätere Kieler Ministerpräsidentin, erzählt sie in* Revue, *bekam von ihrer Mutter zu hören, dass sie mal in der Gosse landen und bestenfalls zur Friseuse taugen werde. Ihrer jüngeren Schwester ging es aber auch nicht besser. »Zu mir sagte unsere Mutter: Du bist so hässlich, du kannst ruhig jahrelang Jura studieren, du kriegst eh nie einen Mann.« (15.4.2007)*

---

Politiker war, mit dem das Ex-Pornomodell Cicciolina in deinem Blatt andeutet, eine Affäre gehabt zu haben. Und ein paar pikante Details zur Seehofer-Affäre wären ja auch mal wieder dringend nötig.

Auch mit dir, *Neue Welt*, müssen wir ein ernsteres Wörtchen sprechen: In deiner Geschichte über Peter Alexander »Er hat die Liebe neu entdeckt« raunst du etwas von »viel jüngeren Frauen«, die den beliebten alten Lausbub (80) verehren und begehren. Leider gebe es aber »Nachbarn, die schauen, wer in sein Haus geht. Leute, die spitze Bemerkungen machen, wenn ein älterer Herr rote Rosen oder Champagner kauft«. Beim nächsten Mal, *Neue Welt*, berichtest du aber bitte schön haarklein, wer da bei Peter Hausbesuche macht, für wen er rote Rosen ersteht, um wie viele Jahre die Damen jünger sind und ob sie in ihrer Schönheit den Redaktionsassistentinnenstandard erreichen.

Auch in schöne Töchter kann man auf wohlwollende Art ja ganz vernarrt sein, muss aber auch damit leben, dass sie sich von einem lösen. Des Schauspielers

Dominic Raackes Töchterlein (15) sagt zu ihm, wenn er sie anruft: »Oh, Papa, das ist aber im Moment ganz schlecht.« Aber das geschieht ihm recht, denn 1998 sagte er etwas Ungeheures: »Wenn ich in die U-Bahn oder ein Lokal komme, checke ich innerhalb von Sekunden die Frauen ab. Das sind alles potenzielle Sexualpartnerinnen. So sind alle Männer.« Eine Frechheit. Wir würden nie so denken. Wir fahren allerdings auch nie U-Bahn. (29. 4. 2007)

# Mit Stoiber im Garten

Es interessiert Sie gar nicht, dass der Fußballtorwart Oliver Kahn (37) vorübergehend mit einer jungen Dame (20) ausgegangen ist, die Jasmin heißt, ganz hübsch aussieht und mal Miss Tirol war? Okay, das ist Ihnen grundgleichgültig, aber vielleicht finden ja die finanziellen Begleiterscheinungen solcher Partizipationsprominenz Ihre Aufmerksamkeit: Was muss man eigentlich zahlen, will *Bunte* von Jasmins Managerin wissen, wenn man die junge Dame zwei Tage für ein Fotoshooting buchen will? »Zwei Tage? Nur Kleider, keine Bikinis?«, fragt die Managerin, rechnet nach und sagt: »4000 Euro.« Ah ja, und wie war das vor der Geschichte mit Kahn? »800 Euro am Tag.« Donnerwetter, denken Sie sich jetzt, da könnte sich doch auch Ihre Tochter mal zur Miss Nördliches Ostwestfalen wählen und sich anschließend mit einem Promi blicken lassen. Beispielsweise mit Dieter Bohlen.

Der steht eigentlich gar nicht so auf junges Gemüse, hat er dem *stern* anvertraut: »Es ist nur so, wenn ich abends weggehe, stehen da lauter 25-jährige Mädels.« Und da nimmt er sich halt eine 25-Jährige, das kann ihm ja niemand verdenken. Übrigens ist seine neue Freundin Carina sogar erst 23, weshalb der *stern* dem 53 Jahre alten Bohlen die fiese Frage stellt: »Was würden Sie sagen, wenn Ihre 17-jährige Tochter mit einem 30 Jahre älteren Kerl ankäme?« Doch Bohlen antwortet klug: »Was nützt ihr ein 19-jähriges Arschloch?«

Ach, der Hang der älteren Herrschaften zu ganz jungen Frauen ist schon schlimm. »TV-Star« Julia Thurnau (33), Ihnen allen aus der Qualitäts-Serie *Die Alpenklinik* bekannt, stöhnt auf ihrer Flucht vor der Besetzungs-couch in *Das Neue Blatt* über die Männer: »Die wollen nur 'ne ganz Junge: Vom Körper schon Frau, im Kopf noch ein Mädchen. Wenn man da eine eigene Meinung hat, machen die sich doch in die Hose.« Schon mit 20 sammelte sie entsprechend schlechte Erfahrungen: »Ein Regisseur hat mich mal zum Casting eingeladen. Der hat gleich ein Hotelzimmer und Champagner bestellt.«

Ach, denken jetzt unsere männlichen Leser, die wir wie immer sehr gut einschätzen können: »Warum bin ich nicht Regisseur geworden oder hätte wenigstens zur Unterstreichung meiner Bedeutung ein paar Body-guards, die vor und hinter mir herlaufen und einen Knopf im Ohr haben und mich vor kreischenden Mäd-chen mit Frauenkörpern schützen?« Aber dann fällt Ihnen doch wieder ein, dass Sie als Steuerfachanwalt relativ selten mit solcher Frauenleidenschaft konfron-tiert werden und andere dringender eines Leibwächters bedürfen. So sieht es in *Bunte* auch Thomas Gottschalk: »Für Tokio Hotel ist es ein echtes Problem, jederzeit von einer fliegenden Zahnspange getroffen werden zu können – und Jennifer Lopez würde ohne Bodyguards wahrscheinlich dauernd in den Hintern gezwickt.«

Auch der Schauspieler Armin Rohde könnte, folgt man seiner Selbstdarstellung, schon einmal zum Zwi-cken neigen, er beschreibt sich in *Revue* als übermütiges Mannsbild: »Ich glaube, ich würde es mit mir nicht aus-halten. Manchmal bin ich mir selbst zu anstrengend.« Auch mit Jacques Chirac verheiratet zu sein, kann kein reines Vergnügen sein. Erstens nennt er Gattin Berna-dette *tortue*, Schildkröte. Und zweitens hat er frauen-mäßig ja wohl nie etwas anbrennen lassen. Aber wie lässig seine Gattin damit umgegangen ist – Chapeau!

*Revue*: »Dass Jacques ein Frauenheld war, hat die wohl-erzogene Bernadette mit der Haltung, die in ihren Kreisen üblich ist, ertragen. ›Die Frauen wechselten wie im Galopp‹, sagte sie, aber an Scheidung habe sie nie gedacht.« Übrigens hat Madame als Tochter des Hochadels nie Kochen gelernt. Einmal, zu Beginn der Ehe, wollte sie ihrem Mann ein Omelett braten und haute die Eier samt Schale in die Pfanne.

Jetzt eine Frage an dich, Nadja Abd El Farrag (42), geborene Naddel. In *Revue* sprichst du von deiner neuen Liebe und deiner kommenden Karriere als Volksmusiksängerin, das ist alles schön und gut. Dann aber sagst du etwas Rätselhaftes: »Früher war ich für alle nur ›Naddel, das kleine Dummchen‹.« Und heute? Das große Dummchen?

Zum Schluss ein Wort der Rührung. Allmählich naht ja die Zeit, da Edmund Stoiber aus der Politik scheidet. Das erfüllt unser Herz schon heute mit Wehmut. Wie werden wir seine Stolpersätze vermissen, vor allem, wenn es ums Blumenhinrichten und um Gärtnerspiele mit seiner Frau geht, bitte sprechen Sie jetzt laut mit: »Wenn ich da mal eine halbe Stunde, ’ne Stunde oder zwei Stunden am Sonntag im Garten sitz, und es ist einigermaßen gutes Wetter, da tanke ich Kraft, und ich hab’s mir angewöhnt, dass ich jeden Tag in der Früh in den Garten schau und da vielleicht eine Blume hinrichte oder aufrichte, ja, und a bissel mähen tu ich, und ansonsten sag ich meiner Frau, was ich alles tun würde, und dann macht sie es beziehungsweise mit dem Gärtner zusammen.« (6. 5. 2007)

# Ungewöhnliche Paare

er Trainer des 1. FC Nürnberg Hans Meyer (64) hat ja jetzt zur Feier des Pokalsiegs seine Freundin Maren mitgebracht. Erstens ist sie 28 Jahre jünger und zweitens Dramaturgin am Staatstheater Nürnberg, was *Bunte* zu irritieren scheint. Doch da sagt Maren (36) etwas Kluges: »80 Prozent aller Paare, die ich kenne, sind ungewöhnlich.« Ja, wenn man mal etwas länger darüber nachdenkt, muss man Maren (36) recht geben. Denken Sie nur an Königin Margrethe und ihren Prinzen Henrik. Die beiden feiern heute ihren 40. Hochzeitstag, und *Echo der Frau* glaubt zu wissen, warum die beiden bis heute zusammenhalten: Sie akzeptieren gegenseitig ihre Schwächen und tragen Streit offen aus. Der Prinz (1,88 Meter) hat es in der Tat ja nicht leicht. Immer muss er sich zurückhalten, in ihrem königlichen Schatten stehen, muss eine Sprache sprechen, die er als Rachenkrankheit empfindet, und steht außerdem unter Dauernikotineinwirkung seiner zigarettenkranken Frau (»zigarettenkrank« ist von nun an die politisch korrekte Entsprechung von »alkoholkrank«). Sie aber gleicht das alles aus, indem sie ihn daheim den absolutistischen Herrscher spielen lässt. Vielleicht ist sie ihm aber auch ganz einfach dankbar, dass er sie genommen hat, denn Margrethe misst 1,83 Meter und fand lange Zeit keinen auch in dieser Hinsicht passenden Partner.

 Schnell weiter mit den ungewöhnlichen Paaren. Zu ihnen dürfen wir getrost die als schwierig geltende

Schauspielerin Katja Riemann (»Jetzt können Sie schreiben, dass ich eine Zicke bin«) rechnen und ihren neuen Freund Raphael B. Über den kam jetzt heraus, dass er früher Pornofilme als Mitwirkender bereicherte. Was ja noch nicht so schlimm wäre, wenn er es ihr gestanden hätte. Was aber offensichtlich nicht der Phall war, weshalb er in *Bunte* mit den Worten zitiert wird: »Das ist eine Riesenkatastrophe.« *Bild* aber befragte prominente

---

*Sicherlich wissen Sie alle, dass Susanne Klatten, geborene Susanne Quandt, einst ein Praktikum bei BMW machte, sich dort aber Susanne Kant nannte und in der Mittagspause mit einem Ingenieur ins Gespräch kam. Die beiden verliebten sich ineinander. Was Sie aber vielleicht nicht wussten und was* Revue *jetzt nur am Rande erwähnt: »Erst sieben Monate später erfuhr Jan Klatten, wer seine Freundin wirklich ist.« Ach, da wären wir ja schrecklich gern dabei gewesen, als Susanne Quandt es ihrem Jan gebeichtet hat. Vielleicht hat sie gesagt: »Du, Jan, ich muss dir mal was sagen, in Wirklichkeit bin ich gar nicht die Praktikantin Kant, sondern die Milliardärin Quandt.« Schlau gemacht. Aber auch der mittellose spätere Gatte der Flick-Tochter Alexandra handelte klug, als er seiner schwerstreichen Freundin einen Ehering aus Stanniol drehte: »Ja, du liebst mich!«, soll Alexandra gejubelt haben. »Jeder Idiot hätte mir einen Bulgari-Ring geschenkt. Du aber einen von Marlboro.« (13. 5. 2007)*

---

Frauen, ob sie einem Partner solche rhythmische Sportgymnastik vor der Kamera verzeihen würden, und Schlagersängerin Kristina Bach (45) sieht darin keinen Abgrund von Liebesverrat: »Ich kann mir sogar vorstellen, dass es Frauen gibt, die eine solche Porno-Vergangenheit richtig antörnt.«

 Auch Prinz Albert von Monaco und Charlene Witt-

stock sind ja kein gewöhnliches Paar. Du liebe Güte, sie ist eine Schwimmerin, was einen auch nicht gerade dazu prädestiniert, ein Land zu repräsentieren. Allerdings müssen wir sagen, dass ihr Gesicht genau jenes Maß von Unperfektion zeigt, das es schon wieder interessant macht. Außerdem hat sie astreine Beine und diese breiten Schwimmerinnenschultern. Wissen Sie eigentlich, dass breite Schultern bei einer Frau unglaublich sexy wirken können, vor allem in Tateinheit mit ganz hauchzarten Spaghettiträgern? Der absolute Wahnsinn! Schönheit pur! So was von scharf! Aber Entschuldigung, wir wollten ja noch auf den Ehevertrag kommen, den Charlene im Falle ihrer Hochzeit unterzeichnen muss. Laut *Bild* wurde er noch zu Zeiten des Fürsten Rainier aufgesetzt und gilt als »unverhandelbar«. Danach würde im Falle einer Scheidung jede Frau das Besuchsrecht bei den gemeinsamen Kindern verlieren und bekäme nur eine geringe Apanage. Gäbe sie nach der Ehe Interviews, wäre diese Knete ebenfalls futsch.

Auch der neue französische Premier Nicolas Sarkozy (1,65 Meter) und seine Gattin Cécilia (1,78) sind ein Paar, bei dem es schon oft gefunkt hat, denn Madame, deren Schönheit der *Figaro* mit einer ägyptischen Katzengottheit verglich, ist sehr, sehr eigenwillig. Dies zeigt sich auch daran, dass sie anders als Madame Chirac, die immer Chanel trug, und Madame Pompidou, die sich meist in Dior bewegte, Prada trägt. *Frau im Spiegel* schließt aus diesem Umstand: »So schön sie ist, so rebellisch ist sie auch.«

Sollte es aber, liebe Männer, mal gar nicht klappen in der Partnerschaft – es bleibt Ihnen ja immer noch der Escort-Service. Über diesen florierenden Zweig der deutschen Volkswirtschaft hat jetzt der *stern* einen interessanten Beitrag veröffentlicht. Demnach kostet eine ganze Nacht mit einer fremden Frau zwischen 800 und 1500 Euro. Und Assistenzärztin Alexa (27), die sich mit der Escortiererei allein im März 8000 Euro verdiente, erzählt, dass viele Kunden sehr großzügig seien: »Du kommst ins Hotelzimmer, da stehen deine Lieblings-blumen, im Bad dein Lieblingsparfüm.« Allerdings muss Alexa auch seltsame Wünsche erfüllen. Ein Bank-angestellter drückte ihr im Hotel ein kleines Drehbuch in die Hand, das sie im Bad auswendig lernen sollte: »Na ja, und dann habe ich seine Untergebene gespielt, die ein Geschäft verbockt hat und jetzt versucht, das wiedergutzumachen.«

Warum, liebe Männer, sind Sie jetzt so still? Woran denken Sie? Mit welchem Auftrag würden Sie gern in Hotelbadezimmern hübsche junge Damen ausstatten? Lassen Sie es sein. Zählen Sie lieber zu den 20 Prozent ganz normaler Paare. Und seien Sie lieb zu Ihrer Frau. (10. 6. 2007)

## Dieter pudelt mit Willy

Geht es Ihnen auch so gut? Also, wir könnten derzeit zerspringen vor Glück, der liebe Sommer zaubert Sonnenstrahlen in die Landschaft, er taucht Wälder und Felder in freundliches Licht, und unsere neue afghanische Redaktionsassistentin Malalai (schlank und kurvig, kohlenkellerschwarze Augen und ein strahlendes Lächeln, das die Sonne in ihrem Gesicht anknipst) bedient uns mit erfrischenden Cocktails. Es geht uns also ähnlich vergnüglich wie der TV-Moderatorin Andrea Kiewel, die in *Bunte* ihre Endorphine ausschüttet: »Ich wache morgens schon lachend auf und könnte singen.«

Auch sonst steckt die Knallpresse voller Glücksnachrichten. Das beginnt bei Normalos wie Angelika Brinker (51), die in *Das Goldene Blatt* befriedigt feststellt: »Auf Mamas Beerdigung lernte ich meinen neuen Mann kennen«, und endet noch lange nicht beim Berliner Playboy Rolf Eden (77), der jetzt laut *Bild* seine 50 Jahre jüngere Pflegeversicherung heiraten will: »Vielleicht bekomme ich eine unangenehme Krankheit. Dann ist sie für mich da. Sie kann schon richtig gut Spritzen setzen.«

Jenseits solcher privater Glücksrezepte ist es ja interessant, Lebensmodelle vorgeführt zu bekommen. Wenn Sie, Leserinnen, etwa einen Mann kennenlernen sollten, der bereits dreimal verheiratet war, neigen Sie doch zur Skepsis, oder? Und Ihre Freundinnen raten Ihnen doch auch, die Finger von diesem Herrn zu lassen, nicht? Aber sehen Sie, das kann ein großer Fehler sein. Lesen

Sie mal im *stern*, was Mickey Rooney (86) erzählt. Der amerikanische Schauspieler war siebenmal verheiratet, als seine achte Frau Jan ihn dennoch erhörte. Und jetzt kann er sagen: »Mit meiner achten Frau Jan bin ich jetzt schon fast 30 Jahre liiert, länger als mit allen anderen sieben Frauen zusammen.« Und das ist es, worauf wir hinauswollen: Sie müssen, auch wenn alles dagegen zu sprechen scheint, der Liebe und dem Glück einfach eine Chance geben.

Interessant ist es ja auch, dass man, wenn man grundsätzlich heiter gestimmt ist, auch Dinge oder Menschen positiv wahrnimmt, die einem sonst gleichgültig oder unangenehm sind. Arnold Schwarzenegger zum Beispiel – hätten Sie uns früher auf ihn angesprochen, hätten wir gesagt: Blödmann, nix im Kopf, Platitudenreiter und dergleichen. Jetzt aber lesen wir in *Frau im Spiegel* aus dem Munde des mit ihm befreundeten Meisterkochs Alfons Schuhbeck, der Muskelmann sei »von den Normalen der Normalste, hat nie abgehoben, ist hochanständig«. Und er habe immer nach dem Motto gelebt: »Grüße die Leute auf dem Weg nach oben, dann kennen sie dich auch beim Heruntergehen.«

Wunderbar, Schwarzenegger, wir denken nichts Schlechtes mehr über dich, aber über Sie, liebe Schauspielerin Wera Frydtberg, über Sie und Ihren Edelmut sind wir nachgerade entzückt. Denn als Sie vor der Wahl standen zwischen Otto und Peter, da handelten Sie, wie Sie in *Das Goldene Blatt* zu Protokoll geben, so was von großherzig, da käme selbst Mutter Teresa ins Schwitzen: »Ich dachte, der Peter ist so ein Glückskind, sieht gut aus, ist vermögend. Er wird es bestimmt sehr viel leichter im Leben haben. Also nehme ich den, der es schwerer haben wird.« Könnten Sie sich vorstellen, dass ein Mann solche Überlegungen anstellen würde? Wir auch nicht.

287

Männer sind meist ruppig wie Marcel Reich-Ranicki (87), der zwar seit 23 725 Tagen mit derselben Frau verheiratet ist, aber dennoch *Bunte* anherrscht: »Stellen Sie bloß keine kitschigen Fragen.« Aber natürlich ist er wie gewohnt witzig und karikiert Elke Heidenreichs Eitelkeit: »Wenn ich Frau Heidenreich die Königin der Literatur nennen würde, würde sie mich fragen: warum nicht Kaiserin? Das Leben ist, wie Sie sehen, nicht leicht.«

Außer für Dieter Bohlen und Dieter Wedel, den »Star-Regisseur«. Der hat sich einen neuen Pudel namens

---

*Ob freilich auch für die bevorstehende Ehe des Brötchen-bäckersohns Sebastian Kamps und der TV-Moderatorin Gülcan Karahanci eine durch und durch positive Prognose abzugeben sei, dafür würden wir unser Brötchen nicht ins Feuer legen. Zu unterschiedlich erscheinen uns der eher ruhige junge Mann und die Quasselstrippe. Sebastian in* Revue *über Gülcan: »Sie redet gern und sehr viel. Manchmal zu viel. Ich wache morgens auf und gucke sofort in ein grinsendes Gesicht, das unbedingt reden möchte.« Aber auch Sebastians Angewohnheiten sind nicht so angenehm: »Sebastian schmiert sich ein Brot mit Marmelade, läuft mit Marmeladefingern durchs Haus und macht überall Flecken. Wie ein dreijähriges Kind.« (17.6.2007)*

---

Willy zugelegt, nachdem sein zwölfjähriger Pudel Billy gestorben war. Mit Willy Wedel also kann sich Dieter Wedel richtig toll unterhalten, wie er *Bild* anvertraut: »Er hört mir aufmerksam zu, wenn ich rede. Das merke ich an seiner Mimik und seiner Reaktion. Deshalb muss ich auch jedes Wort sehr aufmerksam abwägen.«

Und Dieter Bohlen? Wedelt auch er jedes Wort aufmerksam ab? Nach wie vor nicht. Wie war sein erstes

Jahr mit Carina, will *Revue* wissen. Und Dieter antwortet wie immer mit Emphase: »Hammermäßig.« Im Übrigen bestätigen die Fotos von seiner neuen Flamme Carina, was deren Ex, den sie wegen Bohlen verließ, schon vor einem Jahr sagte: »Ihr Busen ist ihm zu klein. Er hat ihr angeboten, die Operation zu bezahlen.« Wir würden Bohlen am liebsten schnell zurufen: »Körbchen C ist auch okay«, wollen aber lieber noch den Lothar Matthäus loben. In *Bunte* sagt er über sich selbst: »Auch bei viel Selbstkritik finde ich keine Fehler.« Und damit hat er sich doch deutlich gegenüber seinem früheren Statement verbessert, als er noch befand: »Ich bin immer sehr selbstkritisch. Auch mir selbst gegenüber.« (29. 7. 2007)

## Wer spielt mit mir?

Ach, wie gern sprächen wir über so harmonische Paare wie die Dressurreiterin Isabell Werth (38) und ihren Gefährten Wolfgang Urban (62), die sich so unendlich lieben, dass sie es auch in *Bunte* öffentlich machen müssen und sich überdies wunderbar ergänzen: »Er lernt reiten für sie – sie lernt golfen für ihn.« Zwar hat Wolfgang Urban auch noch eine Frau, aber über die sagt Isabell Werth: »Ich achte sie sehr und ich möchte sie auf keinen Fall verletzen.« Schön. Auch Roland Koch und Frau Anke machen in *Bunte* einen sehr harmonischen Eindruck, und der Hobby-Koch beschenkt uns dort rechtzeitig vor der Landtagswahl am 27. Januar mit seinem Rezept für »Spaghetti mit einer feinen Zitronensauce«. Wir haben das natürlich gleich nachgekocht, es schmeckte sauer.

Also, wie gesagt, wir würden gern über weitere so harmonische Paare wie die Kochs und die Reiter-Golfer sprechen, doch die Wirklichkeit sieht anders aus, was wohl vor allem an den Männern liegt. In *Revue* hat Model Giulia Siegel diese Spezies ziemlich gut durchschaut: »Mich haben Männer schon mit sehr unästhetischen Frauen betrogen. Das hatte sicherlich mit der männlichen Libido und deren Verlangen auf etwas Neues zu tun. Männer betrügen ziemlich schnell.« Und, wie wir hinzufügen, sie tun es gern in den unpassendsten Momenten.

Wie zum Beispiel Harry Lopez (32). Das ist der Gatte der Tochter von Camilla. Die heißt Laura, ist 29 und schwanger. Was aber tat ihr Gatte? Er schaltete eine Anzeige im Internet, in der er sich als »ledig und unternehmungslustig« beschrieb und die Frage stellte: »Wer spielt mit mir? Ich bin für alles zu haben.« Doch *Echo der Frau* enthüllt: »Pech nur, dass eine von Lauras alleinstehenden Freundinnen just die Webseite durchforstete, auf der sich Harry in sexy Unterwäsche zur Schau stellt.« Mein Gott, wie peinlich für den jungen Mann. Und wie unangenehm für die schwangere Laura. Sie könnte sich vielleicht einen Rat holen bei Hannelore Elsner. Deren Ex Dieter Wedel gesteht in *Neue Welt* über sein Vorleben: »Als sie schwanger wurde, war ich schon auf dem Sprung.« Doch Frau Elsner revanchiert sich mit dem kalten Satz: »Er ist nicht der Vater von Dominik. Er ist sein Erzeuger.« Gottlob geht es Heike Makatsch besser. Sie ist eine glückliche junge Mutter, lebt im Babyboom-Bezirk Prenzlauer Berg, wo man immer Angst haben muss, von Kinderwagen erfasst zu werden, und sagt in *Bunte*: »Ich glaube, dass Leute ohne Baby sich dort vorkommen, als hätten sie einen Buckel.« Und in diesem Zusammenhang wollen wir jetzt doch auch einmal die DNA-Tests loben. Dank ihnen und laut *Bunte* konnte jetzt festgestellt werden, dass der verstorbene Plattenmillionär James Brown (»Sex Machine«) nicht nur die im Testament erwähnten sechs, sondern neun Kinder hatte, was schon erstaunlich ist, denn eine Schönheit war er ja wahrlich nicht. Doch wie hat schon Zsa Zsa Gabor (104) einst gesagt: »Ein wirklich reicher Mann kann gar nicht hässlich sein.«

Und ein deutscher Knallblatt-Chefredakteur kann gar keine dämlichen Texte verfassen. So wie der Chefredakteur von *Neue Welt*, der in seinem Blatt (»Prinz William: Ehe-Versprechen am Grab der Mutter«) nicht nur die sensibelsten Texte produzieren lässt, sondern in seinem Editorial wunderbare Dinge sagt, zum Beispiel: »Wer

gute Umgangsformen hat, bekommt eher eine Lehrstelle, hat Freunde, lässt sich seltener scheiden – und prügelt nicht auf Ausländer ein!« Und beschimpft keine Chefredakteure, zumal wenn sie regelmäßig unsere Lieblingsrubrik »Dr. Wolfs Tiersprechstunde« ins Blatt heben. Diesmal beantwortet Dr. Wolf die Frage »Wissen Kaninchen instinktiv, welche Pflanzen giftig sind?«

Nein, tun sie nicht. Wir aber erkennen instinktiv schon an der Handschrift, ob ein Briefinhalt giftig ist. Es gibt so Opa-Studienräte, die uns böse Briefe wegen unserer Redaktionsassistentinnen schreiben, der letzte kam aus Bielefeld und moserte immer was von der »Seriosität der Frankfurter Allgemeinen Sonntagszeitung«, die er in Frage gestellt sah.

Doch hinter ihren wohlgesetzten Worten schimmert bei den Opa-Studienräten immer nur der nackte Neid durch, was man ja auch verstehen kann, denn so ein Opa-Studienrat schreibt giftige Briefe und gießt mit gichtiger Hand seinen Gummibaum, doch wir halten Händchen mit den entzückendsten Geschöpfen vorwiegend Osteuropas, so jetzt gerade mit Dorota (22) aus Polen, die wahrscheinlich die schönsten Beine der Welt und ein Lächeln wie Heidi Klum hat und auch noch eine begnadete Witzeerzählerin ist: Geht ein Mann durch den Zoo, fällt ihm vorm Affenkäfig diese hinreißend aussehende Blondine auf. Er kann nicht anders, er folgt ihr auf Schritt und Tritt durch den Tiergarten. Schließlich fasst er sich ein Herz und sagt: »Entschuldigung, dass ich Sie anspreche. Sie haben mich bestimmt schon beim Affenkäfig bemerkt.« Da hat sie gesagt: »Natürlich. Aber wie sind Sie da rausgekommen?« (2. 9. 2007)

# Namenregister

## A

Abd El Farrag, Nadja  55, 110, 281
Ackermann, Joe  38
Adenauer, Konrad  243
Affleck, Ben  59
Agassi, Andre  246, 255
Agnelli, Giovanni  63
Aimée, Veronique  137
Akihito, Kaiser von Japan  124, 185
Albert II., Erbprinz von Thurn und Taxis  28, 153
Albert II., Fürst von Monaco  151, 182 f., 262, 283
Albert II., König von Belgien  53
Alexander, Peter  22, 29, 277
Alexandra, Prinzessin von Dänemark  170
Alexandra Baronin von Berlichingen  30
Allen, Woody  147, 248
Almsick, Franziska van  64, 119
Amado, Marijke  248
Ammer, Michael  25 ff., 258
Anders, Christian  269 f.
Anders, Thomas  98, 106
Anderson, G. G.  33
Anderson, Pamela  103
Andrews, Julie  163
Angel, Tina  140
Aniston, Jennifer  156, 167
Anstruther-Gough-Calthorpe, Isabella  272

Arafat, Suha  148
Arden, Elizabeth  132
Astafei, Alina  193

## B

Bach, Kristina  283
Barati, Minu  113, 147 f.
Bass, Lawrence  92
Bauer, Tanja  154
Baumgartner, Christine  124
Bäumler, Hans-Jürgen  196
Beatrix, Königin der Niederlande  39, 59, 88 f.
Beckenbauer, Franz  89, 218 f., 227
Beckenbauer, Heidi  89, 218, 227
Beckenbauer, Sybille  89
Becker, Barbara  13, 16 f., 24, 29, 39, 47, 51, 63, 82, 255
Becker, Boris  13, 16 f., 18, 29, 47, 52, 63, 82, 94, 130, 134, 166, 231, 252, 255, 258
Beckham, David  121, 220
Beckham, Victoria  121, 220, 273 f.
Beckmann, Reinhold  184
Beckstein, Günther  232
Beerbaum, Ludger  33
Behn, Ari  42
Beil, Caroline  224
Belmondo, Jean-Paul  192
Belmondo, Nathalie  192
Benedikt XVI.  155

Berben, Iris 56
Berger, Erika 105
Berger, Senta 202
Berlusconi, Silvio 202
Bernhard, Prinz der Nieder-
    lande 54, 88 f., 121, 130
Bessmertni, Oleksi 265
Bhumibol, König von Thai-
    land 49, 216
Biederstaedt, Claus 99
Bielefeld, Alicia von 259
Blahnik, Manolo 161
Blair, Tony 231
Blanco, Mireille 127, 134
Blanco, Patricia 212, 226
Blanco, Roberto 82, 107, 127,
    134, 144, 212, 214, 226
Blatter, Joseph 206, 227
Bohlen, Dieter 30, 61, 68, 98,
    106 f., 121, 152, 162, 234,
    259, 262, 279, 288 f.
Borer-Fielding, Shawne 43,
    53
Borer-Fielding, Thomas 42 f.
Borg, Andy 144, 237
Brando, Marlon 45, 76, 216
Brandt, Lars 194
Brandt, Willy 194
Brauer, Dr. Heidrun 105
Brehme, Andreas 198
Breitner, Paul 160
Brennecke, Marcus 283
Briatore, Flavio 123, 154
Brosnan, Pierce 143
Brzeska, Magdalena 178
Buchanan, Elizabeth 85
Buchholz, Horst 61
Bum Kun Cha 45
Burgh, Chris de 246 f.
Burrell, Paul 116
Büse, Rainer 272
Buster, Dolly 47

**C**

Calmund, Reiner 67, 103, 147,
    156
Camilla, Herzogin von Corn-
    wall 60 f., 64, 75, 84 f., 130,
    142, 143, 157, 175, 182, 196,
    223, 236, 290
Campbell, Naomi 51
Cardin, Pierre 70
Carina 279
Carl Philip, Prinz von Schwe-
    den 68 f.
Carl XVI. Gustaf, König von
    Schweden 15, 28, 96
Caroline, Prinzessin von
    Monaco 25, 253
Carpendale, Howard 89
Carrell, Rudi 225 f.
Carstensen, Peter Harry 269
Catterfeld, Yvonne 266
Cavallier, Marie 202
Chakri, Prinzessin von Thai-
    land 216
Charles, Prinz von Wales 49 f.,
    60, 64, 75, 84 f., 116 f., 142 f.,
    157, 210, 223, 226, 236,
    259 f.
Cher 31, 32
Chirac, Bernadette 280, 281,
    284
Chirac, Jacques 280 f.
Christiansen, Sabine 31, 36, 95,
    106, 174, 203, 206, 219, 254
Claire, Prinzessin von Bel-
    gien 83
Clinton, Hillary 25
Clinton, William »Bill« 25, 51,
    67, 243, 252
Clooney, George 168, 205, 257
Clüver, Bernd 66
Collins, Joan 33, 93, 97
Connery, Micheline 140

Connery, Sean 140
Costner, Kevin 123
Crailsheim, Gitta, Baronin von 110
Curtis, Tony 45

**D**

Dalai Lama 97
Dall, Karl 95, 233
Däubler-Gmelin, Herta 93
Daum, Christoph 15
Davies, Cathy 225
de Lima, Luís Nazàrio (»Ronaldo«) 225
Dench, Judi 216, 219
Deneuve, Catherine 189
Depardieu, Gérard 82
Deri, Claudio 122
Diana, Prinzessin von Wales 175, 236
Diehn, Birgit 269
Dietl, Helmut 134
Dior, Christian 238
Dönhoff, Marion Gräfin 115
Dorsa, Sibele 70
Douglas, Kirk 256
Douglas, Michael 244
Dumont, Sky 99

**E**

Eberhardt Edward Prinz von Anhalt 209
Ecclestone, Bernie 267
Ecclestone, Petra 267
Ecclestone, Tamara 267
Eckart, Otto 244
Eden, Rolf 286
Eduard Prinz von Anhalt 209
Einstein, Albert 133
Electra, Carmen 195
Elisabeth II., Königin von Großbritannien und Nord-irland 21, 41, 43, 70, 75, 99, 114, 117, 143, 153, 260, 267
Elsner, Hannelore 56, 208, 291
Engelen-Kefer, Ursula 93
Engelke, Anke 78 f., 170
Ernst August V., Prinz von Hannover 29, 75, 143, 213, 254
Estefan, Gloria 260

**F**

Faithfull, Marianne 247 f.
Falk, Peter 55
Farameh, Patrice 47
Farian, Frank 113 f.
Faulhaber, Michael von 156
Feldbusch, Verona 30 f., 104, 110
Felipe, Kronprinz von Spanien 46, 81, 85, 125
Felmy, Hansjörg 91
Fendrich, Rainhard 67, 123
Ferfried Prinz von Hohenzollern 175, 249
Férreol, Andréa 263
Ferres, Veronica 178
Fischer, Claus 170
Fischer, Joseph (»Joschka«) 57, 105, 113, 147, 156, 160, 187, 201, 243
Fischer, Ottfried 215, 218, 223, 230, 259
Fischer, Renate 215
Fisher, Kim 234
Fitz, Lisa 97
Flick, Alexandra 283
Flick, Donatella 21
Flick, Gert Rudolf 22
Fliege, Jürgen 20, 76, 179
Frédéric Prinz von Anhalt 86, 140, 201 f., 208
Frederik, Kronprinz von Dänemark 125, 151

Freund, Dr. Gerhard 171
Freund, Steffen 198
Friedman, Michel 100, 118, 237
Friesinger, Anni 77
Frydtberg, Wera 287
Fulton-Smith, Francis 206

**G**

Gabor, Zsa Zsa 42, 86, 201, 202,
    209, 231, 291
Garcia, Fernando 81
Garp, Klaus Peter 36
Gärtner, Claus Theo 233
George, Götz 105
Gere, Richard 85
Gerlich, Siegfried 247
Gibson, Percy 93
Giller, Walter 54, 257
Glas, Uschi 59, 72, 95, 115, 120,
    130 f., 153, 181, 238
Glos, Michael 31, 187
Glowna, Vadim 240
Goldberg, Whoopi 181
Gott, Karel 66
Gottschalk, Thomas 21, 262,
    280
Graf, Steffi 120, 246
Grant, Hugh 61, 195
Grimaldis 253
Groebel, Jo 159
Grönemeyer, Herbert 266
Gruberová, Edita 193
Gsell, Tatjana 176, 249
Gustav Erbprinz zu Sayn-Witt-
    genstein-Berleburg 110

**H**

Haakon, Kronprinz von
    Norwegen 84 f., 90
Haas, Tommy 172
Habermann, Eva 122
Hagen, Cosma Shiva 267

Hallervorden, Dieter
    (»Didi«) 171
Handke, Peter 264
Hannawald, Sven 32, 37, 122
Hänsch, Theodor 179
Hardenberg, Tita von 251
Harry, Prinz von Wales 132,
    175, 210, 226, 291
Hartl, Marianne 140
Hartl, Michael 140
Hassmann, Eva 151
Häussler, Sylvia 67
Heck, Dieter Thomas 86, 171
Hedren, Tippi 268
Heesters, Johannes 256
Hefner, Hugh 268, 270
Hehn, Sascha 143
Heidenreich, Elke 93, 288
Heinrich Prinz von
    Hannover 49
Heinrichsdorff, Wolf 218
Hellwig, Margot 76, 253 f., 256
Hellwig, Maria 32, 157, 253 f.,
    256
Henckel von Donnersmarck,
    Florian 274
Hendrix, Jimi 261
Henri, Großherzog von
    Luxemburg 40
Henrik, Prinz von Däne-
    mark 57, 282
Herman, Eva 20
Herzog, Roman 30, 91
Herzsprung, Barbara 229
Herzsprung, Bernd 229
Heye, Uwe-Karsten 243
Hilton, Paris 159, 219, 231
Hinterseer, Hansi 78, 269
Hinterseer, Romana 269
Hitchcock, Alfred 268
Höcherl, Hermann 105
Hoëcker, Bernhard 139

Hoffman, Dustin 131
Hoger, Hannelore 247
Honecker, Margot 57
Hope, Bob 94
Hunziker, Michelle 75, 166 f., 239 ff.
Hurley, Liz 195

**I**

Iglesias, Enrique 102

**J**

Jackson, Michael 167
Jagger, Mick 96, 238, 261
Joachim, Prinz von Dänemark 202
John, Elton 50
Johns, Bibi 192
Jolie, Angelina 167
Joop, Wolfgang 93, 117, 265
Juan Carlos I., König von Spanien 82, 114, 191
Juhnke, Susanne 104
Juliana, Königin der Niederlande 88, 121, 129, 259
Jürgens, Corinna 126 f., 189
Jürgens, Udo 77, 96, 126, 149, 176, 188 f., 192 f., 237

**K**

Kahn, Oliver 50, 74 f., 77, 86, 98, 164, 200, 231, 275, 279
Kahn, Simone 50
Kamps, Sebastian 288
Karahanci, Gülcan 288
Karajan, Herbert von 265
Katzenstein, Xenia 141
Kaufmann, Christine 58
Kennedy, Jackie 93
Kennedy, John F. 92
Kercheval, Ken 200
Kern, Sarah 189

Kerth, Verena 75, 164 f., 230 f.
Khan, Jemima 195
Kidman, Nicole 23, 224
Kier, Udo 241
Kiewel, Andrea 286
Kilmister, Lemmy 186
Kinkel, Klaus 185
Kinski, Nastassja 238, 261
Kishon, Ephraim 89, 118, 140
Kissinger, Henry 115
Klatten, Jan 283
Klatten, Susanne 283
Klinsmann, Jürgen 228
Klitschko, Wladimir und Vitali 71, 141, 208
Klum, Heidi 63, 67, 123, 134, 154, 209, 255, 261, 292
Knoll, Susanne 169
Koch, Roland 51, 69, 137, 290
Kohl, Helmut 31, 86, 155 f., 182, 188, 199, 227, 243, 265 f.
Köhler, Eva Luise 195
Körzdörfer, Norbert 274
Kostic, Marianna 106
Kournikova, Anna 102, 229
Kraus, Peter 244
Kretzschmar, Stefan 63 f., 119 f.
Kroetz, Franz Xaver 269
Kruger, Diane 184
Kruse, Anja 240
Kuroda, Sayako 185
Kuroda, Yoshiki 185
Küster, Estefania 152, 259, 262
Kyrill, Prinz von Bulgarien 85

**L**

Lafontaine, Oskar 98, 121, 171
Lagerfeld, Karl 161
Lainer, Engelbert 46, 179
Lambert, Paula 178
Last, James 237
Last, Waltraud 237

Lauda, Niki 227
Laurent, Prinz von Belgien 53, 83
Lauterbach, Heiner 88, 191
Lauterbach, Viktoria 88
Lemper, Ute 30
Leonhard 144
Leske, Nicola 113
Letizia, Prinzessin von Asturien 117, 125, 165, 175, 234
Lewinsky, Monica 38, 252
Leyen, Ursula von der 265
Lind, Hera 46, 179
Lindenberg, Udo 144
Lindner, Patrick 163, 164
Lobinger, Tim 71
Lollobrigida, Gina 71, 244
Longoria, Eva 244
Lopez, Harry 290
Lopez, Jennifer 59, 280
Lopez, Laura 290 f.
Loren, Sophia 14, 112
Lugner, Christina (»Mausi«) 195
Lugner, Richard 195
Lunka, Zoltan 193
Lüpertz, Markus 264

**M**
Madeleine, Prinzessin von Schweden 18, 96 f.
Madison, Holly 268
Madonna 136, 165
Maffay, Peter 23, 47, 88
Maischberger, Sandra 59
Makaay, Roy 127
Makatsch, Heike 291
Mang, Werner L. 189, 253
Mann, Thomas 89
Manning, John 72
Mao Tse-tung 160, 173, 176

Marcos, Imelda 100
Margitta 143
Margrethe II., Königin von Dänemark 151, 202, 282
Maria Teresa, Großherzogin von Luxemburg 40, 86 f.
Marquis de Villalonga 151
Marshall, Tony 68, 194, 255
Märtha-Louise, Prinzessin von Norwegen 41 f.
Martinek, Sven 150
Mary, Prinzessin von Dänemark 165, 176
Masako, Kronprinzessin von Japan 124
Mathilde, Prinzessin von Belgien 165
Matisse, Henri 196
Matthäus, Lothar 83, 90, 106, 124, 190, 289
Matthäus, Marijana 124
Máxima, Prinzessin der Niederlande 39, 165, 175
May, Corinna 41
McCartney, Paul 211, 230, 244, 247 f.
Merkel, Angela 98 f., 126, 137, 159, 161 f., 169, 172, 174, 177, 181 f., 184, 186, 219 f., 232, 236, 264
Merz, Friedrich 137
Mette-Marit, Kronprinzessin von Norwegen 59, 84 f., 90, 114, 165, 175
Meyer, Laurenz 72
Michaelsen, Sven 264
Michalczewski, Dariusz 81
Michelle 140, 152
Michiko, Kaiserin von Japan 49
Middleton, Kate 234, 271, 276
Mills, Heather 230, 244, 247
Minnelli, Liza 126

298

Minogue, Kylie  50, 116
Miranda Neto, Alvaro (»Doda«)
    Alfonso de  70, 266
Mitterrand, François  150
Moik, Karl  157, 247
Mol, Linda de  253
Molnar, Jasmin  279
Mommsen, Oliver  259
Moore, Demi  92, 97
Morrison, Jim  77
Moshammer, Rudolph  136
Muliar, Fritz  250
Müller, Heiner  194
Müller-Lafontaine, Christa  93
Müntefering, Franz  164
Mutter Teresa  287

**N**

Nahles, Andrea  220
Naruhito, Kronprinz von
    Japan  124
Netrebko, Anna  193
Neuroth, Axel  31
Niarchos, Stavros  231
Nick, Désirée  49, 126, 148, 196,
    250, 265

**O**

Obermaier, Uschi  237 f., 261 f.
Ochsenknecht, Uwe  17
Ofarim, Abi  276
Onassis, Aristoteles  115
Onassis, Athina  60, 64, 70, 266
Onassis, Christina  64
Oyo Nyimba Kabemba Iguru
    Rukidi IV., König von Toro
    (Uganda)  205

**P**

Padberg, Eva  137 f., 220 f.
Paola, Königin von Belgien  53
Passero, Salvatore  167

Pauli, Gabriele  232, 262
Pavarotti, Luciano  128
Pavlos, Kronprinz von
    Griechenland  85
Persico, Pino  262
Petersen, Wolfgang  184
Philip, Herzog von
    Edinburgh  98, 130, 157
Philippe, Kronprinz von
    Belgien  35 f.
Phillippe, Ryan  246
Piëch, Ferdinand  164
Pilati, Kristina Gräfin  90
Pingeot, Mazarine  150
Pitt, Brad  156, 167, 216
Placido, Michele  144
Platzeck, Matthias  181, 250
Pleitgen, Fritz  260
Podolski, Lukas  213
Pompidou, Claude  284
Ponti, Carlo  14
Preston, Kelly  68

**Q**

Quandt, Susanne  283

**R**

Raacke, Dominic  191, 278
Raacke, Kika  191
Raddatz, Fritz J.  115
Rael  176
Rainier III., Fürst von
    Monaco  91, 151, 284
Ramazzotti, Eros  75, 186, 206,
    241
Ratzinger, Joseph Alois  155 f.
Redford, Robert  134
Reiber, Carolin  258
Reich-Ranicki, Marcel  288
Reiche, Katherina  232
Reinfeldt, John Frederik  245
Rethel-Heesters, Simone  256

Rich, Denise 25
Richards, Keith 261 f.
Richter, Ilja 49
Richter, Maike 199, 227, 265
Riekel, Patricia 159
Rieu, André 33
Rieu, Marjorie 33
Riemann, Katja 283
Roberts, Chris 140
Roberts, Claudia 140
Rocher, Caroline 94, 252
Rodman, Dennis 146
Rohde, Armin 280
Romsey, Penelope 99
Rooney, Mickey 287
Roth, Claudia 160, 236 f.
Roth, Thomas 96
Rowe, Djamile 43
Rubicondi, Rossano 224
Rubinstein, Helena 132
Ruffo, Scilla 114
Ruffo di Calabria, Augusto 114
Ruge, Nina 93, 254
Rühe, Volker 188

**S**
Sabejew, Arawat 193
Sachs, Gunter 53, 183
Sachs, Mirja 53, 183
Sander, Jil 265, 267
Sannum, Eva 81
Sarah, Herzogin von York 46, 64
Sarkozy, Cécilia 284
Sarkozy, Nicolas 284
Sasha 200, 263
Sauer, Joachim 184
Sawtschenko, Aljona 193
Schäfer, Bärbel 118
Scharping, Jutta 79
Scharping, Rudolf 53, 79, 90

Schiffer, Claudia 14, 41, 50, 249, 264
Schill, Ronald 127
Schilling, Peter 181
Schily, Otto 243
Schmidt, Hannelore (»Loki«) 79
Schmidt, Harald 15 f., 84, 119, 135, 225, 257
Schmidt, Helmut 79
Schnarch, David 263
Schneider, Manfred 106
Schneider, Romy 240
Schockemöhle, Paul 33
Scholl, Mehmet 255
Schott, Ben 175
Schrempp, Jürgen 98
Schröder, Gerhard 15, 23, 51, 53, 59, 173, 199, 219, 243, 245
Schröder-Köpf, Doris 23, 53, 65
Schrowange, Birgit 218
Schuhbeck, Alfons 287
Schulz, Axel 257
Schumacher, Michael 23
Schürmann, Petra 171
Schwarzenegger, Arnold 287
Schwarzer, Alice 30 f.
Schweiger, Dana 185
Schweiger, Til 39, 185 f.
Schwind, Sabine 159
Sconsienza, Marco 166
Seal 255
Seehofer, Horst 206, 232, 265, 277
Seeler, Uwe 247
Seitz, Lisa 254
Setlur, Sabrina 18
Sharif, Omar 263
Sharivar, Shermine 182
Sheridan, Nicolette 195

Siegel, Dagmar 24
Siegel, Giulia 290
Siegel, Ralph 24
Silbereisen, Florian 128
Sills, Beverly 128
Silvia, Königin von Schwe-
den 15, 28, 50, 96, 100, 104,
169, 186
Simonis, Heide 277
Sinatra, Frank 103, 175
Sinnen, Hella von 93
Sissy Prinzessin zu Bensheim
und Steinfurt 272
Sitaway, Abdo Mohammed
Yussef 152
Smit, Jantje 134
Solderblom, Nick 195
Sombart, Nicolaus 93
Sommer, Michael 230
Sommer, Ted 115
Sommer, Ulrike 229
Sophia, Königin von
Spanien 82, 114
Sörensen, Olaf 57
Sparks, Nicholas 172
Stahnke, Susan 102 f.
Staller, Ilona (»Cicciolina«) 277
Steinbrück, Peer 220
Stéphanie, Prinzessin von
Monaco 25, 52, 91, 106,
254
Stich, Michael 156
Stiegler, Ludwig 248
Stockmann, Jessica 156
Stoiber, Edmund 35, 104, 137,
177 f., 188, 190, 200, 203,
206, 232, 262, 281
Stoiber, Karin 178
Streep, Meryl 241
Stuckrad-Barre, Benjamin
von 78
Süskind, Patrick 234

Süssmuth, Rita 93, 160, 177,
180, 182, 237
Swayze, Patrick 170

**T**
Ter-Mkrtychan, Alfred 193
Tewaag, Bernd 120
Thadeusz, Jörg 196
Thierse, Wolfgang 31
Thurnau, Julia 280
Tidof, Max 254
Tiller, Nadja 54, 257
Timberlake, Justin 116
Todorovich, Zoran 193
Trapattoni, Giovanni 168
Travolta, John 68
Trpkovski, Zlatko 159
Trump, Donald 138
Tschirner, Nora 208
Twain, Mark 274

**U**
Unger, Tobias 172
Urban, Keith 224
Urban, Wolfgang 290
Urkal, Oktay 193

**V**
Vaughn, Matthew 41, 249
Verheugen, Günter 240
Versace, Donatella 107
Victoria, Kronprinzessin von
Schweden 160, 262
Völler, Rudi 45

**W**
Waalkes, Otto 151, 241, 245
Waigel, Theo 105
Walser, Martin 265
Walz, Udo 98
Wedel, Dieter 288, 291
Wenders, Wim 168

Werth, Isabell  290
Westerwelle, Guido  32
Westling, Daniel  209
White, Roland  142
Willem-Alexander, Kronprinz
    der Niederlande  39, 175
William, Prinz von Großbritan-
    nien und Nordirland  18, 46,
    48, 75 f., 114, 116, 175, 234,
    260, 267, 271 f., 276, 291
Williams, Robbie  129, 177, 186,
    230, 276
Willis, Bruce  25, 97, 150
Windisch-Grätz, Christa
    Leontine zu  114
Wintour, Anna  242
Witherspoon, Reese  246

Witt, Katarina  47, 48, 85
Wittstock, Charlene  223, 262,
    283 f.
Wokalek, Johanna  186
Wowereit, Klaus  36
Wulff, Christian  212, 239, 254

**Y**
Yanar, Kaya  84

**Z**
Zacher, Rolf  55 f.
Zellweger, Renée  131
Zeta-Jones, Catherine  244
Zimmer, Joana  178
Zimmermann, Maren  282
Zink, Anka  126

Peter Lückemeier
**Männer verstehen**
Wie frau das seltsame Wesen durchschaut
Band 16952

Warum findet er ein Paar Manolos für 399 Euro überteuert, kauft sich aber selbst ohne mit der Wimper zu zucken ein Surfbrett für 1850 Euro? Peter Lückemeier schaut seinen Geschlechtsgenossen über die Schulter, lässt Frauen tief in ihre Seele blicken und zeigt, was dran ist am Mann. Er erklärt, was Männer immer wieder in den Baumarkt zieht, warum Sie seine Mutter möglichst bald kennenlernen sollten und warum er vorm Grill zum Urmenschen mutiert. Sein Fazit: Frauen, lasst euch nicht aus der Ruhe bringen und nehmt seine Macken nicht allzu ernst!

Fischer Taschenbuch Verlag